重庆市首批本科一流专业立项建设培育项目丛书

幼儿教师实践性知识发展研究

李 丹 著

科学出版社

北 京

内 容 简 介

实践性知识是幼儿教师专业发展的知识基础。本书重点剖析了幼儿教师实践性知识的内涵、特征、发展机理、影响因素与养成路径等问题，就幼儿教师原生态保教活动中蕴藏的实践性知识进行了功能辩护，提出了促进幼儿教师实践性知识从幕后走向台前、从朦胧走向清晰、从沉寂走向自觉的发展策略，不仅为革新幼儿教师教育开辟了新视域，也为建设专业自主、自信的幼儿教师队伍提供了新思路。

本书可供幼儿教师、幼儿教育管理者、高校学前教育专业师生及关注幼儿教师专业发展的学者参考和使用。

图书在版编目（CIP）数据

幼儿教师实践性知识发展研究/李丹著. —北京：科学出版社，2018.12
（重庆市首批本科一流专业立项建设培育项目丛书）
ISBN 978-7-03-059260-6

Ⅰ. ①幼… Ⅱ. ①李… Ⅲ. ①幼教人员-师资培养-研究 Ⅳ. ①G615

中国版本图书馆 CIP 数据核字（2018）第 245682 号

责任编辑：王　彦　张云静 / 责任校对：王万红
责任印制：吕春珉 / 封面设计：东方人华平面设计部

科 学 出 版 社 出版
北京东黄城根北街 16 号
邮政编码：100717
http://www.sciencep.com

三河市骏杰印刷有限公司印刷
科学出版社发行　　各地新华书店经销
*

2018 年 12 月第 一 版　　开本：B5（720×1000）
2018 年 12 月第一次印刷　　印张：10 1/2
字数：198 000
定价：69.00 元
（如有印装质量问题，我社负责调换〈骏杰〉）
销售部电话 010-62136230　编辑部电话 010-62130750

前　言

进入 21 世纪，学前教育在我国受到空前关注与广泛支持，迈入了蓬勃发展时期。《国家中长期教育改革和发展规划纲要（2010—2020 年）》首次提出基本普及学前教育的愿景，要求"积极发展学前教育，到 2020 年，普及学前一年教育，基本普及学前两年教育，有条件的地区普及学前三年教育"。同时，《国务院关于当前发展学前教育的若干意见》等系列文件也相继出台。在利好政策支持下，我国幼儿入园率快速增长，幼儿园数量也大幅攀升。普及学前三年教育的需求和激增的幼儿教育机构造成了巨大的幼儿教育师资压力，幼儿教师供需矛盾突出，幼儿教师队伍建设质量与专业化发展程度成为制约学前教育健康发展的关键因素。

幼儿教师实践性知识的发展与幼儿教师专业发展具有内在一致性，它表现为幼儿教师实践中基于情境的行动所"知"，既来源于实践，也回归于实践，贯穿整个实践过程。幼儿教师的实践性知识是在幼儿教师教育教学实践中动态生成并不断建构完善的"使用理论"，因个体不同而风格迥异，特色鲜明，在幼儿教师应对教学工作的过程中发挥着洞察、支持、筛选、规范和指导等功能，其发展状况直接关系到幼儿教师教育实践的优劣。幼儿教师的实践性知识不仅是幼儿教师专业发展的逻辑起点，也是幼儿教师职业的价值体现，随着幼儿教师实践性知识的不断积累和优化，幼儿教师的专业素养也随之逐渐提升。所以，尊重并赋予幼儿教师实践性知识的合法地位，重视幼儿教师实践性知识的发展，可以提高幼儿教师的专业自主性和专业自律性，增强其职业认同感与实践能力。

然而，受客观知识论影响，幼儿教师经常被看作知识的"消费者"和"执行者"，缺乏专业自觉与自主发展范式，幼儿教师的实践性知识发展面临着"集体失语"的尴尬——实践性知识仅仅被简单地认为是一种个人教育经验或体验，缺乏应有的关照，幼儿教师实践性知识的发展过程也因其缄默性、自动性特征而以一种内隐常态缓慢进行。多数幼儿教师的实践性知识在经过朦胧感知期、快速增长期、微调提高期的发展，迈入高原成熟期后就常常止步不前，甚至出现滑坡，又因缺乏反思修正实践性知识的习惯，难以将自身的实践性知识升华为教育智慧或转换为教育理论性知识。幼儿教师陷入"能唱会跳的保姆""知识的消费者""知道越多则教得越好"等隐喻假设的泥潭之中，长期重复着机械式、工匠式的教育实践。这种既缺乏内在自主优化意识，又得不到外界支持的幼儿教师实践性知识内隐发展状态，成为幼儿教师追求卓越化成长道路上的绊脚石，严重制约着幼儿教师的专业发展，造成幼儿教师实践与理论的分离，阻碍了幼儿教师教育智慧的主动生成与专业实践能力的多元发展。

　　本书基于对传统知识观的批判和技术理性支配下教师研究范式的反思，突破过去关于"理论与实践""知识与能力"二元对立的思维方式，综合运用文献分析、叙事研究、个案研究、半结构化访谈和问卷调查等质性与量化研究方法，从多维视角探讨幼儿教师这一独特群体"日用而不知"却对幼儿教育实践产生重要影响的实践性知识及其建构发展过程。其中，问卷调查采用的是自制《幼儿教师实践性知识发展调查问卷》，选取重庆和湖南两地 12 所幼儿园进行调查，共发放问卷 137 份，回收 128 份，回收率约为 93.4%，其中有效问卷 116 份，约占回收问卷的 90.6%；使用 SPSS16.0 软件对数据进行统计处理，运用频数分析和方差分析等统计学方法分析数据。叙事研究主要通过自然观察记录、半结构化访谈、个人生活史回忆、非正式研讨等方式收集幼儿教师在课堂教学活动、游戏活动、生活活动、研究活动和人际交往活动中曾经发生或正在发生的各种故事，以及幼儿教师个体对这些故事的思考、理解、体悟及应对倾向，站在幼儿教师的主体立场挖掘故事背后蕴藏的实践性知识发展原理。此外，作者选择公立与民办幼儿园中具有代表性的新手幼儿教师和骨干幼儿教师各两名作为个案，进行长期跟踪观察，深入攀谈，依托现场记录笔记、录音、口述历史、反思日记、工作笔记、教案、书信、档案、参与课题研究材料、图片等载体寻找幼儿教师个人的生活经验与教学实践状况，并扎根幼儿教师的教育实践现场，捕捉幼儿教师的实际行动，以真实行动管窥幼儿教师的实践性知识，对比分析他们在实践性知识表征、生成和发展方面表现出的典型特征。

　　本书共七个部分，绪论着重介绍本书的成书背景，分别从幼儿教师专业发展、幼儿教师教育改革和教师实践性知识研究领域拓展等方面阐明幼儿教师实践性知识发展研究的重要性与必要性；第一章通过对缄默知识、教育经验、学科教学法知识、教育智慧、个人实践理论等相关概念的辨析，明晰幼儿教师实践性知识的内涵与外延，在反思已有研究成果的基础上，探讨幼儿教师实践性知识的结构与特征；第二章尝试运用多学科视域，分析幼儿教师实践性知识发展的理论基础；第三章从幼儿教师生涯发展的动态过程出发，揭示幼儿教师实践性知识生成与发展的过程概貌与主要特征；第四章从理论探讨和实证研究两个维度，剖析幼儿教师实践性知识的影响因素；第五章立足幼儿教师的教育实践常态，研究幼儿园推动幼儿教师实践性知识发展的策略，明晰"以园为本"促进幼儿教师实践性知识发展的内生路径；第六章基于对当前幼儿教师教育现状的审视与反思，提出幼儿教师实践性知识发展取向的幼儿教师教育改革思路，探寻"实践浸润式"职前培养与"问题诊断式"职后培训等促进幼儿教师实践性知识发展的若干对策。概言之，本书以培养善于反思的实践者为目的，站在实践理性的立场，以探明幼儿教师实践性知识的生成机制与发展规律为主线，充分考察了当前幼儿教师的日常生活实践形态，揭示了实践性知识在幼儿教师职业生涯中的发展机理与影响因素，并阐释了其从无到有、从少到多、从劣到优的内在发展逻辑秩序，据此综合提出以园为本的内生发展路径和革新幼儿教师教育的外在支持途径。本书希望通过理清幼儿教师实践性知识的发展路径与策略，消弭幼儿教师实践性知识顺其自然、自我摸索的发展隐患，促使幼儿教师在有意识地关注、理解、运用、反思、加工和完善实践性知识的过程中，实现从保姆型"技术熟练者"向专家型"反思实践者"的转变，成为知识的"生产者"，从而提高发展效率，萌生教育智慧。这是幼儿教师专业发展的基本保障，更是幼儿教师融通理论与实践、体现专业自主的必然选择，以有效遏制当下幼儿教师不求甚解的"拿来主义"与照搬之风。总之，本书超越了过去主要针对实践性知识的内涵、结构、特征和影响因素的静态研究传统，站在幼儿教师生涯发展的视角勾勒出实践性知识发展的阶段、路线和一般历程，不仅为寻找不同阶段促进幼儿教师实践性知识增长的策略提供了解释依据，也为我国幼儿教师的专业发展研究与幼儿教师教育改革研究提供了新的理论视角。

　　本书的完成得到了诸多指导与帮助，无法逐一答谢，仅简单着墨略抒胸臆。感谢刘义兵教授、李森教授、廖启发教授、夏海鹰教授和杨晓萍教授为拙作刮垢磨光、润色添彩，在他们高屋建瓴的指导与殷切鼓励下，本书才能日臻完善。同时，感谢北京大学陈向明教授，先生作为本研究领域的奠基者，博学睿智且谦逊和蔼，她能在百忙之中为本研究点拨解惑，提出研究建议，并以书相赠，委实给了作者莫大的鼓舞。此外，还要感谢重庆生生森林幼儿园、新欧鹏教育集团、西南大学实验幼儿园、奔月路幼儿园、第三军医大附属幼儿园、湖南长沙师范学校附属幼儿园、小博士幼稚园、诺贝尔幼稚园等幼儿园的各位领导和老师，是他们为调研大开方便之门，提供了丰富而翔实的第一手资料。本书的出版还得到了2015 年重庆市教育委员会人文社会科学研究"0～3 岁早期教育教师职前培养研究"项目（项目编号：15SKJDL04）、重庆市教育委员会重大教改项目（项目编号：161020），以及重庆第二师范学院 0～6 岁儿童家庭教育研究中心的大力支持。但是在幼儿教师的教育实践中，隐匿的实践性知识犹如一盒"多彩巧克力"，只要打开总会有不同的发现。

　　囿于有限的研究条件与学术修养，本书如同初生婴儿，其形也陋，难免会存在挂一漏万或以偏概全之处，恳请各位读者批评指正，不吝赐教。

作 者

2018 年 5 月

目　录

绪论

从知识"消费者"到"生产者"的教师隐喻转变

受"技术理性"（technical rationality）支配的教师教育和教学研究，以为存在着对所有教室与所有教师普遍有效的程序、技术与原理，认为教师教育的基本任务就是掌握一般化的程序、技术、原理，寻求应用这种程序、技术、原理于各个教室之中的教学实践（佐藤学，2003）。而教师被看作"技术熟练者"，是能在理论的指导下自动化导出适当行为的执行者。然而当前这种理论假设受到实践模式和批评模式的冲击与挑战，已逐渐式微，教师的实践不再被理解为"现成的原理与技术的运用领域，而是通过这种经验与反思形成实践性知识与学识并且发挥作用的领域"（佐藤学，2003）。教师被赋予"反思型实践者"和"研究者"的角色，在教育实践中具有自主性、专业性和个体化区别，他们不会机械运用一般化程序、技术、原理于实践中，而是按照专属于自己的"使用理论"行事，这套直接决定实践的操作性认知体系就是实践性知识。尤其在教师声音日益受到关注和教师知识备受瞩目的研究背景下，研究者将目光从教师需要哪些知识投向教师实际拥有哪些知识，颠覆了过去对教师"知道越多，教得越好"的假设，开始用"实践理性"解释教师知识的生产方式。研究范式的转型唤醒了教师的独立反思意识，使教师从理论性知识的"消费者"变为实践性知识的"生产者"，在教育科研领域也有了自己的声音和舞台。

一、幼儿教师专业发展对实践性知识发展研究的内在呼唤

（一）幼儿教师专业性亟待专门知识的奠基

一般而言，教师职业可看作一门专业，教师不断提高和完善自己专业思想、专业知识、专业能力的过程称为教师的专业发展。"所谓专业是指一群人在从事一种需要专门技术的职业。专业是一种需要特殊智力来培育和完成的职业，其目的在于提供专门性的服务"（Carr-Saunders，1993）。当前，整个教师职业群体的专业性还极富争议，教师职业能否满足社会公认的"专门职业"要求的三个基本条

件亟待证实。"这三个条件包括：①具有不可或缺的社会功能；②具有完善的专业理论和成熟的专业技能，包括共享的知识体；③具有高度的专业自主权和权威性的专业组织"（教育部师范教育司，2003）。1966 年，联合国教科文组织（United Nations Educational，Scientific and Cultural Organization，UNESCO）和国际劳工组织（International Labour Organization，ILO）在联合发表的《关于教师地位的建议》中提道："教育工作应该被视为一种专业。这种专业要求教师经过严格且持续不断的研究，才能获得并维持专业知识和专门技能，从而提供公共服务；教育工作还要求教师对其教导之学生的教育和福祉具有个人的和共同的责任感。"联合国教科文组织和国际劳工组织使用的"应该"一词微妙地反映了它们在积极呼吁和强调教育工作的专业性，但它们仍然存有顾虑。这是由于在传统知识观中，教师在教学工作中应用的知识主要是普通公共知识、学科专业知识和教育理论知识，前两类知识由社会各学科的专家创造，属于其他领域的知识，而教育理论知识的创造者是教育专家，这些知识都不是教师生成的，不完全是专属教师的特殊知识领域，因此，教师职业群体的专业性缺乏专门知识的佐证。而对于幼儿教师的专业性，人们似乎更有微词，尽管随着社会职业的不断分化和精细化，以及国家对幼儿教师职前教育、在职培训和职业资格认定的要求越来越高，越来越规范，但幼儿教师职业的专业危机一直没有解除。无论是幼儿教师还是社会其他人员对幼儿教育职业专业性的认同度都不高，这可以从下文中提及的幼儿教师入职门槛和职业评价两个方面得到印证。

（二）幼儿教师队伍专业化程度普遍偏低

学前教育关乎民生，为解决"入园难，入园贵"的现实问题，国务院于 2010 年后相继发布了《关于当前发展学前教育的若干意见》等系列文件，加强了对学前教育的投入，"建设一支师德高尚、热爱儿童、业务精良、结构合理的幼儿教师队伍"成为当前我国发展学前教育的主要目标。教育部在 2013 年还发布了《幼儿园教职工配备标准（暂行）》，对幼儿园师幼比做了专门规定，要求各地新设的全日制幼儿园，应当按照服务类型、教职工与幼儿以及保教人员与幼儿的一定比例配备教职工，满足保教工作的基本需要。全日制幼儿园教职工与幼儿的比例需达到（1：7）～（1：5）。但由于长期以来职业待遇偏低、保障不足、社会地位不高，幼儿教师队伍缺口数量巨大。此外，我国幼儿教师队伍不仅数量不足，而且专业化程度偏低，结构不合理，严重制约着学前教育质量的提升。

以幼儿教师资格取得的最低学历为例，"我国自 1985 年限定了取得幼儿园教师资格，应当具备幼儿师范学校毕业及其以上学历，至今没有对其进行调整"（张洪洁，赵慧君，2013）。而"美国幼儿教师的学历要求一般较高，尤其是公立学校教育系统，幼儿教师一般要达到 4 年制本科以上学历"（成丽媛，等，2007）。整体上，"发达国家幼儿教师职业准入标准对学历的要求普遍较高，许多国家都要求大学本科毕业以上。英国对入职申请者甚至要求具有教育专业学士学位，非教育专业学士学位申请者，需要再接受教育专业训练，取得'研究生教育证书'"（郭铁成，等，2014）。即使不作横向比较，只与我国其他学段教师纵向比较，幼儿教师的入职门槛也最低，中专以上学历即可。教育部2016年发布的《幼儿园园长、专任教师学历、职称情况》显示，"在目前总数达2 303 134名的幼儿教师队伍中，研究生学历者5875名，本科学历者448 990名，专科学历者1 270 226名，高中学历者529 441名，高中以下学历者48 602名"（教育部，2016）。其中，有55.2%的幼儿教师最后学历为大专，有23%的幼儿教师最后学历仅为高中，甚至还有2.1%的幼儿教师持高中以下学历。"而在2006年总数达759 569名的幼儿教师队伍中，研究生学历者996名，本科学历者36 150名，专科学历者308 435名，高中学历者377 079名，高中以下学历者36 909名"（教育部，2007）。虽然近十年来，幼儿教师队伍的学历层次不断攀升，学历结构得到了相对改善，持高中及以下学历的幼儿教师占比大幅降低，大专或本科学历幼儿教师占比显著提高，但持高中及以下学历幼儿教师的绝对数量依然较高。这是因为我国幼儿教师师资还非常欠缺，幼儿教师资格认证机制尚不健全，而且民办幼儿园数量多、比重大，2017年上半年，"全国民办幼儿园154 203所，占幼儿园总数的64.3%"（教育部，2017），而2007年全国民办幼儿园68 835所，占全国幼儿园总数的55.3%（教育部，2007），由此可见，近十年来幼儿园整体数量虽明显增加，但民办幼儿园占比居高不下，且有增无减，由此衍生出管理不便、幼儿教师队伍流动率高等问题，这都为大量未经专门训练的人员进入幼儿教育行业打开了方便之门，不仅有许多小学教师直接转岗到幼儿园，也有许多只具有艺术、英语和体育学习背景但未曾取得幼儿教师资格证书的非专业人员混入幼教队伍。这也是当前幼儿园虐童事件频发的根源，如2017年相继曝光的携程托管亲子园虐童事件与红黄蓝幼儿园虐童事件震惊全国，令人扼腕叹息。

（三）幼儿教师专业认同危机凸显

社会普遍对幼儿教师的专业化期待较低，许多幼儿家长在送孩子去幼儿园时对教师的要求就是能唱唱跳跳、写写画画、帮自己管好孩子就行，与其说他们感到了自己的家庭教育活动与教师的专业教育活动之间的差距，毋宁说他们需要这样一种社会分工来解放自己，以拥有更多可以自由支配的工作时间和闲暇时间。许多幼儿教师对自己的专业身份认同度不高，甚至将幼儿教师职业理解为"吃青春饭"，有合适机会就"跳槽"或转行，导致幼儿教师队伍的流动性非常大，幼儿教师的专业化发展面临着严峻的挑战。学术界曾就此展开多方论证，试图找到体现幼儿教师专业性的载体，探明促进幼儿教师专业发展的有效途径。例如，有学者指出，"影响我国幼儿教师专业发展的因素有从业资格低、专业培训水平不高、传统教师文化的影响、幼儿教师经济社会地位低下和工作压力大以及幼儿园的科层管理等"（杨文，张传燧，2008）。而此类研究也仅是描述性地找到了当前幼儿教师专业性不足的部分原因，没有解决"幼儿教师职业的专业性"如何体现的前提问题，倘若没有理清此问题，其他所有的讨论和分析都将成为泥足巨人。也就是说，一旦"幼儿教师职业的专业性"命题不成立，关于幼儿教师专业发展的研究都将陷入无意义和重复的尴尬境地。所以应当有一种研究从探寻幼儿教师职业的专业性是什么、何以确证出发，切实解决幼儿教师职业的专业性危机问题。

教师实践性知识的提出犹如一剂良方，为幼儿教师专业性的确立提供了专业知识保障。它专属于教师群体，是他们在从事教育实践过程中习得、创造并积累的关于教育教学的经验和方法，是教师特有的知识。它既不同于社会公共的认识成果，也不同于科学家发现并证明的科学知识，更不同于教育专家提出的教育理论知识，它是教师实际使用和表现出来的对教育教学的认识，在教师的教学工作过程中发挥着洞察、支持、筛选、规范和指导等功能。在教师实践性知识的关照下，教师不再是知识的消费者，而成为生产者，与各种专家合作，整合多领域的知识解决教育实践中的实际问题，生产适应于教育领域的特殊知识，教师与专家之间的顾客消费关系被解构，形成新型的伙伴支持关系。因此，它被认为是"教师专业发展的知识基础"（陈向明，2003），是"教师专业发展的逻辑起点"（郑彩国，2006）。更重要的是，它作为"共享的知识体"为幼儿教师专业地位的巩固提供了有力证据，也能增强幼儿教师对自身职业的认同感。换言之，幼儿教师职业的专业性需要通过幼儿教师的实践性知识得以体现，幼儿教师对实践性知识的追求可以引领幼儿教师实现专业自主发展，促进幼儿教师从保姆型的"技术熟练者"向专家型的"反思实践家"转变。从研究者的角度讲，如果从发展幼儿教师实践性知识的角度切入，幼儿教师的专业性质就能不证自明，它可以帮助我们突破传统教师研究范式的禁锢，从幼儿教师日常教育实践出发，为幼儿教师的专业发展提供方向，并为之提出更具体可行的操作策略。用王鉴、徐立波的话说，就是"教师实践知识的获得与积累、深化与外化是教师专业发展的有效而具体的途径"（王鉴，徐立波，2008），"事实上，教师的专业发展是需要实践性知识保障的，教师成长和发展的关键在于实践性知识的不断丰富和实践智慧的不断提升"（顾泠沅，王洁，2003）。由此可见，实践性知识是幼儿教师专业发展的内在要求，幼儿教师实践性知识的发展问题应当成为幼儿教师专业发展研究领域中不可或缺的重要内容。

二、幼儿教师教育改革对实践性知识发展研究的政策问询

(一)实践性知识破解技术理性下幼儿教师职前教育难题

关于幼儿教师教育,我们经常会被两个看似矛盾的问题困扰:为什么许多刚毕业的学前教育专业师范生学习并掌握了学校规定的知识和技能,却不会教书?为什么那些从未接受过专业训练的"阿姨"在幼儿园工作几年或者几十年后能成为一名优秀的幼儿教师,深受家长和儿童青睐?这种强烈的反差让我们开始质疑幼儿教师教育的有效性,我们不禁要反思幼儿教师教育在思路或方法上是否存在问题。正如荷兰学者尼克·温鲁普、简·范德尔瑞、鲍琳·梅尔(2008)研究后指出:"直到 20 世纪 80 年代早期,在教师教育领域,学者的思维方式依然相当简单,认为研究的目的就是要发现那些能够提高学生成绩的教学行为,这样就可以用这些人们所期望的行为方式培训教师,或者用于教师的职前教育,或者用于促进其专业的进一步发展。"教师教育一般墨守传授理论、训练能力的成规,认为教师只要掌握了那些关于"是什么"和"为什么"的具有高度概括性的系统理论知识和应有能力后就能直面实践。在这里,教师教育者被认为是无所不知的,拥有马克·约翰逊(Mark Johnson)所谓的"上帝之眼"(Johnson,1987),而教师则一无所知,需要被赋予胜任教育活动的相关知识和能力。同样,幼儿教师教育也采取了此类"只要如此,就必然这般"的简单线性推理思维,将幼儿教师从业需要具备的信念、知识、能力条分缕析,试图通过设置相应的课程或采取那些理论上行之有效的方法去培养。受到这种"技术理性"的影响,在幼儿教师的职前教育中,学校采取一种以传授显性的幼儿教育理论知识为主的培养方式,侧重于对幼儿教师弹唱画跳等"基本功"的训练,这种培养脱离了幼儿教育的实际情境和亲身体验,导致幼儿教师在面对纷繁复杂的教育情境时不善于运用自己的知识和能力。同时,幼儿教师的职后培训一般以参加主流教育理论的讲座和进行优秀课堂的观摩为基本形式,这样的职后培训由于没有有目的地引导幼儿教师去关注、理解、内化和运用教育过程中形成的实践性知识,幼儿教师只能程式化地掌握形而上的教条理论和形而下的操作技能,容易出现食而不化的情况,对他们的实际教育活动并无太大效用。而且幼儿教师教育者只是按照应该教给幼儿教师什么知识和应该训练幼儿教师哪方面能力的逻辑去展开教育活动,他们以传授、讲解和训练为主,未曾考虑到幼儿教师所处的文化与社会环境差异以及实际课堂情境的差异,更忽视了对幼儿教师实践性知识的培养和发展。然而事实上,幼儿教师在过去经历和从教工作中所积累的实践性知识才是他们在幼儿教育工作中真正信奉并应用的"使用理论",它反映了幼儿教师实际理解的关于幼儿教育的认识,并以此指导自己的教学行为。此时,那些在职前教育学校的教材和课堂中所学到的理

论知识就成为他们根据实践性知识所筛选并运用的素材，而那些在职后培训中所接触到的有益经验只是他们遵照实践性知识判断而综合运用的参考，这一切都汇总在与之相匹配的实践场景中，为实践服务。因此，如果我们从幼儿教师实践性知识的视角去分析，段首所提出的两个看似矛盾的问题就能迎刃而解。刚迈出校门的幼儿教师因为实践性知识匮乏而无法胜任幼儿教育工作，在幼儿园工作磨砺过的幼儿教师，即使未经专门训练，但他们通过不断的在岗学习，习得了丰富的实践性知识，从而能游刃有余地应对园内各种事务，组织好幼教活动。这也再次说明了幼儿教师实践性知识，而非传统幼儿教师教育所设定的知识在幼教工作中起着决定性作用，它是幼儿教师从教得心应手的必要条件。

（二）实践性知识弥补食而不化的幼儿教师职后培训缺憾

众所周知，在当前国家推动学前教育事业大发展的进程中，幼儿教师队伍建设至关重要，幼儿教师的专业素质关系着学前教育的发展水平和学前教育战略目标能否顺利实现。《国家教育事业发展第十二个五年规划》和《关于当前发展学前教育的若干意见》等一系列文件都明确提出要在"三年内对 1 万名幼儿园园长和骨干教师进行国家级培训""各地五年内对幼儿园园长和教师进行一轮全员专业培训"。为此，在中央财政安排的"国培计划"等专项资金支持下，由政府买单的幼儿教师国培、市培等各级各类幼儿教师职后培训如火如荼地开展起来，幼儿教师免费参与培训的机会大幅增多，培训数量也大大增加，但在各类培训初显成效的同时，各种问题也层出不穷。有研究指出，当前大力投入的幼儿教师培训，尤其是对于农村幼儿教师的培训存在"四多四少"误区："培训教师中，理论研究者多，一线实践者少；培训方式上，学理灌输讲授多，实做问题讨论少；学习活动中，被动地静听、默看、笔记等接受性行为多，主动地分享、交流、质疑等探究性行为少；培训场地上，多数在培训机构的教室和优质幼儿园，极少在农村幼儿园教育的真实现场。以致许多农村幼儿教师无奈地感慨：老师讲的道理都好、都对，但是回到我的幼儿园，我还是既不知道做什么、怎么做，也没有条件做"（王伟虹，申毅，2012）。究其根本，"四多四少"的培训误区反映了幼儿教师培训为追求培训管理与组织的便捷性，与幼儿教师实践之间存在一定脱节，除了容易出现针对性与适切性不足等问题，幼儿教师培训普遍采取的集中讲座形式侧重理论知识传授与教育观念启迪，不仅让幼儿教师参与培训被动静态，而且缺少基于真实实践场景的个别化指导与示范，幼儿教师也无法将教育理论自动转化为应对幼儿教育实际问题的实践性知识，建立与幼儿教师实践的真实链接，造成幼儿教师食而不化、学难致用。而且以短期培训为主的幼儿教师培训未构建长期提升机制，未形成支持幼儿教师持续成长的培训体系，通常忽视对幼儿教师反思习惯与能力的培训，难以在培训中激励幼儿教师对幼儿教育实践的主动探索，确立专业发展的主人翁意识，这种突击式幼儿教师培训最终如投石入海，在激荡起阵阵涟漪后又恢复从前。为此，有学者也指出"农村幼儿教师的培训必须立足于农村实际，把培训与教师的实践结合起来，采用现场观摩、反馈、指导的方式，让教师学会反思自己的教育过程，不断加以改进。只有改变对教师的培训方式，教师才会改变对幼儿的教育方式"（陈姝娟，李晖，2013）。与之类似的培训改革建议可见诸许多研究，不一而足。追根溯源，在幼儿教师培训机会增多的同时，推动幼儿教师培训改革、提高培训质量是当前学前教育发展的关键。然而，如若小修小补，简单改变幼儿教师培训组织形式则难以产生实效。只有回归实践，更新培训价值取向，从强调理性领悟到重视实践体悟，改变以理论性知识传播与思想启发为重心的格局，上述诸多培训问题才能迎刃而解。换言之，幼儿教师培训改革"呈现出'重心后移''重心下移'的发展态势"（张琴秀，2013），上至幼儿教师培训政策制定与顶层规划，下至幼儿教师培训方案设计与实施，都需吸纳幼儿教师实践性知识研究成果，关注以实践、反思和体悟为发展动力的实践性知识，帮助幼儿教师搭建起理论与实践、学与用之间的桥梁，生成将理论用于实践的行动决策知识，唤醒幼儿教师植根实践的主动学习与反思意愿。

　　联系前面所讨论的幼儿教师职业的专业认同危机问题，可初步做出如下判断：以幼儿教师的实践性知识（可喻为幼儿教师背后被忽略的影子）发展为导向革新幼儿教师教育，能弥补幼儿教师教育目标与内容上的缺陷，纠正幼儿教师教育者想当然的偏见，促进幼儿教师在提升专业身份认同感的同时提高应对实际情境的教育质量。此外，我们在幼儿教师教育中加强对幼儿教师实践性知识的考虑，可以将幼儿教师的"社会期望"与"主体意识"有机结合起来，增强教育的针对性和实效性，这不仅是对幼儿教师的已有经验和专业自主权的尊重，更能充分发挥幼儿教师工作、学习的主动性和能动性，使其在实践反思的基础上建构和完善适合自己的知识体系。

三、教师实践性知识研究领域拓展的必然诉求

　　近年来，后现代主义的热潮席卷了全球，人们从人文视角对知识的性质、标准、价值和增长方式进行了深刻反思，改变了把知识看成绝对真理的认识，开始把它当作"人们对认识对象特征及其联系的一种猜测、假设或一种暂时的认识策略"（石中英，2001b），知识的个体性、境域性和价值关涉性特征也被发掘出来。长期以来，知识作为教育的基础，知识观的转变必然引起教育研究的转型，知识权力、本土知识、缄默知识等新兴领域的研究方兴未艾，关于教师知识的内容和结构问题也开始被人们重新审视，跃升为教师教育研究领域内的热门话题，研究者从"教师应该知道什么"的理性追问逐步转向对"教师实际知道什么"及"教师如何在实践中表达其所知"的探寻。至此，实践性知识作为融合理论和实践以

及体现教师专业自主权的概念被提出，激发了学者们浓厚的研究兴趣。

（一）国内外实践性知识研究概况

1. 国外实践性知识的研究历程

对于实践性知识（practical knowledge），在 20 世纪 60 年代就有学者对其作了相关探索性思考。"美国课程专家施瓦布（Schwab）是对教师'实践性知识'进行研究的鼻祖，他提出了'实践性样式'的术语"（佐藤学，2003）。施瓦布首先以"实践理性"建构了课程探究的"实践模式"，主张"实践性话语"的回归，并在学科结构上提出了"实词结构"（substantive structure）和"句法结构"（syntactic structure）的概念。其中，句法结构的提出肯定了教师知识结构中的实践技能。同时，他还指出"'实践性样式'的知识特征就是技法，是以多元观点深入思考一件事物的技法和在作出实际决策时综合多样的理论与方法的技法，教师运用知识并非理论分析框架的自动转换，是根据实践场景所体现的自主选择"（Schwab，1969）。这些阐述启发了学者用实践理性对教师知识中非命题性知识样式的思考，引起了后人关于教师知识中实践性话语特征的关注。

20 世纪 80 年代，美国学者舍恩（Schon）通过对"技术理性"的批判，倡导用"反思性实践家"取代"技术熟练者"取向的教师定位，从而引领大家认识到教师专业知识中另一重要内容——实践性知识。他在《反思性实践——专家是如何思考的》一书中指出，"教师的专业是具有不稳定性、不确定性，同时又是充满许多潜在的价值冲突的专业，在这类专业中，执业者的知识隐藏于艺术的、直觉的过程中，是一种行动的默会知识"（Schon，1983）。他从"对行动反思"和"在行动中反思"两个维度揭示了反思的方式，认为后一种反思是运用经验中培育的默会知识对问题反复建构与思考的结果。当一个实践者进行这种反思时，他就会成为实际情境中的研究者，并在这种过程中获得正式和严谨的专业知识，这种专业知识"是教师在学习理论和亲身实践中逐步形成的自己的'使用理论'，当在新的情境中面临新的问题时，教师会通过自己的'使用理论'与情境互动，共同对面临的问题进行'重新框定'，进而寻找新的解决问题的对策"（邹斌，陈向明，2005）。舍恩的理论揭示了教师"使用理论"（教师实践性知识）的基本样态和使用方式，这为教师实践性知识研究正式拉开了序幕。

随后，英国学者艾尔贝兹（Elbaz）吸纳了英国科学哲学家波兰尼（Polanyi）的"缄默知识"（tacit knowledge）理论，认识到"除了能够用书面文字、地图、数学公式来展示这类'知识'以外，知识还有另一种形式，它们是未被作为'焦点意识'所感知的、未被精确化的、不能被系统表述的、在行动中起'支援意识'作用的知识"（波兰尼，2004）。她将波兰尼关于缄默知识的研究成果引入教师研究中，最先正式提出"实践性知识"的概念，并通过一系列实证研究系统讨论了"实践性知识"的相关问题，她认为"教师以独特的方式拥有一种特别的知识，即实践性知识，它突出了教师情境的行动和决策取向的属性，并在一定程度上，将教师知识理解为教师对该情境反应的一个函数"（Elbaz，1981）。她在著述《教师实践性知识：案例研究报告》（*The Teachers' Practical Knowledge：Report of a Case Study*）和《教师思想：实践性知识研究》（*Teacher Thinking：A Study of Practical Knowledge*）中集中阐释了教师实践性的本质、特征、内容、取向、结构和认知风格等问题，既提出了教师实践性知识的"情境取向（situational orientations）、理论取向（theoretical orientations）、个人取向（personal orientations）、社会取向（social orientations）和经验取向（experiential orientations）"（Elbaz，1983），又将教师实践性知识区分为五个方面，搭建起教师实践性知识结构。这些开拓性研究不仅让人们认识到教师实践性知识的存在，也说明了实践性知识在教师教育实践活动中的重要意义。因此，可以说艾尔贝兹开辟了教师知识研究的新领域，为教师实践性知识研究奠定了基础。

20 世纪 80 年代中期，加拿大学者康内利（Connelly）和柯兰迪宁（Clandinin）也开始涉足此领域，在"教师个人实践知识"（teachers' personal practical knowledge）方面作了长达 20 年的深入研究，他们通过 1984 年出版的系列丛书《教师个人实践知识在影响委员会政策中的角色 1：问题、方法与指导观念》（*The Role of Teachers' Personal Practical Knowledge in Effecting Board Policy. Volume I：Problem，Method，and Guiding Conception*）、《教师个人实践知识在影响委员会政策中的角色 2：多伦多教育委员会关于种族关系政策的制订和实施》（*The Role of Teachers' Personal Practical Knowledge in Effecting Board Policy. Volume II：Development and Implementation of a Race Relations Policy by Toronto Board of Education*）、《教师个人实践知识在影响委员会政策中的角色 3：教师个人实践知识》（*The Role of Teachers' Personal Practical Knowledge in Effecting Board Policy. Volume III：Teachers' Personal Practical Knowledge*）、《教师个人实践知识在影响委员会政策中的角色 4：教师个人实践知识与种族关系》（*The Role of Teachers' Personal Practical Knowledge in Effecting Board Policy. Volume IV：Teachers' Personal Practical Knowledge and Race Relations*）展现了教师个人实践知识对于学校改革影响方面的研究成果。随后，他们尝试用"叙事"（narrative）的方法来研究教师个人实践知识，发表了诸如《教学的节奏：课堂中教师个人实践知识的叙事研究》（*Rhythms in Teaching：The Narrative Study of Teachers' Personal Practical Knowledge of Classrooms*）、《论叙事方法、个人哲学和教学故事的叙事主题》（*On Narrative Method，Personal Philosophy，and Narrative Unities in the Story of Teaching*）、《论叙事方法、传记和教师学研究中的叙事主题》（*On Narrative*

Method，Biography and Narrative Unities in the Study of Teaching)、《课堂中的教师知识研究：合作研究、道德规范和叙事的协商》(Studying Teachers' Knowledge of Classrooms：Collaborative Research，Ethics，and the Negotiation of Narrative)等研究著述。90年代中期至今，他们又转向教师个人实践知识与专业知识场景和教师专业身份之间关系的研究，发表了《教师专业知识场景》(Teachers' Professional Knowledge Landscapes)、《教师专业知识场景：教师故事—教师们的故事—学校故事—学校的故事》(Teachers' Professional Knowledge Landscapes：Teacher Stories-Stories of Teachers-School Stories-Stories of Schools)、《专业知识场景中的教师个人实践知识》(Teachers' Personal Practical Knowledge on the Professional Knowledge Landscape)、《专业身份的塑造：教育实践的故事》(Shaping of Professional Identity：Stories of Educational Practice)、《讲述和重述我们的专业知识场景故事》(Telling and Retelling Our Stories on the Professional Knowledge Landscape)(姜美玲，2006)、《个人的实践性知识：一项关于教师教室意象的研究》(Personal Practical Knowledge：A Study of Teacher's Classroom Images)、《教师的个人知识：什么算作个人研究中的"个人"知识》(Teachers' Personal Knowledge：What Counts as "Personal" in Studies of the Personal)等富有代表性的研究著述。总体而言，康内利和柯兰迪宁采用叙事的方法对教师个人实践性知识进行了整合的、动态的和描述解释性的研究，提出了研究教师个人实践性知识的核心概念与范畴，即个人哲学、隐喻、叙事连贯性、节奏等，以还原实践性知识在教师生活中的基本概貌。他们将教师实践性知识理解成是出自个人经验的，认为"那种知识不是某种客观的和独立于教师之外而被习得或传递的东西，而是教师经验的全部……个人实践性知识是为使我们谈论教师时把他们作为博学的人来理解经验这一概念而设计的术语。个人实践性知识存在于教师以往的经验中，存在于教师现时的身心中，存在于未来的计划和行动中。个人实践性知识贯穿于教师实践过程，即对任何一位教师来说，个人实践性知识都有助于教师重构过去与未来以至于把握现在"(F. 麦克尔·康内利，D. 琼·柯兰迪宁，1996)。

到20世纪90年代中后期，荷兰学者贝加德（Beijaard）、威鲁普（Verloop）、梅叶（Meijer）等人基于其他学者的前期研究，将教师实践知识的研究视野延展至教师评价、具体的学科教学、新手教师和富有经验教师的比较及教师专业身份认识等方面，对教师实践知识的来源、功能和运用展开了全面而深入的讨论。他们的研究结论主要体现在下列著述中：《评价教师实践性知识》(Assessing Teachers' Practical Knowledge)、《教师实践性知识研究中的故事情节方法论的评价》(Evaluation of Story-Line Methodology in Research on Teachers' Practical Knowledge)、《探究语言教师关于阅读理解教学的实践性知识》(Exploring

Language Teachers' Practical Knowledge about Teaching Reading Comprehension)、
《关于阅读理解教学的教师实践性知识的共性与差异》(Similarities and Difference
in Teachers' Practical Knowledge about Teaching Reading Comprehension)、《科学
教育中的专业发展与改革：教师实践性知识的作用》(Professional Development and
Reform in Science Education: The Role of Teachers' Practical Knowledge)、《师范生
吸收指导教师的实践性知识及其与自我信念的比较》(Student Teachers Eliciting
Mentors' Practical Knowledge and Comparing it to Their Own Beliefs)、《师范生如
何吸收有经验的教师的实践性知识？工具、建议和意义》(How Can Student
Teachers Elicit Experienced Teachers' Practical Knowledge？Tools, Suggestions, and
Significance)、《教师知识和教学的知识基础》(Teacher Knowledge and the
Knowledge Base of Teaching)、《教师对专业身份的认识：从个人知识的角度进行探
索性研究》(Teachers' Perceptions of Professional Identity: An Exploratory Study from
a Personal Knowledge Perspective)、《重新认识教师专业身份研究》(Reconsidering
Research on Teachers' Professional Identity)(姜美玲，2006)。

除此之外，英国学者夏洛特（Charlotte）和贾维斯（Jarviss）等人也分别在其
著作《新手教师发展实践性知识的案例研究》(A Case Study of a Beginning Teacher's
Development of Practical Knowledge)、《反思日志：透视职前教师的实践性知识的
窗口》(The Reflective Journal: A Window to Preservice Teachers' Practical
Knowledge)和《学习实践性知识》(Learning Practical Knowledge)中阐述了他们
对教师实践性知识的理解和看法。

日本学者佐藤学（2003）也对教师实践性知识（他称为"实践性学识"）作了
系统梳理。在其《课程与教师》一书中，他根据舍恩的"反思性实践家"的理论
模型重申了教师实践性知识的作用，并结合以施瓦布为代表的关于教师知识的系
列研究和自己的调查与实践案例集研究得出了关于教师实践性知识的性质、特征
和提高策略等相关结论。这些观点在《打开潘多拉盒——教学研究批判》《教师的
反思与学识——教师专业性的基础》《作为实践探究的教育学——对于技术理性
之批判谱系》《为了提高教师的实践性知识——开展教学的临床研究》等著作中均
有所体现。

2. 国内实践性知识的研究历程

比较而言，国内关于教师实践性知识的研究起步较晚，但研究势头迅猛，逐
渐成为教师教育和教师专业发展研究中的一个时髦话题。这些研究主要是在借鉴
国外研究理论框架的基础上寻求本土化的理解和重建。以 1996 年《华东师范大学
学报》（教育科学版）刊载加拿大学者 F. 麦克尔·康内利、D. 琼·柯兰迪宁和我

国学者何敏芳、王建军的《专业知识场景中的教师个人实践知识》（F. 麦克尔·康内利等，1996），作为国内开始进行教师实践性知识研究的起点，在短短的十多年时间中，已有许多学者陆续采用翻译借鉴、哲学思辨、比较研究、叙事研究和行动研究等方法对教师实践知识进行了深入探讨。

近年来，教师实践性知识研究方兴未艾，取得了颇为丰富的研究成果。其中较具代表性的文章有：陈向明的《实践性知识：教师专业发展的知识基础》《教师实践性知识研究的知识论基础》《对教师实践性知识构成要素的探讨》，陈向明与邹斌合写的《教师知识概念的溯源》（邹斌，陈向明，2005），钟启泉的《"实践性知识"问答录》和《为了"实践性知识"的创造——日本梶田正已教授访谈》，姜美玲的《论教师实践性知识的本质属性与衍生特征》和《论教师实践性知识的表征形式》，曹正善的《论教师的实践知识》，赵昌木的《教师成长：实践知识和智慧的形成及发展》，鲍嵘的《教师实践知识初探》和《论教师教学实践知识及其养成——兼谈教师专业发展的基础》，吴泠的《教师实践性知识的涵义》《教师实践性知识研究的现状与展望》《教师实践性知识形成机制浅论》，曲中林的《教育实践性知识的表征与习得》《教育实践性课程的实践策略》，刘汉霞的《教师的实践知识：教师专业化的知识转向》，蔡亚平的《论教师实践性知识的失语与建构》，石生莉的《教师实践知识研究》，万文涛的《教师实践性知识论纲》，邓友超的《论教师实践知识管理》，何晓芳与张贵新的《解析教师实践知识：内涵及其特性的考察》，王传金和王琳的《论准教师实践性知识的习得》，申燕和符太胜的《教师知识的核心——教师实践知识》，王鉴和徐立波的《教师专业发展的内涵与途径——以实践性知识为核心》，刘东敏和田小杭的《教师实践性知识获取路径的思考与探究》，刘旭东的《教师实践性知识的反思与重建》，刘慧霞的《捕捉教师的实践性知识》，时伟的《实践知识：教师哲学智慧的基石》和《实践知识与教师教育教学改革》，顾云虎和宋冬生的《教师实践性知识缺乏与缺失困境分析》，金忠明和李慧洁的《论教师实践性知识及其来源》，程勇的《教师实践性知识前沿理论探讨——定义、概念框架与研究"阈"》，周速的《教师职前教育中"实践性知识"的获取》，王红艳的《教师实践性知识的人际关系"初级化"策略》，汪贤泽的《论教师的实践性知识》等。这些论文侧重于不同方面，从不同视角对教师实践性知识关涉的某个内容作了深入分析，提出了有关于此的个人见解。

除此之外，一些硕士和博士研究生采用不同的研究方法和思路，围绕实践性知识进行了相关研究，形成了自己的毕业论文，如鞠玉翠的《教师个人实践理论的叙事探究》、姜美玲的《教师实践性知识研究》、陈静静的《教师实践性知识及其生成机制研究》、赵彦俊的《"实习支教生"实践性知识生成研究》等博士学位论文，刘汉霞的《论教师的实践知识及其生成》、何晓芳的《专业化背景下的教师实践知识研究》、李峻的《英语教师实践知识的叙事研究》、申燕的《小学教师实践知识案例研究》、张梅的《教师教学实践知识个案研究》、王俊的《教师知识结构研究》、琚婷婷的《一位高中语文教师的实践知识研究》、张先锋的《论教师实践知识的建构》、廖维晓的《优秀历史教师个人实践知识研究》、谢洁的《语文教师实践性知识形成研究》、张丽的《一位小学语文教师实践性知识的叙事研究》、曾庆彪《新任教师个人实践性知识建构研究》、赵洪涛的《中学教师专业成长中实践性知识生成策略研究》等硕士学位论文。

同时，我国台湾地区学界对教师实践性知识的关注也颇多，他们通常采用叙事研究或个案研究等质性研究方法对某位教师的实践性知识作深入解读并基于此作理性阐释，涉及各个学科以及各种发展阶段教师的实践性知识，研究内容颇为丰富。其中的代表性研究成果有陈美玉的博士学位论文《教师专业实践理论及其应用之研究》、陈国泰的博士学位论文《小学初任教师实际知识的发展之研究》，硕士学位论文如许家碧的《小学专家与初任教师实务知识之个案研究》、彭文珊的《小学教师户外教学实践知识之个案研究》、曾致镎的《小学教师参与课程发展之实践知识研究——以综合活动与学习领域为例》、阮凯利的《理论与实践的辩证——小学实践知识之叙说性研究》、连丽菁的《小学资深教师实务知识与其影响因素之个案研究——以数学科为例》、陈威杰的《小学社会学习领域教师教学实际知识之个案研究》、罗明华的《小学初任教师实务知识的发展及其影响因素之个案研究》、王凤仙的《小学教师道德科教学实践知识之个案研究》、王雪萍的《一位资深小学语文科教师教学实际知识之个案研究》，发表于期刊上的文章有陈国泰的《初任幼儿教师实际知识的发展之个案研究》等。

值得一提的是，北京大学陈向明教授还于2006年专门申请并主持了北京市"十一五"教育科学规划重点课题"教师实践性知识研究"项目，并吸纳了北京大学、首都师范大学的教师、研究生以及北京市多所中小学的教师共28人参与研究工作。

通过这些围绕教师实践性知识研究意义、合法性、内涵、性质、特征、外在行为表征、影响因素和提高策略等相关问题展开的研究，我们对曾经被简单地归结为教育经验的教师实践性知识有了全新认识。

（二）关于教师实践性知识内涵的研究

对教师实践性知识内涵的界定是其他研究的基础，迄今为止，许多学者基于不同的分析框架和理论视角提出了不同的认识和看法，可谓众说纷纭，莫衷一是。

这些尚未达成共识的观点各有侧重，大致可归纳为以下几类：

1）从教师实践性知识的来源入手，强调实践性知识的生成机制及其在实践中的功能，从而将教师实践性知识看作应对教育实践情境时产生的经验、认识或者见解。这类规定性定义如下：

辛涛等（1999）将教师实践性知识看作一种与课堂情境相关的知识，并提出教师实践性知识是指教师在面临实现有目的的行为中所具有的课堂情景知识以及与之相关的知识，更具体地说，这种知识是教师教学经验的积累。

万文涛（2006）沿着这种思路对实践性知识做了更细致的阐述，认为教师实践性知识是"指教师所拥有的、与课堂情境紧密相连的、高度系统化的、加工到自动化程度的、在教学实践活动中随时能够迅速调用的知识"。

石生莉（2005）指出"教师实践性知识是教师在具体的教育教学实践情境中通过自己对教育过程中的各个阶段和层面进行感知、体验、沉思和领会并总结出来的一种实效性知识，这种知识不仅仅是直觉的感悟或是技术性的操练，更是源于复杂的有组织的知识结构上有意义的思考"。

李德华（2005）主要从生成渠道角度对实践性知识进行定义，指出"教师实践性知识是以实践者的生活史为背景，建立在对教师自身的实践反思的基础上，借助于教育理论观照下的案例解读和教学实践中的问题的解决，逐渐积累而成的富有个性的教育实践的见解和创意"。

2）从教师实践性知识的性质入手，抓住它与实践联系的根本性特质，以区别于教师所拥有的普通基础知识、学科知识和教育专业知识等其他知识样态，这类描述性定义如下：

Elbaz（1983）认为"教师以独特的方式拥有的实践知识是教师对情境反映的一个函数，是教师以其个人的价值、信念统整他所有的专业理论知识，并且以实际情境为导向的知识"。她突出了实践性知识关于情境行动和决策取向的属性，它既由实践情境塑造，也为这一实践情境服务。

F. 麦克尔·康内利和 D. 琼·柯兰迪宁（1996）指出"实践知识是使我们谈论教师时把他们作为博学而博识的人来理解经验这一概念而设计的术语"。他们更突出教师知识的个体性，并且将个体实践知识看成"一种个体在实践中内化、反思而形成的个体经验，而实践知识是对经验的统称概念。从表现和影响的角度讲，实践性知识存在于教师现实的身心中，存在于未来的计划和行动中，贯穿于教师的实践过程，有助于教师重构过去与未来以至于把握现状"。

陈向明（2003）指出"教师的实践性知识是教师真正信奉的，并在其教育教学实践中实际使用和（或）表现出来的对教育教学的认识"。

吴泠（2006）所主张的实践性知识是指"教师个人拥有的，在教育教学实践中形成并体现出来的对教育教学的综合认识、行为能力及创造力，并能在实践中不断得到丰富与发展"。

钟启泉（2004）从教师反思角度指出教师实践性知识是"教师作为实践者和洞察自身的实践和经验之中的'意蕴'的活动"。

3）从教师实践性知识的行为表现入手，根据教师实践性知识的行为结果和外在表征去阐释实践性知识，将其视为教师关于知道"应当做什么"和"如何去做"的一种知识形态。这类定义如下：

刘汉霞（2006）指出"教师实践性知识是教师在理解和领悟理论知识基础上的一种在特定情景中知道应当做什么和知道如何去做的知识形态"。因此，她的定义更强调关于教育实践的应然理念和方法策略的实践操作性质。

金忠明和李慧洁（2009）则指出"实践知识指教师在特定情景中知道应当做什么和知道如何去做的知识形态。具体来说，指教师个人依凭其生活经验、人生哲学以及人生信念，高度综合并内化学科知识、教育心理知识而运用于具体的教学实践情境中的知识形态"。

曹正善（2004）指出"教师实践知识是以人类美好生活为目的，以教师的教育生活经验的反思为基础，并用一切具有典型意义的概括唤起清晰的意识，再回到具体的教育实践中去，以得出一些因时因地因不同情况而异的行为指导性知识"。

随着研究的不断深入，实践性知识研究的意义已非常明显，但它的实际内涵与外延的边界却非常模糊，难以达成共识，因此，学者刘慧霞（2008）将实践性知识形象地"比作'风'，虽能感觉却难以捕捉"。然而，通过研究，我们也对教师实践性知识的一些内容达成了基本共识，主要体现在："①教师实践性知识是教师通过自己独特的方式建构并所拥有的特殊知识形态；②经验是教师实践知识的来源，反思是实践知识生成的主要途径；③实践活动是教师实践知识获得的场景，也是其服务的对象；④强调了教师实践知识对教师的教育教学行为的指导性和规约性"（徐立波，刘小娟，2008）。此外，还有很多与教师实践性知识相类似的概念被提出，如教师个体知识、教师个人理论、教师实践性理论、实践智慧以及实践性策略等。它们都用来表征教师在日常教育活动中使用并难以言明和提取的那一部分认识，研究者对它们的边界判断不够明晰，这些概念经常被替换使用，混为一谈。然而，也正是有了这样的分歧和问题，才激励更多学者不断探索，以寻求教师实践性知识被外表隐藏的实质，发挥它的使用价值。

（三）关于教师实践性知识特征的研究

为什么教师实践性知识如此难以捉摸？这可从教师实践性知识的特性分析中找到答案。学术界关于教师实践性知识相对于其他类型知识的特殊属性和表征的认识大体有以下几种：

日本学者佐藤学（2003）通过参与性观察，研究归纳出教师实践性知识的五种特点："其一，它是一种异常丰富生动的功能性知识，与理念性知识相比，虽然缺乏严密性和普遍性，但却功能灵活；其二，它是特定情境下形成的知识，是作为（案例知识）加以累积、传承，由教育内容、教师认识和教育实践情境的特殊性所决定的；其三，它具有综合性，是一种有意整合过的知识，是以实践性问题的解决为中心的综合多学科的知识，不能还原为特定学科的知识；其四，它不仅是显性知识，而且是一种隐性的知识，多数实践场景中教师所作出的决策与其说是有意识思考的结果，不如说是一种无意识的调用知识的过程，是隐性知识在起作用；其五，它具有个人性质，是教师个性经验和反思的结果。"

Meijer 等（2001）在回顾众多研究成果的基础上，概括出教师实践性知识的特征为："①它是个人的，这意味着每个教师的实践性知识在一定程度上都是独一无二的；②它具有情境性，基于课堂情境而产生并适用于课堂情境；③它是基于经验的和对经验的反思，它来源于教学经验，并通过教学经验得到发展；④它主要是默会性的，教师通常不习惯于清楚地表达他们的知识；⑤它指引着教师的教学实践；⑥它是与内容相关的，与教师所教的学科紧密相关。"

陈向明（2003）将波兰尼的默会知识理论和布迪厄的"实践感"概念扩展到教师实践性知识研究中，总结出它所具有"可反思性、实践感（紧迫性、条件制约性、模糊性、整体性）和行动性等特征"。后来，她将教师实践性知识与理论性知识进行比较，强调了实践性知识的内隐状态，将其看作"镶嵌在教师日常的教育教学情境和行动中，深藏在知识冰山下部的知识，具有隐蔽性、非系统性、缄默性特征"（陈向明，2009b）。

何晓芳和张贵新（2006）以辩证的眼光抽象地概括出教师实践性知识的"个体性与公共性统一、情境性与'普适性'统一、不精确性与'可证实性'统一等特征"。

曹正善（2004）特别指出"教师实践性知识所具有的道德性特征，它为其教育理论知识和教育经验知识的正确运用方式和正确使用场所加以指导，使教师通晓所有知识的正确用途"。

刘东敏和田小杭（2008）集合已有研究的结论，认为"教师实践性知识具有个体性、经验性、情境性、缄默性、伦理性及复杂性等特征"。

学者对教师实践性知识特征的不同认识主要源于他们对实践性知识内涵的理解存在分歧，他们根据自己的理论视角和侧重内容概括实践性知识特征，容易出现"横看成岭侧成峰"的情形，都有一定的道理，但似乎都不够完善。教师实践性知识的特征是其内在性质的外在表现，我们必须对教师实践性知识的概念达成一致见解，方能针对同一研究对象，推导出它的普遍性特征。

（四）关于教师实践性知识内容的研究

缄默、复杂和模糊的教师实践性知识，包含了哪些基本内容？由哪些相对不同的要素组成？各要素之间的关系和比例是怎样的？划分的依据和标准是什么？对于这些问题的思考有助于我们进一步分析和阐明实践性知识，也有助于教师有效地言明或提取它。鉴于此，许多研究者就教师实践性知识的内在结构和要素提出了自己的见解。

艾尔贝兹在实践性知识定义的基础上，把实践性知识的内容归纳为五类："一是关于自我的知识（knowledge of self），即自我作为资源（self as resource）与自我作为个体（self as individual）；二是关于环境的知识（knowledge of the milieu），包括课堂、教师与领导的关系、政治关系和社会环境的创造；三是学科内容知识（subject matter knowledge），以英语教学为例，包括英语学科内容知识、学习和研究技能、阅读和写作；四是课程知识（knowledge of curriculum），包含学习课程的开发、开发过程和阶段（明确问题、确定学生需要、组织、开发课程内容、评价）、课程开发作为小组活动、阅读中心的课程开发等；五是教学知识（instructional knowledge），包括关于学习理论（learning theory）、学生、教学，如教学信念、教学组织、师生互动关系和评价"（姜美玲，2006）。"她认为这五类知识相互联系、不可分割，具有整体性。其本身是静态的，但当它与实践发生联系时便成为一种动态的知识，是理论知识与实践相互作用形成的"（朱宁波，张丽，2007）。艾尔贝兹对教师实践性知识内容的划分对其他学者的研究产生了极大影响，许多学者直接沿用了她的理论，也有学者以她的划分标准为蓝图，进行适当增删而形成新的关于实践性知识内容的认识。

陈向明（2003）以教师从教需要关注的内容为基准，认为教师知识中与理论性知识相对应的实践性知识应包括六个方面的内容：教育信念、自我知识、人际知识、情境知识、策略性知识和批判反思知识。各部分知识在强度上和力量上存在差异，它们之间是一种相互联系、相互影响的关系。她后来又对教师实践性知识进行了具体分析，认为它是"教师在教育教学实践中实际运用和表现出来的知识（显性的和隐性的），除了行业知识、情境的知识、案例知识、策略知识、学习者的知识、自我的知识、隐喻和映像外，还包括教师对理论性知识的理解、解释和运用原则"（陈向明，2009b）。

刘汉霞（2006）在陈向明分类的基础上进行了适当拓展，将教师实践性知识分为"有关教师的教育信念、有关教师自我的认识、有关教师关于学科内容方面的知识、课堂教学与管理的技术技巧方面的知识、有关学生及其特点方面的知识和有关反思性的知识"。

姜美玲（2006）借鉴舒尔曼关于教师知识类型的分析框架，把呈现于教师日常教育实践中的实践性知识分为"学科内容知识、一般教学法知识、学科教学法知识、课程知识、学习者知识、环境知识、自我知识等，而其显示的内涵会因课程或教学的重心而有程度上的不同或差异"。

申继亮（2006b）对实践性知识作了更详细的分析。他根据教师实践活动开展的领域及其特点，"将教师的实践性知识分为教师的教育实践知识、教师的教学实践知识和教师的教科研实践知识。教师的教育实践知识是教师校内外教育经验的结晶，它包括德育、家庭教育指导、学生心理教育、就业升学指导、课外活动指导等多方面的经验。教师的教学实践知识包括了教师在课程、教学设计、教学方法、教学过程、学法指导等诸方面的实践经验。教师的教科研实践知识包括了教师在教学研究和教育科研方面的实践经验"。

曹正善（2004）依据教师实践性知识的道德性要求，将教师实践性知识划分为"具有完美特征选择的'引导性知识'与告诫教师审慎地思考和采纳某种指导其行动的意见的'警示性知识'两种形式"。

吴泠（2006）依据实践性知识中各部分内容发挥的功能与关涉的对象不同，将实践性知识分为四个部分：①理念类知识，包含教育信仰、价值观、对教育作用与地位的看法、对教师角色的认识等。它不易形成，一旦形成又不易转变，并通过教师的行动潜移默化地表现出来。②自我的知识，包括教师对自己个体的了解（如个性、气质、性向、需求），也包括对个体在环境所处地位的判断。③策略类知识，主要指教师在教学过程中根据不同的情况而作出的决策，包括在教学过程中表现出来的对知识的把握能力。④有关反思的知识，是建立在对经验反思的基础上，通过"行动中反思"和"对行动的反思"形成的对自己教学工作的体验与感受，不断开展对教学合理性与合目的性的追求。

万文涛（2006）对教师实践性知识内容作了更为笼统的阐述，他认为"教师实践性知识所指广泛，内容丰富。既包括学科专业知识成分、教育专业知识成分，也包括一般科学文化知识成分；既包括情境性知识成分、理论性知识成分，也包括操作性知识成分；既包括非情感-价值知识成分，也包括情感-价值知识成分；既包括客体性知识成分，也包括元知识成分"。

此外，蔡亚平（2005）强调教师实践性知识的缄默性，认为"教师实践应该包括非正式的、难以表达的教学技能、技巧与经验，以及个人的直觉、灵感、洞察力、价值观和心智模式等"。

通过汇总和分析这些学者的观点，我们可以发现，学者们基于不同的划分依据与认识维度去剖析教师实践性知识，所得到的结论有部分相关或重叠，但又异彩纷呈。这些观点在分类依据、逻辑自洽和论证严密方面都有待考究，我们也很难判定某种划分就完全符合教师实践性知识的客观属性。事实上，要将动态复杂的教师实践性知识的内在结构和基本内容梳理清楚实非易事，要论证各部分内容之间的关系并探讨它们是如何作用于教育实践的就更为困难了，但关于这方面研究的重要性又不言而喻。因此，区分、辨别和概括教师实践性知识的具体内容，将是后续研究需要解决的关键问题。

（五）关于教师实践性知识发展的研究

对教师实践性知识发展规律的探寻应当是本研究领域关注的根本旨归，它能为教师专业发展和教师教育提供指导建议，也能直接转化为教师提高教育教学能力的基本策略，所有牵涉到教师实践性知识的应用研究都无法回避此问题。有关于此的研究包罗万象，内容庞杂，主要涉及实践性知识是怎样从无到有生成的，有哪些影响因素和来源，可以通过哪些方式或途径来学习等问题。

Grossman（1991）列举了教师知识的四种来源：学徒式观察（apprenticeship of observation）、教师培训、课堂经验及学科知识。

皮埃尔·布迪厄和华康德（2004）认为教师实践性知识的获取源于个体内在机制的作用，只能是学习者主动建构的结果。

刘海燕（2006）运用建构主义理论解释了教师实践性知识的生成机制，认为"它不是通过教师教育者自上而下传授被动生成的，而是教师在一定的学习情境和个人原有知识、经验、心理结构及信念的基础上，借助他人的帮助，利用必要的学习资源和建构工具，通过主体主动建构的方式而获得的。

邓友超（2007）在日本学者野中郁次郎和竹内弘高（1997）对知识管理建构的 SECI［社会化（socialization）—外化（externalization）—组合（combination）—内化（internalization）］转换模式基础上，分析了教师实践性知识的管理过程：外化—组合—内化。其中，外化的策略有说课、集体备课、隐喻、反思日记、叙事；组合是为了检视自己实践知识的完整性，提升自己实践知识的整体效益；内化则需要用自己的话写主题心得，与拥有相应实践性知识的教师结对子，认真对待每一个专业困惑，以理顺整体关系的方式来化解它。

何晓芳（2005）认为实践反思是实践性知识发展的主渠道，而教师合作能促进实践性知识的深化、补充和规范。

李德华和姜美玲的观点类似，姜美玲（2009）认为"教师个人生活史分析、反思教学实践经验、构建教师学习共同体"，是发展教师实践性知识的路径，李德华（2005）则认为"个人生活史、经验的积累和反思、观摩学习以及理论转化"是教师获取实践性知识的几种路径。

张典兵（2008）认为"教育叙事研究、教育行动研究、教育实习和教育观摩以及教育案例研究"是教师实践性知识生成的途径。

刘东敏和田小杭（2008）则主张"通过个体教育实践、实践性知识共享、现代信息网络等路径获取教师实践性知识。其中，外在的情境、协作和对话等是完成学习不可或缺的因素，学习者内在的情感、信念及价值观等则直接影响着实践性知识学习的质与量"。

王鉴和徐立波（2008）认为"校本教研、教师反思和进修培训是教师实践知识深化与'显性化'的基本途径"。

金忠明和李慧洁（2009）分别从职前和职后两个阶段介绍了对应的获取方法，"即对职前教师来说，可通过整合各类资源、体验观察生活、参与实习实践等途径积累实践知识；对在职教师而言，可通过反思个人生活、扎根日常实践、确立专业目标、组织教学观摩、参与教育考察和强化合作互动等方法获取实践性知识"。

吴泠（2008）在将实践性知识分为可言传的和难以言传的两类基础上，提出了相对应的学习方式，"即实践性知识是在内隐学习和外显学习的共同作用下，通过个体对知识的不断建构而习得的。比较而言，外显学习习得的更多的是显性的实践性知识，通常以理论知识的形式表现出来；而内隐学习更多的是在动态的'建构—解构—建构'的基础上形成的，更多地表现为隐性的实践性知识。影响实践性知识形成的因素有内部因素（个人的职业理想与职业动机水平、原有的知识背景、自我反思意识、自觉的理论学习、人际交往）和外部因素（学校氛围、社会氛围）两种"。

张立新（2008）专门从教师生活史及其自我的视角探讨了教师实践性知识的形成机制，他指出"教师实践性知识的形成机制体现了教师生活史→教师自我→教师实践性知识三者螺旋循环的过程，教师实践性知识的理解和运用也促成自我的建构；教师实践性知识伴随有意义行动的发生，逐渐拓展和丰富了生活史的内涵，实现了对教师原有生活史的超越；相应地，对教师生活史的超越，对自我的再建构，也发展和完善着教师的实践性知识。教师实践性知识形成涉及文化因素、社会因素、家庭因素、学校教育因素、在职专业学习因素和个人因素等"。

还有研究者仅从某个单一的路径出发，详细分析了促进教师实践性知识发展的有效方法，如时琳琳（2008）从教育技术学的视角切入，研究得出"在入职教育中应用课堂教学视频案例可以让新教师观摩优秀教师的成功范例或者个人教学活动实例，这对丰富新教师的课堂教学实践性知识极为有效"；赵党玲（2009）指出"教学反思是教师实践性知识生成和发展的重要机制，它可从教师的教育信念、教师的职业道德感等方面促进教师实践性知识发展"；蒋茵（2005）则指出"教育行动研究是实践性知识开发的有效途径"；周国韬（2009）持有类似的观点，指出"教师叙事研究是发展教师实践性知识的有效途径"。

在探讨教师实践性知识的发展问题时，学者们将实践性知识的发展、来源、获取、生成和学习等多个概念交织混用，出现了循环论证和论证不足的问题。同时，他们对发展的理解还比较空泛，没有深入挖掘发展的具体层次、不同渠道和不同阶段的发展特征以及发展的内在机理等问题。此外，实证研究较少，通过逻辑思辨所归纳的研究结论比较趋同和简单，似乎倘若要发展教师的实践性知识只需要关注教师在日常生活实践中积累的教学经验，时常反思，采取叙事研究或鼓励同事交流、观摩等即可。但是针对教育实际，我们应该怎样配合运用这些方法？对不同年龄阶段教师应采用何种策略更为适宜？如何帮助教师按照生成原理有效获取实践性知识，并在不断实践检验中优化提高它，使它在数量和质量上都得到极大发展？这些研究内容至今还比较薄弱。

（六）关于幼儿教师实践性知识的研究

国内关于幼儿教师实践性知识的研究起步晚且数量少，2009 年后才开始有研究者就幼儿教师实践性知识展开研究，但研究者对本领域的研究兴趣浓厚，研究势头强劲，研究成果也呈逐年上升趋势。截至 2017 年年底，关于幼儿教师实践性知识的相关硕士毕业论文有 14 篇，分别是华东师范大学辛丽华的《幼儿教师实践性知识及其建构机制的研究——基于 SECI 知识管理模型的探索》和邓青青的《幼儿教师个体实践知识形成的叙事研究》；东北师范大学邢春娥的《通过反思日记提升幼儿教师实践性知识的策略研究》、夏晶伊的《幼儿教师实践性知识特征的个案研究》与管钰嫦的《幼儿教师生活活动实践性知识的叙事研究》（2017）；西北师范大学严燕华的《幼儿园教师实践性知识发展的个案研究》（2010）、汪娟的《迷茫中的蜕变——一位转岗教师实践性知识的叙事研究》（2016）；沈阳师范大学佟晓川的《职前幼儿教师实践性知识的生成研究》（2017）和蒋娟的《职前幼儿教师实践性知识培养体系的研究——以大陆、台湾两所高校为例》（2017）；四川师范大学袁敏的《民办幼儿园教师实践性知识发展现状的个案研究》（2014）；首都师范大学范柯柯的《幼儿园教师实践性知识形成的个案研究》（2013）；浙江师范大学王素萍的《品格主题教学中幼儿教师实践性知识的个案研究——以朱朱老师的品格主题教学为例》（2013）；河南大学袁新新的《幼儿园新手教师实践知识的个案研究》（2010）；电子科技大学何雨熹的《幼儿英语教师的实践性知识个案研究》（2013）。此外还有零星见于各期刊的研究论文，代表性期刊文章有宋璞和李祥的《学前教育师范生实践性知识的构成要素及生成路径》（2017），但菲等的《职前幼儿教师实践性知识的发展：现状、影响因素及教育建议》（2017），罗凯的《幼儿转岗教师实践性知识生成探略》（2017），田燕的《基于实践性知识发展取向的学前师资职前教育课程改革》（2015），张淑琼的《幼儿教师实践性知识发展状况研究》（2015），杨琛的《行动与反思：职前幼儿教师实践性知识生成的关键》（2014），陈兴华的《实践性知识与幼儿教师职前教育改革》（2012a）、《反思性实践与幼儿教师实践性知识的生成》（2012b）。这些有益尝试充实了教师实践性知识的研究内容，深化了对实践性知识的探究与认识，不仅分别研究了职前、在职、转岗、民办等不同幼儿教师群体的实践性知识特征，也探讨了生活活动、品格主题教学、英语教学等不同教育活动领域的幼儿教师实践性知识，但这些关于幼儿教师实践性知识的研究个案研究偏多，多以质性研究方法为主，通过对个案的解读，提出了不同背景幼儿教师实践性知识形成与提升的相关策略，而个案研究结论的普遍推广性有待商榷，且已有研究多采取静态视角，单一分析某个阶段和处境中幼儿教师实践性知识，既缺乏纵向系统性思考，难以挖掘幼儿教师一生中实践性知识生成发展的动态过程，也缺乏横向对比性研究，难以发现幼儿教师实践性知识区别于其他教师的独特属性。

（七）已有研究述评与展望

基于对各类文献（研究报告、专业论文和学位论文及各类经验性文章等）的检索、阅读和分析可知，现有的教师实践性知识方面的研究可大体分为三类：其一，关于教师实践性知识的基本原理探讨，主要包括对教师实践性知识的内涵、性质、内容、特征、功能、知识论基础等问题的理论推导；其二，分析教师实践性知识与教师专业发展的关系，如实践性知识促进教师专业发展，实践性知识作为教师专业发展的知识基础，教师专业发展的知识取向等方面的论述；其三，探寻教师实践性知识的应用途径以及对教师教育的启示，如关于职前、入职和职后教师实践课程的开发和改革，不同学科、不同教龄教师实践性知识的习得，实践性知识形成的影响因素和障碍原因分析等。研究主要有两种形式，一种是介绍国外同类研究的相关成果和最新进展，并在此基础上拓展关于教师实践性知识新的理解和认识；另一种是结合我国中小学教育改革和教师专业发展实际情况做了大量深入教学一线的本土性研究，提出了有一定原创性的观点。

1. 教师实践性知识已有研究的不足

毋庸置疑，有关实践性知识的研究成果对于我们重新认识教师的知识结构和教师专业发展起到了重要作用，并为改进教师教育和教师管理提供了富有价值的参考意见，它所产生的研究意义有目共睹，得到了学术界的一致认同。但是，我们也应该清醒地看到，无论是对事物的认识还是对问题的解决都不可能一蹴而就，关于实践性知识的探索过程仍然曲折而漫长，已有研究还仅停留于经验反思和观念启迪的初始阶段，仍有许多说不清道不明的困惑亟待解决，也存在着许多不足有待完善。主要表现在以下几个方面。

（1）基本概念依旧模糊

至今学界还没有就教师实践性知识的内涵形成一个相对确切并被普遍认同的观点，以至于对实践性知识的理解过于宽泛，成为无所不包的大杂烩。内涵不清，则操作不明，正因为实践性知识研究的许多基本概念和命题没有确立，它的研究领域和对象就难以统一，捉摸不定，研究既无法把握内核，从而有效地言说、交流和讨论实践性知识，也很难在复杂的现象中将研究推向深入。因此，如果不能摆脱实践性知识概念的混乱，那么我们对于实践性知识的研究就很难走出雾里看花、水中望月的困境。

（2）观点论证争鸣不断

关于实践性知识的研究还没有建立起一套包容力极强的理论模型，对实践的解释力和指导力十分有限。已有的研究结论由于出发点、依据和方法的不同难以整合，许多泛泛而谈的看法显得模棱两可，一些观点之间还存在不可通约的阻隔或无法弥合的悖论。例如，实践性知识是一种纯粹的缄默知识，还是既有显性知识部分也有隐性知识部分？它能够言传身教，有效传递，还是只能通过主体主动建构的方式而获得，抑或是只能通过学徒制传递？教师实践知识的养成，"到底是天赋能力（ability）成分多，还是习得的（capability）成分多"（鲍嵘，2002a）？应该怎样去证明、还原它？怎样去寻找确凿可靠的依据？我们在追溯这些问题的时候，经常陷入一种无意义的循环论证中。

（3）理论基础比较单一

大部分研究者主要从哲学认识论的角度探讨教师实践性知识，普遍借用波兰尼的"个人知识"理论透析实践性知识的内在属性，研究结论千篇一律。也有一部分研究者在教育学的分析框架中通过经验总结或现场观察去认识教师实践性知识，以自己拟定的研究思路与逻辑层次去自圆其说，但他们很难跳出"缄默知识"的理论框架，打开思路，获得更广泛的见解。长此以往，倘若研究者继续沿袭旧路，视角单一，未来的研究将难以有所突破，体现创新。因此，我们要注意从其他学科中吸取理论养分，开阔研究思路，促使实践性知识研究向纵深发展。

（4）实证研究相对薄弱

大部分研究局限于文献梳理、经验总结和哲学思辨，个别实证研究偏重于罗列案例，对实证素材的抽象概括程度不够，对实践性知识元命题的研究分析不足。例如，许多实证研究所总结的促进教师实践性知识发展的策略相对趋同，普遍认为通过教师单纯的自我反思、实践观摩或实践经验分享就能达到提升实践性知识的目的，表现出规定化、人为化和政策化的倾向，缺乏对生成原理的深层揭示。所以，我们不仅缺乏实证研究，更缺乏实证研究后经由理性思考得出经得起反复推敲和批判的结论。倘若不加强这方面的实证研究，那么以引进借鉴为基点的实践性知识研究将难以化"洋"为"土"，扎根于实践。

（5）过分强调实践性知识的意义，易犯矫枉过正的错误

当前一般将教师知识分为本体性知识、条件性知识、一般文化知识和实践性知识四种，或理论性知识与实践性知识两种类型，但这种人为的划分并不表明各部分知识之间是一种泾渭分明的对立关系。我们强调实践性知识，是因为它曾经被长期忽视，需要重新认识并加以利用。然而研究中的追风现象令一些研究者过

分强调或夸大实践性知识的作用，忽视了知识之间的关系研究，出现了矫枉过正、过犹不及的问题。不可否认，教师的理论性知识也蕴藏着巨大的实践价值，它是实践性知识的加工素材和生成基础，实践知识经过言说、抽象和加工也能转换为理论性知识。因此，我们既应该承认不同知识类型的独特意义，也应该探究各种知识整体生成与配合运用的问题，促进它们协调而全面地发展。

迄今为止的研究主要集中在教师的实践性知识"是什么""是什么样的""是如何表征的""如何形成的"这几个层面，但较少讨论实践性知识的核心特征，对以下问题的回答是远远不够的：实践性知识与传统的命题知识之间有何本质差别？它是如何在实际情境中实现的以及如何在实际情境中生成的（李莉春，孙海兰，2010）？此外，实践性知识的相关研究喜欢追求一种整体模式，架子大、范围广但内容空，对个别问题的思考深度不够。同时，研究主要以中小学教师为对象，缺乏对其他教育领域和学段教师的关注，与教师教育和教师专业发展的研究结合还不够紧密。职前和职后教师教育应该怎样在观念、方法和管理上实现变革，应该提供哪些条件保障，应该营造一种怎样的文化氛围，不同专业发展阶段的教师在实践性知识发展上有何异同，需要怎样结合个人的特长与个性发展实践性知识，这些更微观和具体的问题还少有人涉足研究。

总之，当前我们对于教师实践性知识似乎还有许多说不清、道不明的困惑。Fenstermacher（1994）也为此反思："有很多有关教师实践知识的研究，清楚地表现了教师的信念、直觉、感觉、反思的知识，但这里的认识论难题使这些心智活动不一定会带来真正的知识，这些被推断表达出来的心智活动内容必须经过认知价值的检验，缺乏认知价值，不管什么样的教师理解、信念或者觉识都不能被定义为知识，至少不是有认知价值的知识，占有认识论价值，才可能被确定为知识。对实践知识的使用要慎重，实践中生成的东西也是需要检验的。"因此，作为一个新兴的研究领域，我国教师实践性知识的研究还相对薄弱，无论是在已有理论的逻辑自洽方面，还是在核心概念与命题的相对统一上，以及对实践中复杂问题的解释指导力上，都暴露出很多问题。

2. 教师实践性知识未来研究的发展建议

对于教师实践性知识研究过程中存在的不清晰和不完善的问题，我们要严谨对待，层层深入，不断逼近它的本真。正如荷兰学者尼克·温鲁普等（2008）所言："虽然教师知识与个人经历及环境有着密切的关系，但肯定有一些基本的东西为所有的教师或大部分教师所共有。虽然存在很多方法论方面的困难，但该领域的研究应该尽可能地承认教师知识的这种特点。这类研究的基本假定是：如果表述恰当，有关教师知识共同特征的研究发现可以称为教学的知识基础的一个组成部分。这意味着为整个的知识基础'做贡献'的不仅仅是正式的理论，还有教学实践。"尽管教师实践性知识具有的缄默性、个人性、复杂性、经验性和境遇性等特征，它难以被教师注意和提取，更难以被研究者结构化、文本化和普适化，但是我们也要有研究的信心，因为"教师实践性知识还是可以意会的，而可意会则意味着可提取，可交流，可传承（扬弃、整合），可以通过学习或感悟而习得"（陈向明，2003），能够被观察和干预，也有规律可循，这已被学者普遍认同，并作为研究目的予以实施。因此，关于教师实践性知识的研究还有相当广阔的空间亟待开拓，也有很多认识需要超越和统一，未来研究实践性知识的主旨在于探明教师实践性知识的普遍规律，寻找促进其良性发展的有效方法。但此过程中，我们要及时修正过去研究的不良倾向，努力从以下几个方面加以突破。

（1）正本清源，重视实践性知识的本体论问题研究

毋庸置疑，探索实践性知识的运行原理，建构实践性知识的基本理论应当是后续研究的基础，而辨析其主要概念和本体性问题则应成为研究的重中之重。有鉴于此，我们应围绕实践性知识的意义、合法性、知识论基础、内涵、结构、特征等问题展开充分研究，找到它与经验、能力、学科教学法知识、个人知识、实践智慧、缄默知识等相似概念的区别和联系。同时，我们还要将实践性知识放回到教师知识体系之中，与理论性知识加以比较，辨别各种知识的工作原理、表征形式、功能和边界，挖掘出它们之间相互转化、相互促进的渠道。此外，针对实践性知识可意会难言传的问题，我们应加强实证分析，通过大量的观察、实践和案例分析，不断抽象出教师实践性知识的内容、要素与结构，逼近实践性知识的本真。同时，我们还要处理好实践性知识个别性与统一性的问题，找到统摄所有教师（囊括不同学段、不同学科、不同地域和不同专业发展阶段的教师）实践性知识的普遍法则。概言之，注重理论分析，确立元命题，形成一种约定俗成的研究范式将是教师实践性知识后续研究的一个重要方向。

（2）多维思考，拓展实践性知识的研究视域

虽然经过学者们的不懈努力，教师实践性知识的研究已经迈出了坚实的第一步，但是已有研究在内容、方法和视域方面均存在一定的局限，这需要我们深入反思，努力解答可以从何种视角、基于何种理论去研究实践性知识，可以采取哪些研究方法进行研究，以及还可以研究它的哪些方面等问题。其中，开阔研究视域，从其他学科吸取理论养分不啻为一条重要的发展路径。为此，我们可以广泛求证，多角度分析，借鉴社会学、心理学和文化人类学的研究方法和思路去认识教师实践性知识，以元认知理论、内隐学习理论、建构主义学习理论以及社会学中关于知识和实践性关系的理论作为研究支撑，采用跨领域、多学科的视角分析问题，打破传统思维的藩篱，得出既富有新意又经得起推敲的结论。相信如果我们经常转换视野，全方位、多层次地去思考、确认、判断和检验教师实践性知识，那么实践性知识的神秘面纱终将被揭开，它所带来的理论价值将会无穷。

（3）紧扣实践，加强实践性知识的应用研究

理论的价值体现于实践，我们在将教师实践性知识研究推向深入的过程中，不仅需要概括出实践性知识的基本特质，提高研究理论的解释预测力，更要紧扣实践，服务实践，增强应用研究，解决实践问题。从一定程度上讲，教师实践性知识的应用研究就是将研究理论吸纳、转化、融合到教师教育和教师管理等实践活动中去，为促进教师专业发展提供改进建议，这是研究的必然趋势，也是增强研究活力的关键环节。与实践密切联系的问题较多，主要有教师一般如何习得实践性知识，实践性知识的生成渠道有哪些，影响教师实践性知识形成的内外部因素有哪些，怎样通过讲解和示范群体性地传递实践性知识，怎样帮助教师习得实践性知识，怎样促进教师实践性知识的发展从沉寂走向自觉，怎样在职前教育、职后培训和日常管理中引导教师领悟实践性知识、优化知识结构等。而在此基础上，实践性知识的发展阶段、以实践性知识为核心的教师专业发展途径以及如何转知成智，形成实践智慧等延伸性问题还需要在不断的实证研究、行动研究和实验研究中去寻求答案。总之，教师实践性知识的研究既来源于实践，又必须回归实践，它最终将落脚于提高教师专业素质之上。

基于上述文献分析不难发现，教师实践性知识潜藏着丰富的理论意义和实践价值，但由于实践性知识具有缄默性、个人性、复杂性、经验性和境遇性等特征，它们"经常被教师日用而不知，因熟练而缄默"（石中英，2001a），也难以被教师注意和提取，更难以被研究者结构化、文本化和普适化，从而大大增加了研究的难度。此外，我国教师实践性知识研究开展的时间相对较短，而需要研究的对象——教师却遍布各地，研究阵地分散，研究现状复杂，要在这样的时间和条件下建构普遍一致的理论实非易事，研究中所暴露的不足和缺陷也无可厚非，为此，更需要深入细致地探究教师实践性知识，这样才能逼近本真，改善实践现状。同时，对教师实践性知识的研究也应该拓展研究领域，创新研究思路，应用不同的研究方法从多个视角去揭示其内在原理，窥探究竟。鉴于此，本书从教师实践性知识的普遍性探讨深入至研究幼儿教师这一独特群体，试图阐明幼儿教师实践性知识与其他教育阶段教师实践性知识的区别，这可从研究对象上拓展教师实践性知识研究领域。

探明幼儿教师实践性知识发展问题也是当前教师实践性知识研究领域中亟待加强的一项内容，是我们丰富对教师实践性知识认识的必然要求。"教师是怎样发展他们自身的知识的问题，长久以来一直受到忽视。……但几乎所有的研究都只是间接或是部分地涉及教师是如何发展其自身知识的这一问题。总体上，这方面现有的文献不仅缺乏而且零碎，且系统性的研究几乎不存在"（范良火，2003），而且当前"对实践性知识的界定和表征偏于静态呈现，缺乏对实践性知识生成和发展过程的动态描述"（李莉春，孙海兰，2010），关于教师怎样发展他们实践性

知识的研究几乎没有。

综上所述，本书整合多方面需求，选取幼儿教师的实践性知识作为研究对象，站在职业生涯的视角探索幼儿教师实践性知识发展历程，通过实证考察和理性分析揭示幼儿教师实践性知识发展的规律。发展（develop），从词源来讲，是指事物生长、发育、进化、进步或新事物的出现，负载着事物从小变大、从简单到复杂、从低级到高级不断扩大规模、优化结构和提高质量的价值映射。幼儿教师实践性知识的发展是指幼儿教师在教育实践过程中不断生成新的实践性知识和对原有的实践性知识进行反思、加工、重构，以改进实践行为，提高实践效率的过程。它包括了从无到有、从有到精、从精到通的变化层级。幼儿教师实践性知识发展的核心价值追求指向于服务幼儿教育实践，促进幼儿的最佳生长、全面发展。探讨幼儿教师实践性知识的发展问题，也就是试图探寻幼儿教师实践性知识在量和质方面不断提高变化的内在规律，它反映了幼儿教师对幼儿教育实践卓越化的不懈追求过程，也是幼儿教师提高专业素质的根本路径。归根结底，本书旨在厘清三个问题：

其一，发展什么？探究幼儿教师实践性知识的内涵与特征，发现幼儿教师实践性知识的构成要素及各部分要素之间的相互关系，揭示幼儿教师实践性知识的独特性。

其二，怎样发展？挖掘幼儿教师实践性知识生成的一般过程，描述幼儿教师实践性知识发展的普遍历程和基本特征。

其三，如何提高？归纳影响幼儿教师实践性知识发展的内外部因素，提出促进幼儿教师发展实践性知识的可行性策略，探究顺应实践性知识发展规律的幼儿教师教育改革路径。

为此，书中沿着幼儿教师实践性知识所指为何—幼儿教师实践性知识怎样生成与发展—怎样促进幼儿教师实践性知识发展—对幼儿教师教育改革有何启示的思路展开。具体步骤是：首先，根据已有研究成果，进行逻辑思辨，全方位解读幼儿教师实践性知识的内涵、结构要素及其主要特征，建立幼儿教师实践性知识研究的理论框架。其次，借鉴内隐学习理论、建构主义学习理论以及情境认知学习理论搭建幼儿教师实践性知识生成和习得的理论模型，揭示实践性知识生成的内在机制。再次，深入幼儿教师教育实践的现场，通过观察、访谈和问卷调查等方法收集幼儿教师实践性知识的相关实证素材，并根据幼儿教师对实践性知识发展过程的回忆、幼儿教师建构实践性知识的案例以及问卷数据分析情况，总结幼儿教师实践性知识发展的基本历程、主要途径、影响因素和现实困境。最后，运用前期研究的结论，提出促进幼儿教师实践性知识发展的策略，根据幼儿教师实践性知识的发展原理反思幼儿教师教育的缺失与不足，并提出针对性建议。

总之，本书针对当前幼儿教师对实践性知识放任自流、发展缓慢，幼儿教师的专业性得不到认同的现实问题，采取幼儿教师作为知识生产者的研究假设，结合幼儿教师职业生涯发展历程，系统探讨了幼儿教师实践性知识的发展规律，为幼儿教师专业自主发展明确了逻辑起点和实现路径，建构并完善了幼儿教师实践性知识的理论体系，也为教育管理者制定合理的幼儿教师职业资格认证制度和切实可行的支持管理政策提供了参考意见，拓展了幼儿教师教育改革的新思路。

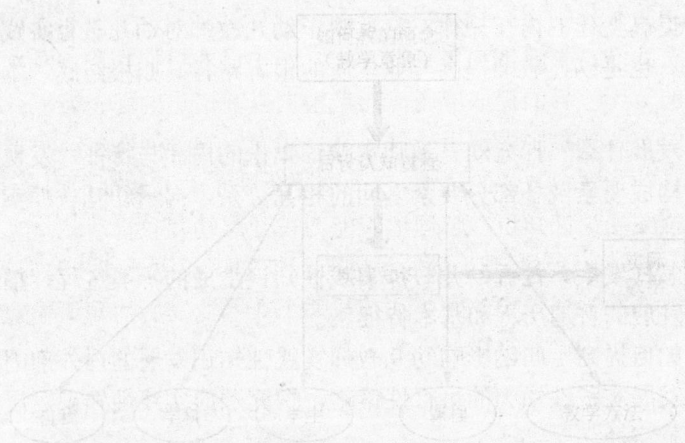

图 1-2 Calderhead 的实践性知识

第一章
幼儿教师实践性知识的意涵

一、幼儿教师实践性知识的内涵

（一）知识的内涵

学术界关于"什么是知识"和"知识有哪些类型"的认识经历了一个不断深入和丰富的过程。

传统知识论主张，"知识是认识主体对外在事物正确把握后形成的信念。知识构成的条件有三：信念、真、证实，即知识是一种信念，这种信念必须是'真'的，而且这种真实性能够被证实"（胡军，2006）。此类认识的历史悠久，可追溯至柏拉图（Plato）时期，柏拉图在《泰阿泰德》中借苏格拉底之口提出这个关于知识的古老定义，它将"知识"和"意见"相区分，认为"知识就是真理，就是理性的作品"（石中英，2001b），知识是经过证实了的信念。亚里士多德（Aristotle，2004）将知识分为三种类型：理论的知识、实践的知识、制作的知识。"理论沉思是对不变的、必然的事物或事物的本性进行思考的活动，而实践和制作则是人对于可以因自身努力而改变之事物的、基于某种善的目的而行动的活动。制作的目的是外在的，旨在产生活动之外的产品；而实践的目的既是外在的也是内在的，既是对于变动的、与多数人相关的人类事务之善的追求，也表达了人作为一个整体的性质（品质），即实践的逻各斯。'理性'实践兼有科学或理论活动的性质，将明智视为实践理性的德性。"他还认为理论的活动思想理性层次最高，同时也认为实践的活动最重要。虽然在传统知识观中经验主义和理性主义存在差别，但它们都认为知识需反映外界事物本质，观点的分歧在于对知识获取途径的认识不一致。

后现代主义哲学家突破了传统思维模式，对知识的客观性、普遍性与价值中立性进行了批评。"他们不再认为获取知识是为了满足精神生活的需求或为了人性的解放，而是为了权力和效率，学生、政府和高等教育机构对于知识要问的问题不再是'它是真的吗''它是正义的吗'，而是变成了'它是有用的吗''它有效率吗'"（冯俊，2005）。据此，他们从人文的视角思考知识，产生了新的知识观。

例如，英国学者卡尔·波普尔（2005）就认为"知识本质上是猜测性的认识，所有的知识都是暂时的和不断进化的"。法国学者 Lyotard（1992）认为"知识一词的含义不仅仅包括一套知识型陈述，它还包括'知道怎样做事''知道怎样生活''知道怎样听'等概念。这样，知识就成为一个能力问题，这种能力超越了对真理标准的简单决定和运用，而扩展到对于效力标准（技术资格）、正义和幸福的标准（伦理智慧）和声色（听觉或感官视觉）之美的标准等的决定和应用"。

此外，还有实用主义的知识观，这种知识概念"既不再将知识与主体的理性联系在一起（如理性主义），也不再将知识与客体的属性联系在一起（如经验主义），而是将知识看成一种行动的'工具'"（石中英，2001b）。如杜威（2005b）就将知识看成"通过操作把一个有问题的情境改变成为一个解决了问题的情境的结果"。

而国外学者 Alexander 等（1991）则提出"知识这一概念经常用来指一个人知道或相信的一切真实的事物，无论其真实是否经过某种客观或者外部手段证实"。这种认识似乎类似于柏拉图对知识的主张，也将知识等同于一种信念，但不同点在于这种知识不需要真实性证实，带有明显的个人主观倾向。

《辞海》对知识作了这样的阐述："知识是人类认识的成果或结晶，依反映对象的深刻性，可分为生活常识和科学知识，依反映层次的系统性，可分为经验知识和理论知识，按具体的来源知识虽可区分为直接知识和间接知识，但是从总体上说，人的一切知识（才能也属于知识范畴）都是后天在社会实践中形成的，是对现实的反映"（辞海编辑委员会，2002）。在《教育大辞典》中，知识被认为是"对事物属性与联系的认识。表现为对事物的知觉、表象、概念、法规等心理形式。知识属于认识范畴，是人类的认识成果。经验是知识的初级形态，系统的科学理论是比较完备的知识形态"（顾明远，1992）。

为了便于进一步理解知识的内涵，充分把握它的实质，许多学者依据不同的标准将复杂的知识进行了分类认识。

"利奥塔通过对知识合法性（legitimacy）、合法化（legitimatation）的追问，将知识分为叙述知识（narrative knowledge）和科学知识（scientific knowledge）两种形式，认为它们各自合法化的方式不一。知识不能完全归结为科学，也不能等同于学问。学问是一套知识或描述对象并可以被宣布为是真或是假的陈述，它提出其他陈述。科学是学问中的一个子集，它们也是由指示性陈述所组成。然而有很大一部分知识是叙述知识"（冯俊，2005）。

波伊曼（2008）将知识划分为三种类型：熟悉型知识（knowledge by acquaintance）、能力型知识（competence knowledge）和命题型知识（propositional knowledge）。"熟悉型知识是指某人知道某事或某人，它不是命题或概念而反映为一种知觉。能力型知识是指某人知道如何做某事，即使这种认识可能是缄默无意识的，但它对实际产生效果，并能够意会和体验，在一定程度上可通过反思言明。

命题型知识是指某人知道某个陈述或命题，且命题有真值，能够被证实。"由此可知，传统意义上的知识概念仅是指命题型知识。

"赖尔从先有实践、后有理论的角度将知识划分为'知道什么'的命题性知识和'知道如何做'的行为性知识两大类。'知道什么'是对个人的智力或理智的描述，'知道怎样'是对一个人行为的描述。两者之间有某种类似，也有某种区别，但仅仅'知道什么'是远远不够的"（方明，2004）。

在赖尔关于知识划分的基础上，经济合作与发展组织（Organization for Economic Co-operation and Development，OECD）在编写的《以知识为基础的经济》一书中，从知识存在的形态和作用出发把知识分成四种类型：①知道是什么的知识（know-what），这类知识是一种陈述性知识，基本上以命题的形式存在；②知道为什么的知识（know-why），主要指自然原理和规律方面的理论，也是一种陈述性知识；③知道怎么样做的知识（know-how），这是一种程序性知识，有两种形态，一种能通过各种检测手段加以检测的知识，一种往往不能作为明确的技术规则予以阐述，表现出不可言传的特点，仅能以实际操作的形式加以演示；④知道是谁的知识（know-who），涉及谁知道和谁知道如何做某些事的信息，这类知识比其他任何种类的知识都更具有隐藏性（吴泠，2006）。

约翰·波洛克和乔·克拉兹（2008）还根据我们知道的许多种类的事物与知道它们的方式之间存在的区别，从认识论上将知识细分为不同的"区域"："直接建立在感觉上的知识，或曰'知觉知识'，构成一个区域；根据回忆以前获得的知识而拥有的知识构成另一个区域；他人心灵的知识、先验知识和道德知识构成其他区域。"

Boisot（1998）在《知识资产：在信息经济中赢得竞争优势》一书中从信息化的角度将知识分为四种类型：①公共知识，指经过编码可以传播和扩散的知识；②专有知识，虽然编码但难以扩散的知识；③个人知识，不能扩散的知识；④常识，没有编码，但广泛传播的知识。

还有我们比较熟悉的波兰尼（Polanyi，1998），他根据知识能否被意识或言传的区别，将人类知识划分为显性知识（explicit knowledge）和默会知识（tacit knowledge）。

约翰内森（Johannessen，1999）在波兰尼的知识分类基础上，将知识进一步划分为显性知识、系统化知识、关系型知识和隐性知识四种类型。其中，"显性知识是容易获得、容易理解和容易交流的知识，它通常存储在图书馆、局域网或数据库中。系统化知识是我们知道如何获取知识的知识，如理论框架、专业术语、研究方法等，它记录了我们求知的路程，承载了人类思想和研究的成果。关系型知识主要是指人或机构在长期的工作实践和社会交往中所建立的关系和人际网络，或是通过与专业群体建立联系并从中获取专业技能的能力。隐性知识是既难以理解又难以交流的知识，它注重实践、以经验为基础，与特定项目和背景有关，对解决现实问题和突发性问题具有重要价值"。

另一位哲学家迈克尔·欧克肖特（2003）将知识分为技术的知识和实践的知识，认为"技术的知识被制定为规则，它们或可以被精心学习、记住，并且就像我们说的，被付诸实践；但不管它是否或已经被精确制定，它的主要特征是它可被精确制定，虽然制定它需要特殊技巧和洞见。而实践的知识只存在于运用中，不是反思的，也（不像技能）不能被制定为规则。然而，这不是说它是一种深奥的知识，只是说，使它被共享和成为共同知识的方法不是被制定的教条的方法"。他的这种认识直接为我们如今将教师知识划分为理论性知识和实践性知识奠定了基础。

上述对知识的探讨主要是运用哲学思维方式对知识做了不同的框定，它更强调对人类社会共同知识的性质进行研究，而在心理学研究的视野下，知识的性质更倚重于其个体特征。在心理学中，知识是个体通过与环境相互作用而获得的信息及其组织。

按现代认知心理学的理解，知识有广义与狭义之分。广义的知识可以分为两类，即陈述性知识和程序性知识。①陈述性知识，是描述客观事物的特点及关系的知识，也称为描述性知识。陈述性知识主要包括三种不同水平的知识：符号表征、概念、命题。符号表征是最简单的陈述性知识，是指代表一定事物的符号。例如，学生所学习的英语单词的词形、数学中的数字、物理公式中的符号、化学元素的符号等，都是符号表征。概念是对一类事物本质特征的反映，是较为复杂的陈述性知识。命题是对事物之间关系的陈述，是最复杂的陈述性知识。命题可以分为两类：一类是非概括性命题，只表示两个以上的特殊事物之间的关系。另一类命题表示若干事物或性质之间的关系，这类命题叫概括，如"圆的直径是它的半径的两倍"，这里的倍数关系是普遍的关系。②程序性知识，它是一套关于办事的操作步骤和过程的知识，也称操作性知识。这类知识主要用来解决"做什么"和"如何做"的问题，可用来进行操作和实践。策略性知识是一种较为特殊的程序性知识。它是关于认识活动的方法和技巧的知识，如"如何有效记忆""如何明确解决问题的思维方向"等。

迄今为止，对知识的认识依然是见仁见智，莫衷一是，要对它下一个统一性定义几乎不太可能，不同的哲学流派（经验主义、理性主义、实用主义、历史主义等）与不同的学科（哲学、逻辑学、社会学、管理学、心理学、教育学等）基于不同的切入点和假设对其有着不同的看法。英国哲学家罗素（1983）曾对知识的定义问题做过这样阐述："由于两种原因，知识是一个意义模糊的概念。第一，因为除了在逻辑和纯粹数学的范围内，一个词的意义多少总有些模糊不清；第二，因为我们所认为的全部知识在或多或少的程度上是不确定的，而且我们无法判断不确定性达到什么程度一个信念就不配叫作'知识'，正像我们无法判断一个人脱落了多少头发才算秃一样。"

通观这些知识的定义和分类梳理不难发现，实践性知识得以讨论的契机来自于学者们对传统理性主义知识观霸权的批判与消解以及多种知识观的建构，这些有关知识的多视角分析为实践性知识提供了合理性与合法性依据。综上所述，可以认为知识是主体通过实践所形成的一种关于认知对象的比较稳定的信念和认识。它可以用来指导行动，成为行动的规则，也可以专属于个人，或共享于社会，成为一种公共知识。实践性知识作为这种知识的范畴之一，它是知道如何做的认识，是指向问题解决的那一种能力型知识。而且对于实践性知识而言，知识不一定都是真知，它是教师作为认知主体对教育活动这个认知对象交互作用的智力结果，它有可能形成错误的或不良的知识，但可以通过教师对教育有效性与合理性的不懈追求而加以改善。

（二）教师知识的内涵

教师知识一般是指教师所拥有的与从事教育实践相关的所有知识，它是一个笼统的知识整体，可以细化为内容不同的各种知识。目前，国内外学者从不同角度出发对教师知识进行了划分，存在如表1-1与表1-2所示的突出特点。

表1-1　国外学者关于教师知识的分类

研究者	教师具有的知识分类
伯利纳	学科内容知识；学科教学法知识；一般教学法知识
斯滕伯格	内容知识；教学法的知识（具体的、非具体的）；实践的知识（外显的、缄默的）
舒尔曼	学科内容知识；一般教学法知识；课程知识；学科教学法知识；有关学生的知识；有关教育情境的知识；其他课程的知识
格罗斯曼	学科内容知识；学习者和学习的知识；一般教学法知识；课程知识；情境的知识；自我的知识
（Calderhead，1988）	学科知识；行业知识；个人实践知识；个案知识；理论性知识；隐喻和映像

资料来源：陈向明，2003. 实践性知识：教师专业发展的知识基础[J]. 北京大学教育评论，1：104-112.

表1-2　国内学者关于教师知识的分类

研究者	教师具有的知识分类
辛涛，林崇德，申继亮（1999）	本体性知识（学科知识）；条件性知识（教育学、心理学知识）；一般文化知识；实践性知识
陈向明（2003）	理论性知识；实践性知识
钟启泉	观念层面的知识；实践层面的知识
谢维和	关于学生的知识；关于课程的知识；关于教学实践的知识
傅道春	原理知识（学科原理、一般教学法知识）；案例知识（学科教学的特殊案例、个别经验）；策略知识（将原理运用于案例的策略）

资料来源：王冬凌，2007. 知识观的嬗变与教师实践知识的养成[J]. 大连教育学院学报，12：29-32.

就上述研究结论而言，辛涛等人的观点更便于理解和操作，即将教师知识分为四类：本体性知识、条件性知识、一般文化知识和实践性知识。这四种知识之间呈现一种相辅相成、水乳交融的关系，它们交互影响、共同作用于教师的教育实践活动。其中，"教师的本体性知识是教学活动的实体部分。教师条件性知识对本体性知识的传授起到理论性支撑作用。教师实践性知识对本体性知识的传授起到实践性指导作用。一名优秀的专家型教师不能仅仅具备本体性知识，因为他面临的是教学这样一个交互过程。条件性知识可以解决教学过程处理问题的原则，而实践性知识则可以解决教学过程处理问题的方式方法"（申继亮，2006b）。而且条件性知识与实践性知识并非是泾渭分明、不可通约的，它们在适当的条件下可以相互转化：一方面，当条件性知识被教师真正理解和接纳，并内化为自身的教育理念时，它就能在实践中潜移默化地成为实践性知识，表征于实践；另一方面，当个体的实践性知识被教师有意识地反思、加工和升华之后，形成可言说、结构化的概念、框架和逻辑体系，达到高度概括、可逻辑推论的程度时，就转化成了教育理论的条件性知识。例如，魏书生（2006）将"六步"教学法（定向、自学、讨论、答疑、自测、自结）的实践性知识和"学导式"教学实践性知识总结升华为一种教学模式的理论，并得到了广泛传播。

因此可以说，条件性知识是实践性知识参考的原则和依据，实践性知识可经由言明、总结和归纳升华为条件性知识。同时，本体性知识、条件性知识和一般文化知识是实践性知识在行动中运用的素材，实践性知识是连接知识与实践的纽带，它将知识整合体现在实践中。了解教师知识中其他部分知识的内容及其各自的功能，对于理解实践性知识的内涵也颇为重要。

（三）教师实践性知识的内涵

前已述及，教师实践性知识并不遵从传统的"符合论"或"融贯论"的知识观，它是在后现代主义的多元知识观浪潮中，根据"实用主义"原理阐发而提出的，并引起了广泛关注。当前虽然实践性知识的重要性已经得到普遍肯定，但研究者对其内涵与外延的把握却难以达成共识。

由于"这种知识比理论更加宽泛，能够囊括更多的内容，包括不够系统、严谨、逻辑的认识、理解、解释、看法、观点等。教师实践性知识是一个非常丰富、复杂的范畴，需要相对宽松、模糊的概念，才能将其完全包容进去"（陈向明，2003）。因此，为便于深入研究，本书在综合其他研究观点的基础上，对教师实践性知识的内涵与外延作出相对界定。教师实践性知识是指教师基于过去的生活史和实践经验建构而成的在应对具体教育教学情境时知道"如何做"的动态认识体系。它是一种实用性知识，反映了教师个体的使用理论，是教师相对稳定的策略性认识。它需要通过教师反思、体悟和领会来获取，具有情境性、个人性、经验性、行动性、复杂性、自动性、潜隐性和模糊性等特征。总体而言，教师实践性知识不是实践与知识两个概念的简单叠合，而是教师通过实践产生，依靠实践来检验和完善，以实践问题的解决为出发点和归属的关于教育实践的认识，它遵循着循序渐进、不断积累和自主建构的发展原则，承前启后，左右当下。教师实践性知识对教师的日常教育教学具有至关重要的作用。"教师实践性知识包括主体、问题情境、行动中反思和信念等四个重要的构成要素。教师实践性知识的主体是教师，教师拥有自己独特的知识。教师实践性知识通常在具体的问题解决过程中体现出来，具有价值导向性、情境依赖性、背景丰富性等特性。教师实践性知识还具有行动性、身体化、默会性的特征，必须被'做出来'。虽然实践性知识隐藏在教师的整体经验之中，它能够被提炼为一种信念，这种信念将受到教师后续行动的检验，并指导他们的后续行动"（陈向明，2009a）。

由于国内教师实践性知识概念的翻译不同，其提法也不一样，有些将其翻译为实践知识、实际知识或实务知识，但它们的实质所指都一样。与教师实践性知识内涵颇为相近的概念还有很多，例如舍恩提出的"行动中的默会知识"（tacit knowledge-in-action）、柯兰迪宁提出的"个人的实践知识"（personal practical knowledge）、舒尔曼（Shulman）提出的"实践智慧"（practical wisdom）、桑德斯（Sanders）等提出的"教学实践理论"（practical theories of teaching）。与实践性知识相关的概念也较多，如缄默知识、教育经验、学科教学法知识以及教育智慧等，倘若要准确把握实践性知识的内涵，我们还需要将其与这些相近概念进行比较，在区别中分清界限，明确对象。

1. 与缄默知识的区别

缄默知识（tacit knowledge，也称隐性知识）最早由英国的物理化学家、哲学家波兰尼于1958年在《人的研究》一书中提出，他认为"人类有两种知识。通常所说的知识是用书面文字或地图、数学公式来表述的，这只是知识的一种形式。还有一种知识是不能系统表述的，例如我们有关自己行为的某种知识。如果我们将前一种知识称为显性知识的话，那么我们就可以将后一种知识称为缄默知识"。1985年，美国心理学家斯滕伯格（Sternberg）将缄默知识定义为"行动定向的知识，在没有他人直接帮助的情况下获得，它帮助个体达到他们个人所认为是具有价值的目标"。日本学者野中郁次郎（Nonaka）等（1998）认为"缄默知识是高度个体化，难以形式化或沟通，而且难以与他人共享的知识"。总体而言，学术界对缄默知识的内隐性特征达成的基本共识在于认为它是一种只可意会、不可言传的知识，具有"非逻辑性""非公共性""非批判性"，对个体的行为活动起到了内隐性解释和向导的作用。

按教师对其实践性知识的意识和表达的清晰程度，此类知识可分为：①可言传的；②可意识到但无法言传的；③无意识的、内隐的（鞠玉翠，2002）。由此可见，实践性知识那部分在行动中表现却难以被言说和意识的知识就属于缄默知识的范畴，但同时它仍有一部分可意识并可以言传的显性知识（explicit knowledge），只不过实践性知识中缄默知识所占的比例较高，经常表现出行动性、自动性、情境性等隐性特征。

2. 与教育经验的区别

经验在哲学上指人们在同客观事物直接接触的过程中通过感觉器官获得的关于客观事物的现象和外部联系的认识。教育经验就是教师在教育实践中产生的关于教育教学活动的感性认识。广泛而言，知识也是一种经验，知识是经验的固化形式，《现代汉语词典》就将知识定义为"人类在社会实践中所获得的认识和经验的总和"，"经验论者主张一切知识都通过感官知觉（看、听、触、尝和嗅）起源，……后天的知识是偶然的、经验的知识，它是从五种感官而来的经验而得到的知识"（波伊曼，2008）。哲学家休谟也指出，"人类的知识、认识不能走出自己经验所设置的藩篱，这犹如人不能走出自己的皮肤一样，知识总是建立在个体经验基础之上，内在于人们已有的经验与文化"（潘洪建，2004）。由此可见，知识涵化在经验中，以经验为基础，经验是知识的来源，经验可以转化为知识，是构成知识的主要元素。而实践性知识作为知识的一类，也包含在教育经验的大范畴之中。实践性知识的产生、发展与传递都以教育经验为基础，并受到自身和他人教育经验的影响。然而，实践性知识不完全等同于教育经验，它是个体特有的一部分教育经验，"要使得'教学体验'成为有助于改进自身教学的'实践性知识'，教师必须明确自身探究的问题……对自身的教学实践有一种正确的评价，并能根据这种评价积累起解决问题的经验，这样体验才能转化为实践性知识"（钟启泉，2006）。因此，实践性知识是经过教师有意识的加工、组织并习以为常的有效解决教育问题的经验，它由一些具有偶发性和冲突性特点的教育经验在教师反省实践的理性转换后提升而成，它在提取和应用时有着一定的连贯性和整体性，对教师的实践具有特殊意义。

3. 与学科教学法知识的区别

学科教学法知识（pedagogical content knowledge，PCK）也译为与内容相关教学法知识，是教师关于怎样进行教学所知道的知识，包括确定教学内容的重难点、寻求传授某类知识的适宜方法、提出解释某一特定课题的适当例子、抓准学生易犯的错误及克服方法等知识，它既有行为操作策略，也包括需要传授的教学内容。因此，"学科教学法知识既是教师特有的、影响教师专业成长的关键因素，也是学科教师区别于其他学科专家、教育研究者的根本特征"（姜美玲，2006）。而与理论性知识相对应的实践性知识是关于教育教学中怎么做的知识，它既包括从事教育实践活动所需的教学方法知识、教学策略知识和课堂组织模式的知识，还包括教学实践中需要涉及的其他行动知识，如人际交往、教育科研等实践性知识。

Elbaz（1983）在解释实践知识时，特别指出，"教师的学科知识（而后舒尔曼将其分为学科内容知识和学科教学知识）同教师具有的其他领域的知识一样，也是实践知识，它是由一定的实践情境塑造的，也为这一实践情境服务"。由此可见，教师的学科教学法知识包含于实践性知识之中，是教师实践性知识的核心部分。

4. 与教育智慧的区别

教育是人类的一种实践，要解释什么是教育智慧，需先澄清实践智慧的内涵。实践智慧（phronesis）意指一种实践的知识或明智考虑的能力。亚里士多德（2004）是最早明确论述这一概念的古希腊哲学家，他在《尼各马可伦理学》中明确论述了实践智慧的特征：①实践智慧所研讨的对象是可改变的事物，具有实践智慧的人就是善于正确考虑的人，谁也不会去考虑那些不可改变的事物或他无能力去做到的事物；②实践智慧的本质是一种不同于生产或制作的实践；③实践智慧的实践本身就是目的，即使人趋善避恶，实践智慧是一种与正确计划相联系并坚持正当行为的实践能力；④实践智慧考虑的乃是对人的整个生活有益的事，所谓具有实践智慧的人就是能正确考虑对自身的善或有益的事，但这不是就部分意义而言，如对于健康、强壮有益，而是就整个意义而言，指对于整个善良而幸福的生活有益；⑤实践智慧不只是对普遍事物的知识，更重要的是对具体事物的知识，并且经验在其中起着重要作用，实践智慧不只是对普遍东西的知识，它更应当通晓具体事物，因为它的本质是实践，而实践就是要处理具体事情。从广义上讲，教育智慧也是一种实践智慧，它"是教师在对教育目的、教育价值、教育情境、教育过程和教育结果的深刻理解和把握的基础之上，在教育教学实践中形成的一种创造性的综合教育能力和艺术，它是教师毕生追求和努力达到的一种尊重生命、关注个性的独特的教育境界，是教育成功的活的灵魂"（刘吉林，2009）。"教育智慧既包含了基于整体感知、直觉把握形成的知性智慧，基于理论思考、规律认识的理性智慧，基于职业感、道德感、人际交往、师爱的情感智慧，也包括了基于个体经验积累、实践感悟、教学反思形成的实践智慧"（刁培萼，吴也显，2005）。教师实践智慧是指"教师对教育合理性的追求，对当下教育情景的感知、辨别与顿悟以及对教育道德品性的彰显"（邓友超，李小红，2003）。然而智慧不等同于知识，教师实践智慧、教育智慧与教师实践性知识既有较大的差别，也有内在联系。智慧建立在知识的基础上，教育智慧是教师实践性知识发展追求的最高阶段。当然，也可以说，"实践智慧也可称作实践机智，它是一种实践性知识，在教学的行动中实现自身（成为现实）。作为瞬间和智慧的教育行动，机智在其真正的实践中是一种知识、一种实践的信心"（马克斯·范梅南，2008）。一言以蔽之，教育智慧与教师实践性知识有着内在的贯通转化关系，教育智慧引领教师实践性知识的发展，教师实践性知识可以升华成教育智慧。

5. 与个人实践理论的区别

"'教师个人实践理论'（teachers' personal practical theories）也称为'教师个人关于教育的实践理论'，其含义基本等同于教师个人所持有的教育观念，指教师对教育——学校教育、教育目的、教与学、学生、学科、自己的角色和责任等的观点"（鞠玉翠，2003）。在本领域研究初期，个人实践知识与个人实践理论经常被等同使用，共同指代教师真正信奉的在教育实践中体现出来关于怎么做的教育认识。但从严格意义上讲，由于理论和知识的维度不一，个人实践知识和个人实践理论在本质上仍有差别。理论侧重于一种理性的追求，附带科学性、系统性和普遍性，具有描述、解释和预测的功能。《现代汉语词典》对理论的解释是"人们由实践概括出来的关于自然界和社会的知识的有系统的结论"。然而，随着知识观的更新，知识的内涵更广泛，知识被普遍认为是主体在改造世界的实践过程中形成的对客体的认识，它有公共知识，也有个体知识，有客观普遍知识，也有主观适用的实践知识。教师关于"如何做"的认识更贴近于知识层面，只能称作一种实践中所使用的理论（theory-in-use），它没有严格的理性限制，具有经验性、动态性和情境性，用个人实践性知识指代这一对象可能更为合适。

整体而言，实践性知识及其相关概念的关系可以用图1-1来表示。

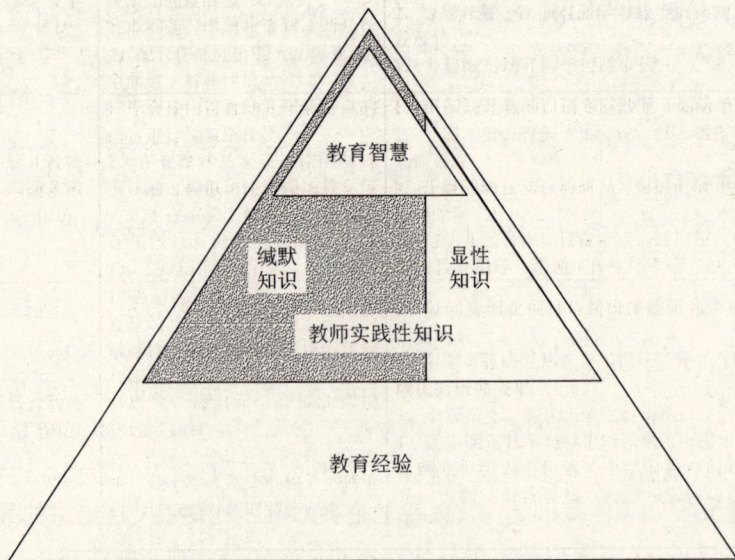

图1-1　实践性知识相关概念关系

综上所述，实践性知识应该是一个混合类型的知识，"它的组成既有显性知识又有隐性知识，既有公共知识的成分又有个人知识的成分在内，既有经验的知识又有理性知识"（吴泠，2006）。

（四）幼儿教师实践性知识的内涵

顾名思义，幼儿教师实践性知识是幼儿教师个体所拥有的实践性知识，也就是幼儿教师在应对幼儿教育情境中生成的关于"如何做"的相对稳定的策略性认识体系。具体而言，它受到幼儿教师工作性质和教育对象的影响，是幼儿教师特有的一套服务于幼儿教育实践的综合性知识，是幼儿教师在教育教学实践中生成并不断建构形成的教育经验体系与教学智慧素养。它既包含可言明的显性知识，也具有缄默的隐性知识特性，表现为幼儿教师实践中的所"知"，反映为洞察力、判断力、决策力和控制力。它应用于实践，贯穿于实践，指引和规范着幼儿教师的言行，将实践活动不断推向自身教育信念所预设的目标状态。并且，它并不是完全程序性的、无差异的提取应用，而是根据当前遭遇的问题情境灵活组合，在复杂、动态的实践场景中表现出一种惯常性倾向。它在静态上反映了幼儿教师实际上所持的对幼儿教育教学的认识，在动态上反映了幼儿教师根据自身教育信念、筛选并组织相关理论性知识，合理运用能力去开展幼儿教育活动，实现预期目标的行动意识，是一种行动准则。幼儿教师实践性知识决定了幼儿教师的教育行为，影响着幼儿教师的教育效果，既是幼儿教师个人专业发展的知识基础，也是幼儿教师群体专业化地位提升的知识依据。

二、幼儿教师实践性知识的结构

关于实践性知识内在的要素和构成的问题是实践性研究的重要内容，从最先提出实践性知识概念的艾尔贝兹开始就对此做过深入探讨，其研究结论被广泛引用。Elbaz（1983）将教师实践知识从具体到抽象分为实践的规则（the rule of practice）、实践的原则（practical principle）及意象（image）三个层次：①实践的规则，它是指教师在特定情境下的处理策略，亦即清楚地描述在特定情境中教师要做些什么以及如何去做；②实践的原则，它是指教师根据教学情境所制定出来较概括的原则，它说明了教师个人采取行动背后的原因和目的；③意象，它是最不明显、最抽象的，且涵盖的范围最大。教师整合其感觉、价值、需求及信念，形成"教师应该为何"的意象，此外教师也结合其经验、理论知识、学校文化，而形成意象的实质内容，而通常教师是透过直觉的方式来指引行动。其后，康内利和柯兰迪宁延伸了 Elbaz 的实务结构，发展实务语言（language of practice），提出七个名词，分别是：①意象，是教师过去的经验、理论知识与学校文化所共同融合而成的知识，引导教师的实际教学。例如，有些教师认为教室如家，教师如同父母照顾孩子。②原则，是指教师行为的合理准则。例如，教师尊重学生，也期望学生尊重教师。③规则，是指教师在特殊情况下所要求的具体行为。例如，学生发言必须先举手。④个人哲学，即个人本身的思考，包含价值观与信念。例如，教师认为学生的学习是为未来生活做准备。⑤隐喻，即个人的概念系统。例如，教师觉得自己像园丁。⑥叙说体，即个人经验的连续体，有其意义性。例如，透过叙说，描述所有的经验，了解在实务工作中的意象、原则与规则之间的相互关系。⑦规律或律动，即教学随着每年固定的节日或事件有所变化，教师的情绪也跟着起伏，这些波动形成了规律或律动（许家碧，2004）。

考尔德黑德（Calderhead，1988）又根据艾尔贝兹对教师实践性知识三个层次与六种要素的划分，用图 1-2 勾勒出教师实践性知识的内在结构，展现了各要素之间的相互关系。

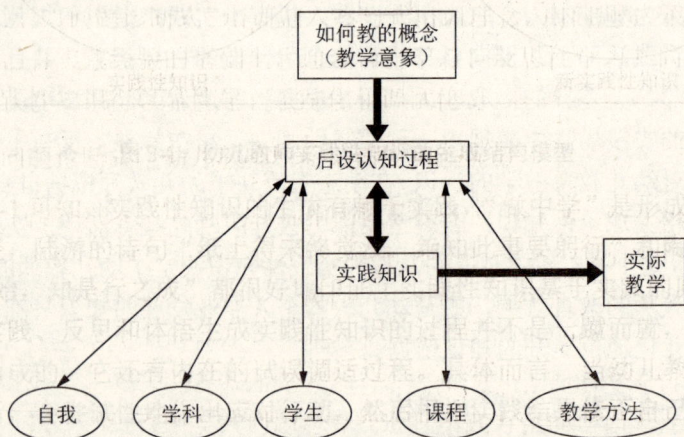

图 1-2　Calderhead 的实践知识结构

综上所述，幼儿教师的实践性知识表现在情感层面、认知层面和行动层面。情感层面的实践性知识处于意识冰山下的最底层，是一种情绪倾向，它以意识流的形式影响幼儿教师，可以透过意象表达自身对幼儿教育实践的感受；认知层面的实践性知识是幼儿教师可意识、能言明的关于如何去做的解读，它能用外显的语言符号阐发，还能剥离出来概括、加工，使之逻辑化、体系化，概括程度高、包容性强的言说式实践性知识还能转化为理论性知识，更好地指导自身行动；行为层面的实践性知识直接反映在幼儿教师具体的实践行动中，一般属于可意会难言传的缄默知识，可以以实践案例、行动视频加以保存和传播。而这三个层面能以三种形式为载体进行表征，一是幼儿教师的意象，通过幼儿教师的隐喻和心象等展现幼儿教师对幼儿教育实践的宏观、模糊意识，反映了实践性知识中内隐的那部分；二是幼儿教师的实践理论，是幼儿教师能通过口头语言阐述、表达的关于实践的解释，它包括幼儿教师对实践的认识、实践问题处理原则、有效策略和反思结果等内容，是幼儿教师可言表的那部分实践性知识，也是幼儿教师感知、思考、判断、评估自身实践性知识的重要内容；三是幼儿教师的行动表现，它在实践情境中直接展现了幼儿教师的行为决定、行为方式和行动规则，属于幼儿教师行动所知的那部分实践性知识。

幼儿教师的实践性知识包括可言明的和缄默的两种知识，其中，缄默的实践性知识成分更加突出。本书借鉴瓦格纳（Wagner）的缄默知识结构模型从幼儿教育实践活动任务的横向维度与实践性知识发生程序、表征程度的纵向维度，以及幼儿教师实践性知识的意识化维度搭建起幼儿教师实践性知识的结构谱系。瓦格纳（Wagner，1987）在实证研究的基础上所建构的缄默知识结构模型是一个涵盖内容、情景和取向的三维立体结构："维度一是内容（content），包括：①管理自己，指在工作相关情境中，关于绩效方面的自我激励和自我组织的知识，如如何更好地克服拖拉毛病。②管理任务，指如何做好与具体工作任务相关的知识。③管理他人，指关于管理下属和与同伴交往方面的知识，如如何去奖励下属，以便提高产量和工作满意感。维度二是情境（context），包括：①局部情境，指集中注意力完成目前手头具体任务，具有短期性，没有考虑到声誉、职业目标或长远规划。②全局情境，注重长远目标以及如何将目前的情况和长远规划相匹配。维度三是取向（orientation），包括：①理想取向，指一个解决方案在多大程度上符合理想的标准。②实用取向，指一个方案的可实施性。"受此启发，本书从横向任务维度、纵向程序维度和意识化维度三个方面对幼儿教师的实践性知识做了全方位解读。

（一）横向任务维度

根据内容与指向的不同，可以将幼儿教师的实践性知识分为关于幼儿教育活动的实践性知识、关于幼儿生活活动的实践性知识、关于幼儿教育研究活动的实践性知识、关于环境互动的实践性知识和关于自我认知的实践性知识，具体解释如下。

1. 关于幼儿教育活动的实践性知识

幼儿教育活动是幼儿教师根据《幼儿园工作规程》要求和幼儿园培养目标，结合幼儿实际水平设计的促进幼儿发展的相关活动，它以综合活动为主，涉及语言、健康、科学、社会和艺术五大领域，有一定的系统性和层级性。关于幼儿教育活动的实践性知识就是幼儿教师设计并开展幼儿教育活动时知如何的动态认识，它是幼儿教师实践性知识的核心，直接关系到幼儿教师实践质量的优劣和幼儿教师专业发展的水平。根据对幼儿教育活动的不同理解，我们对关于幼儿教育活动的实践性知识的分析也有所不同。有的幼儿园将游戏作为幼儿的主要活动，所有的课程设计都以游戏为主，所以幼儿教师关于教育活动的实践性知识也就是关于游戏活动的实践性知识。而大部分幼儿园又将游戏活动与课堂教学活动区分开来，它们有着相对固定的实施时间和样式，因此，幼儿教师关于教育活动的实践性知识可分为关于课堂教学活动的实践性知识和关于游戏活动的实践性知识。

（1）关于课堂教学活动的实践性知识

幼儿课堂教学活动是幼儿教师以班级授课为主要形式，有目的、有计划地选择相关教育内容展开的教学活动，它有着一套明晰的课程安排表和领域教学目标，一般以 10～30 分钟为授课单位时间（幼儿年龄越小，授课单位时间越短），在分领域教学的基础上促进幼儿的全面发展。关于课堂教学活动的实践性知识是幼儿教师以课堂为主阵地，以语言、健康、科学、社会、艺术（或英语）等分领域目标为依据，专门组织教学活动所需的知如何的动态认识，它不仅包括幼儿课堂教学活动方案设计的知识、材料收集和准备的知识、课程资料开发的知识、学习环境营造的知识，还包括幼儿教育学科教学法的知识、幼儿课堂提问与回应的知识、幼儿课堂教学组织的知识、幼儿课堂教学管理的知识、幼儿学习兴趣激发的知识、幼儿课堂气氛控制与调节的知识、幼儿课堂教学评价的知识和民主和谐师幼关系建立的知识。幼儿教师关于课堂教学活动的实践性知识内容复杂且丰富，其中，幼儿教师如何将通识知识转化为幼儿能够理解、便于接受的实践性知识以及如何激发幼儿的求知欲和探索世界的兴趣、形成初步感知世界、分析世界能力的实践性知识尤为重要，也就是幼儿教师要懂得将知识的"学术形态"转化为幼儿能够接受的"教育形态"，促使他们在获取知识的过程中掌握方法，乐学会学，养成一种学习习惯。幼儿教师关于课堂教学活动的实践性知识一直是幼儿教师个人和管理者关注的焦点，它最为丰富，也非常关键。随着教育理念的不断更新，幼儿教师会感觉关于课堂教学活动的实践性知识可以学无止境，有很大的提升空间。例如，怎样才能设计优质的教学活动方案；怎样把握课堂教学目标的难度和适切度；怎样使教学语言简洁、准确和生动；怎样调动幼儿参与的积极性；怎样与幼儿沟通互动；怎样促进幼儿操作探究；怎样进行课堂管理，处理课堂突发事件；怎样巩固学习结果；怎样评价幼儿学习状况，等等。

（2）关于游戏活动的实践性知识

游戏是幼儿的基本活动，亦是幼儿教师对幼儿实施教育影响的重要形式。一般而言，幼儿园的游戏活动是幼儿教师带有潜在目的地让幼儿自愿参加的具有愉快体验的主体性活动，旨在促进幼儿身心全面和谐地发展，它有练习性游戏、象征性游戏、结构性游戏和规则性游戏几类，具有趣味性、多样性、虚拟性等特点。按照列夫·维果斯基（2018）的观点，游戏创造了幼儿的最近发展区，能保障幼儿主体性、自主性的实现，它可以促进幼儿智力、身体、社会性和个性品德的全面发展，但是游戏的教育价值取决于幼儿教师对游戏的组织和指导。关于游戏活动的实践性知识就是幼儿教师如何依据游戏中的幼儿身心规律，选择、准备、组织、指导幼儿游戏的关于怎么做的动态认识，需要以让幼儿在游戏中玩得有意义、有价值，使幼儿在玩耍中成长的价值取向。具体而言，幼儿教师关于游戏的实践性知识涵盖了如何选择游戏、创设游戏条件、分配玩具、组织幼儿、介绍规则、发布指导语、观察游戏、指导游戏和评价游戏等内容，需要幼儿教师从理论和实践中反复推敲，才能得到合理建构。由于幼儿园的游戏更多是一种手段性游戏，幼儿教师要将教育目标隐含在游戏里，赋予其工具价值，寓教于乐，不追求统一的结果，淡化功利目标意识，但对目标、过程和结果都要有所设计。因此，幼儿教师要在安排符合幼儿年龄特征的适宜游戏基础上，积极观察并恰当介入指导幼儿游戏，这对幼儿教师关于游戏方面的实践性知识要求极高。幼儿教师应能依据幼儿在游戏中的表情、眼神、语言、动作、活动的频率等判断幼儿游戏的兴趣和水平，抓住情境细节因材施教，能通过改变活动材料、创设游戏环境间接指导游戏，对在游戏中发呆、闲逛、袖手旁观、受到冷落、遇到困难和有了纠纷的幼儿给予及时、巧妙、正确的引导，同时，还要能引导幼儿不断发展游戏情节，进行创造性活动，提高幼儿游戏水平。

2. 关于幼儿生活活动的实践性知识

众所周知，幼儿园同时承担着"保"和"教"的任务，就幼儿园教育工作的职责和范畴而言，保育是一项至关重要的工作，幼儿的健康成长是开展知识文化教育和早期能力开发的前提。因此，关于如何防止意外事故、保证幼儿的安全，如何呵护幼儿健康，关注幼儿身体状况的实践性知识是幼儿教师所必备的，幼儿教师在生活活动中能够潜移默化地影响幼儿品性、陶冶幼儿情操、培养幼儿良好的生活习惯，幼儿教师关于如何开展生活活动的实践性知识至关重要。

幼儿教师关于生活活动的实践性知识主要涉及如何以保育健康和生活习惯的养成为目的，组织好一日的饮食起居以及活动之间的串联，具体包括怎样开展入园、入卫、洗手、做操、用餐、喝水、午休、穿衣、身体检查、阅读、兴趣观察、散步、值日和离园活动，还包括在这些活动过程中所渗透的一些常规教育、礼仪教育、社会化教育、语言教育等内容。这些实践性知识灵活丰富，体现了幼儿教师的特殊性，需要幼儿教师耐心、细心和富有爱心地关注幼儿的日常生活状态和行为反应，既要细致入微，又要巧妙适宜。幼儿教师关于生活活动的实践性知识在入职后的真实情境中发展最为迅速，可言明化的内容较多，可以通过口耳相传或者观摩模仿在新老幼儿教师之间传递，幼儿老师也容易分享和快速掌握这类实践性知识，在幼儿园公告栏中经常发布的保育小技巧和小窍门就是关于生活活动实践性知识的一部分。例如，将幼儿生活活动常规编成儿歌，朗朗上口，使幼儿容易识记和遵守；活动前适当重复提醒常规规则，让幼儿理解违反常规的不良后果；提示生活活动的操作方法，锻炼幼儿自己穿衣、扣纽扣、擦桌子、整理床单等方面的独立自理能力；设置各种类型的值日生，鼓励幼儿做玩具整理、点心发放、保洁等力所能及的事情；通过隔离、延迟满足、监督、小步子进步奖励等方法调试幼儿的不良行为。

3. 关于幼儿教育研究的实践性知识

开展教育研究是幼儿教师加深对幼儿教育理解、提高反思能力、理性开展实践工作的重要途径，它能有效克服传统研究和实践分离、理论难以向实践转化的隔阂问题。幼儿教师的教育研究多以园为本，以幼儿园中自然、真实和具体的实践问题作为研究的对象，在行动中进行研究。研究始于实践问题，在针对实践问题的解决中进行，并以实践问题的解决效果作为检验研究成果的标准，总之，幼儿教师的教育研究与实践密切相关，融合在行动中。虽然幼儿教师进行的教育研究无法达到教育理论专家那样的严谨和深刻，难以形成对教育问题的学理性解释和对理论体系的建构，但它们也要遵循教育科研的基本规则和科学程序。幼儿教师关于教育研究的实践性知识包括如何确定选题、制订研究计划、收集研究资料、展开研究行动、整理研究数据、撰写研究报告、总结研究成果等内容。关于幼儿教育研究的实践性知识还是幼儿教师更新和提高其他方面实践性知识的助推器，幼儿教师要通过教育研究不断反思教育实践，完善自身的实践性知识，提高专业发展水平。然而，目前幼儿教师这方面的实践性知识普遍较弱，除了重点幼儿园开展了幼儿教育科研活动以外，一般幼儿教师较少参与幼儿教育科研实践，幼儿教师的教育研究意识薄弱，对教育研究方法的运用能力较低，对研究结果的整理、提取、概括和表达困难，因此，需要加强对幼儿教师关于幼儿教育科研的实践性知识培养。

4. 关于环境互动的实践性知识

关于环境的实践性知识是指幼儿教师如何与幼儿教育所处环境进行交互，利用环境资源促进幼儿发展的知识，由于幼儿教育环境可分为人文环境和物质环境，幼儿教师关于环境的实践性知识也可划分为与人的交往互动和对物质环境的创设两个方面。

（1）关于人际交往的实践性知识

为顺利完成幼儿教育实践任务，教师需要与幼儿园内外诸多人士沟通合作，协调相关事务，使之服务于自身的教育实践。因此，他们也需要积累起关于人际交往的实践性知识。这种实践性知识主要是关于幼儿教师与保育员、同事、家长、社区人士进行人际交往，获取有效信息，得到支持帮助的策略性认识。在这方面实践性知识精良的幼儿教师具有表达、倾听、合作与移情等交往技巧，懂得如何与他人进行交流和沟通，达到预期目的。具体表现为能与配班教师合作、与保育员配合管理好班级；能与同事分享重构教育经验；能领会园长的要求，完成既定任务；能感受并满足家长的需要，赢得家长的支持，实现有效的家园联系；知道利用社区资源，营造良好的育人环境。

（2）关于环境创设的实践性知识

关于环境创设的实践性知识包括幼儿教师对幼儿园环境及其教育意义的认识、对环境创设的定位和创设方法及策略的掌握。不同幼儿教师所积累的关于环境创设的实践性知识差异较大，从普通的美化意义到丰富的教育意义，幼儿教师的实现程度不一。它需要幼儿教师打开视野，配合幼儿教育活动进行设计，要能确定环境的主题内容，进行合理的空间划分，巧妙地提供材料，尽力达到多层次、多功能的环境创设目标。这方面的实践性知识形成的前提是对幼儿兴趣的判断和对每种材料与布置所蕴含的教育价值的理解，它需要在大量的参观访问、迁移借鉴和自我创新中提升。

5. 关于自我认知的实践性知识

关于自我认知的实践性知识是指与幼儿教师个人价值及目的相关的教师真正信仰的稳定性认识，反映了幼儿教师对自身的了解、学习的期待和反思的习惯，它主要包括幼儿教师的身份认同、幼儿教师权责观、自身职业发展规划、发展期待、学习元认知知识和反思意识等。幼儿教师的自我认识知识在反思意象中得以表达，可以反映为对"我要成为什么样的幼儿教师""幼儿教师的本职工作是什么""我近期的发展目标是什么""我还有什么不足，需要怎样去提高自我""我擅长学习什么，又可以怎样去学习""为什么要反思，需要反思些什么"等问题的思考和行动。

Elbaz（1983）曾指出，教师的自我知识是教师实践性知识中重要部分，它关系到"教师对自身专业角色的看法、对自己在教室和学校之地位的观感、对教师的权利和义务的看法等；而这些看法，都会深深影响教师如何掌控知识及如何将知识呈现给学生"。幼儿教师关于自我认知的实践性知识还包含了教师对自我学习和反思的认识，即幼儿教师反思学习的元认知知识，它会影响到教师实践性知识的整体发展速度，关系到教师专业发展的快慢。换言之，关于自我认知的实践性知识引领其他方面实践性知识的发展，幼儿教师对自己角色的定位、发展的期待、自我学习方式和反思方法关系到幼儿教师实践性知识发展的方向、动力和手段。

（二）纵向程序维度

根据幼儿教师的思维运行过程，还可以将幼儿教师实践性知识分为三个部分：

决定幼儿教师行动取向的理念意向知识、影响幼儿教师关注域的情境洞察知识和直接产生实践行为的行动决策知识。

1. 理念意向知识

理念意向知识表现为幼儿教师对幼儿教育的期望、信仰和理想，对职业身份和自身角色的认同，以及对幼儿教育活动元认知的认识。它为幼儿教师开展幼儿教育提供了一种视角和立场，在行动前期形成目的，在行动过程中调控行为，在行动后积极反思，判断行动的效果和意义，为下一步行动提供依据。它负载着一定的价值取向，决定着幼儿教师注意和解决问题的倾向，主要回答应该如何、效果怎样、可怎样改进等问题，相当于教师实践性知识的控制中枢，受到幼儿教师内化的理论性知识、个人价值观、个性特征和生活经历的综合影响。幼儿教师的理念意向知识一般可通过意象、隐喻或原则性述说等形式表征，决定着幼儿教师实践行动的取向。

2. 情境洞察知识

情境洞察知识表现为幼儿教师对于教育情境敏锐洞悉和准确判断的基本认识，即幼儿教师对于自身所处的教育情境作出迅速诊断，能清晰感知到当前现场是一种什么境况，对于目标达成有利还是有弊，它存在什么问题，为什么会出现这些问题等关于此时、此地是什么的情况感知知识。它影响幼儿教师注意的广度、分配和转移，会对其所感知到的教育场景中出现的事物作出选择并给予合理性解释，它是幼儿教师捕捉细节、抓住时机、随机应变的前提。一般教龄越长的幼儿教师，情境洞察知识越丰富，它是幼儿教师长期观察、体验和积累的结果，控制着幼儿教师实践行动的发生时机，为幼儿教师作出适宜的实践行动提供信息依据。

3. 行动决策知识

行动决策知识是幼儿教师在隐退的策略认知背景中，根据情境，选择最切实可行的操作方案，调配所有的理论性知识和相关技能展开行动的认识。这部分实践性知识精良的幼儿教师能意识到诸如以下问题：面对当前问题，理论上、别人或自己过去是怎样解决的？现在最好采取怎样的行动？行动的结果将会如何？将来可能会怎样发展？它表现为幼儿教师面对当前的教育情境，明确体会到应该做什么的一种快速的直觉反应，也就是幼儿教师常说的"闪现的一个念头""浮想的一种方式"。它是关于可以怎么做和未来会怎样的认知，是实践性知识的核心，能帮助幼儿教师在教育现场当机立断、迅速行动，兼具策略性和预测性，反映在具体行动中。

　　然而，这三部分知识并不是分区域单独储存的，它们相辅相成、水乳交融，具有高度的一致性和整合性，只是在运用时所发挥的功能各不相同，它们之间的关系可以通过图1-3展现。

　　基于问题解决的行动决策知识，主要回答"怎么做"的策略性问题，但依然要以"为什么"的理念意向知识和"是什么"的情境洞察知识为出发点。例如，当组织幼儿教育活动时，为把活动组织得有序、有趣且有效，处理好速度和质量的关系，幼儿教师需要采取灵活有效

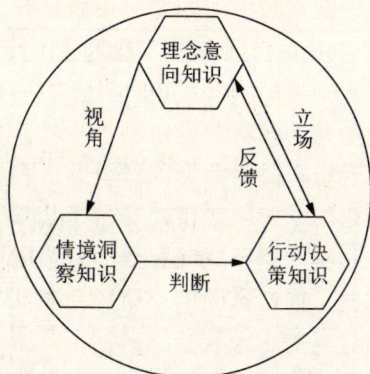

图1-3　幼儿教师实践性知识的纵向结构

的引导策略，满足幼儿的多种需求，而在作出决策前，幼儿教师要先调动"向何处"的理念意向知识，确立重视幼儿互动的活动主旨，即时捕捉幼儿的语言、面部表情、行为表现等信息，以此推断幼儿的情绪体验、内在需求和参与度，根据幼儿表现调整行动方案，推进活动进程。实践性知识越丰富的幼儿教师对三者衔接运用的自动化程度越高，完成速度也越快。

　　当幼儿教师运用实践性知识时，其纵向程序维度与横向任务维度内容密织成网状，对应着不同的行为，发挥着不同的作用，幼儿教师实践性知识丰富的内在成分可通过横纵交错的二维分析表进一步明晰，详见表1-3。

表1-3　幼儿教师实践性知识的内容

内容		理念意向知识	情境洞察知识	行动决策知识
关于幼儿教育活动的实践性知识	关于课堂教学活动的实践性知识	1. 幼儿教育的信念和热忱 2. 对幼儿的普遍性理解 3. 关于幼儿教学本质、任务和意义的价值观 4. 对幼儿园教材、课程方案的认识 5. 对幼儿管理和沟通的理解 6. 对师幼关系的解读	1. 对现实条件的判断 2. 对幼儿需求和发展状态的评估 3. 对幼儿最近发展区的掌握 4. 对幼儿教学现场表现的洞悉 5. 对教学现场问题的诊断 6. 对教育时机的捕捉	1. 活动设计策略 2. 挖掘与整合幼儿教育资源策略 3. 活动组织技巧 4. 用儿童理解的语言教学的策略 5. 提问与反馈的沟通策略 6. 纪律维持，突发事件处理策略 7. 个别指导，因材施教策略 8. 鼓励竞争，表扬惩罚策略 9. 活动评价考察策略
	关于游戏活动的实践性知识	1. 对游戏本质和目的的看法 2. 对游戏地位和作用的解释 3. 对学习与游戏关系的理解 4. 对教师在游戏中扮演的角色认识	1. 对幼儿游戏现场反应和表现的觉察 2. 对游戏潜在环境的洞悉 3. 对游戏现场问题的诊断 4. 对游戏可行性的判断	1. 游戏设计和选择策略 2. 游戏材料的准备与提供策略 3. 游戏的组织策略 4. 游戏的指导方法 5. 幼儿行为干预技巧 6. 游戏效果评价策略

续表

内容		理念意向知识	情境洞察知识	行动决策知识
关于幼儿生活活动的实践性知识		1. 对生活保育活动本质和任务的认识 2. 对于生活中渗透教育的理解	1. 对生活中潜在危险的预知 2. 对幼儿生活中问题的感知 3. 对幼儿生活中教育机会的捕捉	1. 生活环境布置和设计技巧 2. 生活活动安排和组织技巧 3. 生活习惯培养策略 4. 生活规则传递策略 5. 寓教育于生活中的策略
关于环境互动的实践性知识	关于人际交往的实践性知识	1. 对与幼儿、家长、同事、园长、社区人士关系的认识和期待 2. 人际交往的基本法则	1. 感知他人的情绪 2. 了解他人的需要 3. 察言观色	1. 表达的技巧和艺术 2. 倾听领会他人意图策略 3. 合作技巧 4. 移情感染的技巧
	关于环境创设的实践性知识	1. 对环境创设意义的理解 2. 对环境创设的定位 3. 与教育活动的整合认识	1. 对艺术的感知 2. 判断环境更新创设时机 3. 对幼儿环境需要的捕捉	1. 寻找素材资源策略 2. 确定环境主题内容方法 3. 设计布景空间策略 4. 美化环境技巧 5. 利用环境创设开展教育活动的策略
关于幼儿教育研究的实践性知识		1. 对幼儿教育研究活动本质、目的和意义的认识 2. 对研究反思的理解	1. 对教育问题的觉察和注意 2. 对研究进度的敏感反映 3. 对研究现状的感知	1. 选择研究问题的策略 2. 收集相关资料的策略 3. 设计研究方案的策略 4. 观察、记录和资料整理策略 5. 撰写研究报告的策略
关于自我认知的实践性知识		1. 职业认同感 2. 对自身专业发展规划 3. 对实践性知识的意识 4. 对自我学习和反思的认识	1. 自身状态的判断 2. 自身情绪的感知 3. 对自身教育活动体察内省和反思	1. 自身实践性知识加工调试策略 2. 自身心理调适策略 3. 自学策略 4. 自我反思策略 5. 自我发展策略

（三）意识化维度

幼儿教师实践性知识的内容复杂，还具有层次性，根据实践性知识内在成分的可意识程度，可将其分为可言明、可意会但难言明和内隐三种。其中可言明的实践性知识可以结构化为显性知识清晰表达，它能通过逻辑加工形成一套具体明确的技术规则和方法，并借助书面文字和口头语言大面积传播，系统化为教育理论性知识；但是隐藏在冰山之下的大部分可意会但难言明和内隐的实践性知识不能被言传，只能通过行为示范和身体力行形成，借助实践案例传播，它难以结构化为明确的行动规则和方法，有特殊的获取过程。整体而言，三种层面的实践性知识之间存在一种连续性和交互性，呈渐变状态。将幼儿教师实践性知识的横向任务维度、纵向程序维度与意识化维度结合起来，即可构建起幼儿教师实践性知识运作的三维结构立体模型，一览幼儿教师实践性知识结构的全貌，具体可参看图1-4。

纵向程序维度

理念意向知识

情境洞察知识

行动决策知识

可言明
可意会难言明
内隐

意识化维度

关于实践性幼儿教育知识活识

关于实践性幼儿生活知活识

究的实践性幼儿教育知研识·

关于环境知识互动的

关于实践性自我认识识的

横向任务维度

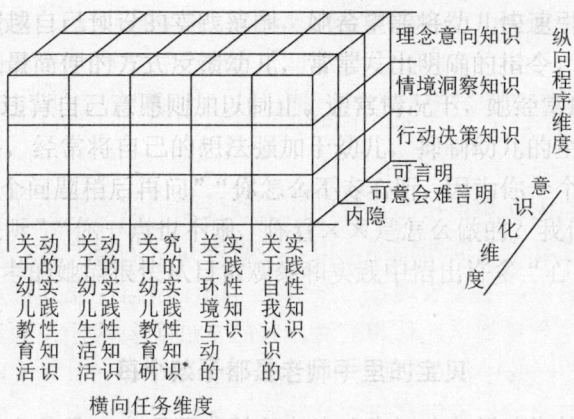

图 1-4　幼儿教师实践性知识结构

然而，也许诚如徐碧美（2003）所指出的，"在教师课堂行为中的教师知识（实践性知识）常常是一个整体，不能分成截然不同的知识领域"。采用分析性思维的方式对实践性知识进行人为划分只是为了便于我们更好地去理解它，掌握它的丰富内容和运行机制。

三、幼儿教师实践性知识的特征

相对于其他知识类型，教师实践性知识无论在表现形式还是在生成方式上都具有独特性，这些独具特色的属性成为辨认实践性知识的重要参考。幼儿教师的实践性知识作为教师实践性知识的一类，不仅具有与其他阶段教师相同的普遍特征，也因其实践性质和教育对象的不同表现出明显的职业特征，反映出幼儿教师实践性知识区别于其他教师实践性知识的特质。

（一）普遍特征

1. 行动性

"教师的问题不是抽象的'教学是什么'或简单的'怎么做'，而是'我—此时—此地—应该—怎么教'这样的行动性问题"（鲍嵘，2002b）。教师的实践性知识以教师的实践行动动态地展现出来，教师的实践性知识不仅蕴含在行动中，而且其生成也依赖行动，在行动中感知，并通过身体力行形成经验后被储存和记录。有研究者指出，实践性知识是"在行动中的知"，"对行动的知"及"为了行动的知"，它与行动难以分离，只能在行动中捕捉，结合行动事例来阐述。总体而言，教师实践性知识是"存在于实践行动中、对他人身体化的关切以及存在于个人空间、情绪和关系氛围中的知识"（马克斯·范梅南，2008）。"它依赖情境而存在——透过丰富、复杂、动态的关系反映出来，植根于生动、具体、完整的教育场景中"（陈向明，2003）。因此，行动性是实践性知识区别于其他教师知识的重要特征，实践性知识依附行动而存在，通过行动去捕捉，还要依靠行动去发展。

2. 经验性

与结构化的理论性知识相比，教师的实践性知识缺乏可论证的严密逻辑和普遍法则，难以通过言语表征和传递，但它是教师自认为最适合、最能满足教学现场需求的操作性知识，主要表现在与案例结合的经验里，受到特定场域的限制，此外，它难以被完全复制、迁移和交流，它的发展主要依托经验反省的方式，使教师在反省自己的经验中得以发展。正如伽达默尔所指出的，"实践性知识与一般规律的理论性知识的根本不同在于它是针对具体情况的，因此，它必须把握情况的无限多变化，并通过具体运用来发展和充实一般"（姜勇，2004）。幼儿教师的实践性知识融合在幼儿教师所积累的经验中，与特定的问题和情境有关，幼儿教师能根据过往情境的处理效果建构和发展实践性知识，形成较为稳定的解决问题的惯常思想和行动倾向，再在遇到相契合的类似际遇中再现这种行动倾向，因此实践性知识的发展要以不断丰富的具体实践经验为前提。

3. 个体性

柯兰迪宁和康内利（1987）强调教师知识的个体性特点，因此他们将实践性知识的研究定位于"个人实践性知识"（personal practical knowledge），他们认为"这种知识源于对个人经验的叙事（narrative of experience），是个人的生活史细节所决定的，具有个人特定的情感（emotionality）、道德（morality）和审美（aesthetic）的特征"。幼儿教师的实践性知识主要来源于个人生活史和个体实践体验，融汇了个人对幼教工作特殊的信念、追求、情感和态度，是幼儿教师个人独一无二的实践理论，它与教师的个性特征、情意倾向和个体技能素养有直接联系，反映出幼儿教师自身浓郁的教育风格。但是这种个体性并不意味着所有幼儿教师的实践性知识大相径庭，毫不相干，不同幼儿教师在相同的文化境遇内也会形成某种共性特征，即梅耶等（Meijer et al.，1999）所称的"共有内容"（shared content），所以不同幼儿教师的实践性知识也会表现出一定的相似性。

4. 自动性

幼儿教师的实践性知识能够被意识到，但很难被完全揭露，它们在类似情境中的迁移性很强，会在复杂的实践情境中对幼儿教育任务和事物关系作出适当的应对，这一过程的反应时间短，似乎没有经过强烈的意识关注，给人以自动化的感觉。它旨在满足实践中具体问题的解决需要，能围绕问题自动化地组织知识和技能，选择合适的策略去解决。表现在实践中，教师往往"以一种直觉的方式说出合适的话和做出合适的事情。……教师实践性知识是直觉的（pathic），所以实践行为很大程度上依赖于身体的感知、个人在场、关系的觉察、在偶发情境中知道说什么和做什么的机智、关切的习惯和常规行为以及其他像知识的前反思、前理论、前语言等方面"（马克斯·范梅南，2008）。因此，幼儿教师实践性知识的表征带有自动性，它似乎没有经历太多的内在加工与思考过程，是对实践情境的整体认知和直觉把握，越是熟练的教师，越觉得这一过程自然连贯。

5. 潜隐性

我们知道显性的理论性知识主要以语言、符号、图形、公式、概念为载体，可以通过口头语言、文字、书刊、磁带、网络等形式表现或传递。而前已述及，实践性知识中包含着大量的隐性知识，它"隐藏于艺术的、直觉的过程中，是一种行动中的默会知识"（Schon，1983），幼儿教师的实践性知识不能主要以客观文本形式呈现，而是不知不觉地在实践中使用，幼儿教师本人难以对此进行自我估量或阐述，他人也无法精确判断和测查。但它透过一定的教学技能、教学风格、教育机智等形式间接展现，也可以在内省、反思和陈述中转换为显性知识，幼儿教师在将缄默的实践性知识外显化、系统化为显性知识的过程中，其实践性知识就能得到反思、加工，实现发展。换言之，正是实践性知识所具有的这种潜隐性特征造成幼儿教师对其感知甚少，缺乏关注，从而阻碍了幼儿教师实践性知识发展的步伐。

（二）职业特征

由于幼儿教育在其对象、目标、课程和组织管理方式等方面与其他阶段教育（以中小学教育为例）都有着极大差异，幼儿教育的实践形式也截然不同，因此，基于幼儿教育实践所形成的幼儿教师实践性知识就表现出许多专属于幼儿教师职业的相关特征。

1. 多元性

幼儿教师个体之间实践性知识的内容差异更大、更多样。中小学教育都有相对统一的教育目标、课程标准、课程材料以及评价方式，使教师在教学过程中形成的实践性知识的同质性或趋同性更高。而幼儿园除了遵照统一的《幼儿园管理规程》和《幼儿园教育指导纲要》规定的基本要求以外，它们的自由度更高，且办园特色不一，有蒙台梭利幼儿园、双语国际幼儿园、多元智力开发幼儿园、艺术幼儿园、综合型幼儿园等，不同类型幼儿园倚重的目标、课程和管理方式不尽一致，它们选用的学习材料和一日生活安排也可能相去甚远。因此，不同幼儿园、不同地域的幼儿教师教育实践常态千差万别，幼儿教师之间的实践性知识也就呈现千姿百态。并且幼儿教师的流动性强，在不同幼儿园之间流动，或从其他行业转职成为幼儿教师之后，他们的从教经历比较复杂，个体经验性差异就更为显著，其实践性知识自然也会更加多元化，这是异于其他学段教师实践性知识的突出之处。

2. 综合性

中小学教育以培养学生的基础知识和基本能力为主要目标，在中小学教师的实践性知识结构中，学科教学法知识是非常突出而重要的一部分。教师的教学风格主要体现在他们如何组织、转换学科知识，使其更容易被学生所理解和掌握。然而，具有人之初奠基作用的幼儿教育目标综合而多样，既更需要以知识为载体开发幼儿智力，进行多元智力开发，激发幼儿的学习兴趣，更需要培养幼儿的行为习惯，塑造幼儿良好的性格品质，保证幼儿的身体健康，这些教育目标都同等重要，不可偏废，以达到奠定幼儿未来幸福生活的目的。虽然幼儿教育内容被划分为语言、科学、社会、健康、艺术五大领域，许多幼儿园分领域开展教学活动，但幼儿教师不同于中小学的学科教师，因为实行双人包班制，他们需要综合具备各领域的教学实践性知识。幼儿教师的这种学科教学法知识不是以学科知识的系统性和逻辑性为出发点，而是要根据幼儿的原有经验去发展新的经验，创造适宜的环境，用符合幼儿认知发展特点且他们喜欢的活动方式传递间接知识，在活动中生成直接经验。因此，许多幼儿园主要采取主题式教学活动方式，将各个领域综合囊括在同一主题之下，相辅相成地展开，这对幼儿教师教育实践性知识的综合要求更高。由此看来，幼儿教师实践性知识的突出特征就是其综合性，他们需要具备全面推动幼儿发展的整体视野，拥有"万金油"般的实践性知识素养，多才多艺，什么都需要懂一些，知道如何去做，能将五个领域的教学实践性知识融汇起来，与关于幼儿生活活动的实践性知识、游戏活动的实践性知识配合应用，促进幼儿全面发展。

3. 灵活性

众所周知，中小学学生的自控能力已经随着年龄增长而逐步增强，一般能按照既定的规则学习，完成既定的教育目标。所以，中小学教师的实践性知识集中于课堂教学与师生沟通方面，遭遇的问题情境比较类似，他们一般通过反复的实践即可积累起有效应对问题情境的实践性知识，有章可循。幼儿教师则不然，作为教育对象的幼儿灵活、易变、易动且个性特征突出，他们偏重于形象思维、好奇心强、有意注意时间短而发散、意志力和自控能力较差、行为难以驾控和预测，再加之幼儿园事务也最为繁杂，会临时出现许多难以预料的情况，对此的应对和处理就需要幼儿教师具有灵活变通的实践性知识，从自身的理念知识出发，构想实践措施和策略，灵活地处理各种不同事务。此外，幼儿教师在课程开发和教学活动设计方面有较大的自主权，他们不必像中小学老师一样按照规定的教材完成既定教学任务，且可以根据本班幼儿特点和环境自主选择内容，组织活动，这也使幼儿教师实践性知识更为灵活，有较大的可变和扩展空间。

4. 生活性

幼儿的一日生活和学习都在幼儿园进行，生活中渗透教育，教育也是一种生活，幼儿教师对幼儿的影响广、接触多、感情深。入园后的每一件事情都会对幼儿产生重要影响，无论是教师精心设计组织的课堂教学活动，还是用餐、午休和散步等生活活动，只要幼儿教师留心，每件事情都具有教育意义，每个场景都是教育胜地。例如，生活保育的过程就蕴藏着丰富的教育价值，在生活中养成有规律的作息，可以培养幼儿的秩序感；在吃喝拉撒睡的过程中养成良好行为习惯，可以提高幼儿自理能力，为未来生活打下基础；生活中许多偶发事件是幼儿教育的绝好素材，只要幼儿教师能适当引导和利用，就可以达到自然教育的目的。换言之，幼儿教师需要时时刻刻事事地"教育"幼儿，他们的教育实践性知识具有生活性特征，是融合在生活中"教""养"有机结合的实践性知识，幼儿教师既在生活中教，还要用生活来教，为生活而教。在幼儿园一日生活中，幼儿教师需要做到心中有目的，眼中有孩子，时时有教育。他们既要懂得组织教学活动，收集教育资料，知道按照预设的教学活动应该教什么和怎么去教，又要懂得捕捉生活中的教育时机，能紧扣幼儿一日生活因势利导地展开教育，善于发现幼儿的闪光点，将有教育意义的生活事件纳入教育资源。

第二章
幼儿教师实践性知识发展的理论基础

教师实践性知识理论有着哲学、社会学、心理学和教育学等方面广泛的理论基础，它得以提出、丰富和完善，与缄默知识理论、学习心理理论、实践理论、教师专业发展理论休戚相关，这些理论为教师实践性知识的研究提供了理论养料和分析视角，追溯教师实践性知识的理论基础可以启发思考，深入推导教师实践性知识的内在属性。

一、缄默知识理论

在后现代知识观的浪潮中，缄默知识一经提出便在学术界引起轰动。而且，知识作为教育的基础，缄默知识理论对传统的教育观和教师发展观也产生了巨大冲击，开启了教育理论的新视野。

（一）缄默知识基本原理

前已述及，波兰尼将人类知识划分为缄默知识和显性知识。这种难以言明或为人所知的缄默知识隐藏在人们认知冰山之下，犹如一小块光亮的领域（显性知识）周围环绕着的无限黑暗，默然存在。他最著名的认识论命题就是："我们所认识的多于我们所告诉的。"为此，他从"附属意识"（subsidiary awareness）与"焦点意识"（focal awareness）的角度阐明了缄默知识产生的过程，即附属意识中发生的认识活动产生的认识结果就是缄默知识。缄默知识产生于认识者"由"（from）附属物（subsidaries）"及"（to）专注目标（focal target）的过程中，认识者、附属物、专注目标共同构成了缄默认识的"三角"。

缄默知识虽难以言明，但它对人们的生产生活活动产生着重大影响，它犹如一股内在导向力，潜在地支配着人们的认知、决策和行动，影响着显性知识的获取。正如美国心理学家斯滕伯格所说，"缄默知识既能成为一种提高行为效率的资源，也能成为导致行为效率低下甚至是失败的根源。缄默知识的功效取决于人们对它们的接受及有效使用"（石中英，2001b）。"缄默知识是自足的，而明确知识则必须依赖于被缄默地理解和运用。因此，所有知识不是缄默知识就是根植于缄默知识。一种完全明确的知识是不可思议的"（Polanyi，1961）。缄默知识不仅广泛存在，而且其重要作用也可见一斑。

波兰尼还进一步比较了显性知识和缄默知识的区别，缄默知识有如下特征，"第一，不能通过语言、文字或符号进行逻辑的说明。在这个意义上，波兰尼又把缄默知识称为'前语言的知识'（preverbal knowledge）或'不清晰的知识'（inarticulate knowledge），把显性知识称为'语言的知识'（verbal knowledge）或'清晰的知识'（explicit knowledge or articulate knowledge）。波兰尼甚至还认为，缄默知识是我们人类和动物共同具有的一种知识类型，是我们人类非语言智力活动的结晶。第二，不能以正规的形式加以传递。众所周知，那些显性的知识可以通过正规的形式，如学校教育、大众媒体等进行传递，能够同时为不同的人们所分享，具有一种'公共性'和'主体际性'。但是，由于缄默知识是一种连知识的拥有者和使用者也不能清晰表达的知识，因此自然不能在社会中以正规的形式加以传递，明显缺乏显性知识的公共性、主体际性等特征。不过，波兰尼认为，缄默知识并非是不可传递的，只是其作为一种不能言说的知识，只能通过'学徒制'的方式进行传递，在科学研究中只能通过科学实践中科学新手对导师的自然观察与服从而进行。第三，不能加以'批判性反思'。波兰尼认为，显性知识是人们通过明确的'推理'过程获得的，因此也能够通过理性而加以反思和批判；而缄默知识则是人们通过身体的感官或理性的直觉而获得的，因此也是不能够通过理性加以批判和反思的"（石中英，2001b）。斯滕伯格（1999）结合教育问题也对缄默知识的性质作了探讨，他认为，"以行动为导向的缄默知识具有三种性质：第一，缄默知识是关于如何去行动的知识。从本质上说，它是程序性的。第二，它与人们所推崇的目标实现有关。与学业知识不同，后者往往无实际的价值，有时甚至是教师强行灌输给学生。第三，这类知识的获得一般很少需要别人的帮助"。而相应显性知识的主要特征是："①能通过语言、文字或符号表达；②能通过教材、大众媒体进行传递；③能同时被不同的人所分享，具有一种'公共性'和'文体际性'；④能通过逻辑进行批判性反思"（杨学锋等，2010）。

但是缄默知识与显性知识不是完全绝缘的对立面，它们之间存在着一种"连续"或"谱系"现象，有着相当大的中间地带。同时缄默知识本身还可以根据其能够被意识和表达的程度分为三种层次，"克莱蒙特（Clement）就在实验的基础上将缄默知识划分为'无意识的知识'（unconscious knowledge）、'能够意识到但不能通过言语表达的知识'（conscious but nonverbal knowledge）以及'能够意识到且能够通过言语表达的知识'（conscious and verbally described knowledge）"（石中英，2001b）。通过这种划分，我们可以发现缄默知识和显性知识并非处于泾渭分明的两极，它们有着连续性的过渡地带，其边界交融模糊。为此，蕴含着大量缄默知识成分的实践性知识同样具备这种特性。

此外，缄默知识并非完全不能觉察或捕捉，它可以被表征，其表征物有产生式系统、原型和规则三类。产生式系统由纽厄尔（Newell）和西蒙（Simon）于20世纪70年代最先提出。"产生式是指一种条件——行动顺序，即满足某种条件，就执行某种行动。一组有序的产生式成为产生式系统。产生式系统既是一种动态的知识形态，也是一种相对稳定的缄默知识表征系统。产生式系统的基本原理是：一个条件产生一个活动；一个产生式系统包括一个'条件'系列和一个'活动'系列，描述起来就是：'如果一定的条件得到满足，那么就会产生某个行动。'这样，产生式系统就能表征一个在碰到某个实际问题时是如何采取行动去处理或解决的具体操作过程。这里的'如果'，主要是主体对情景的认知、判断、推测、体验与顿悟，这里的'那么'指即将要采取的行动"（方明，2004）。缄默知识的另一种表征物即原型（prototype），原型是一类事物的内部表征，是对关键特质的集约化、线条式领会，个体会将自己所形成的各种缄默知识的原型抽取出来，储存在程序性记忆当中，"当外部环境和类型相匹配时，便激活工作记忆中原型的内容，产生一系列的活动。……斯滕伯格认为，构成专家的原型内容可分为知识、效率和洞察力三个方面"（方明，2004）。同时，缄默知识还能透过规则进行表征，规则是规范人们行动的准则，它作为缄默知识的表征物也是人们承载、传播和改进缄默知识的一种工具。"哈耶克对此做了大量的分析。在其理论中，'秩序（order）'是个基本而关键的概念。哈耶克将其定义为一种事态，其间，无数且各种各样的要素之间的相互关系是极为密切的，所以可以从我们对整体中的某个定向部分或某个时间部分所作的了解中学会作出正确的预期，或者至少是学会作出颇有希望被证明为正确的预期……哈耶克还给出了人与人之间规则传递的方式，这就是模仿具体实例的方式。因为有些规则就像技能一样，是无法用语言来表达的，人们往往只能通过不断的联系才能掌握它。因为通过模仿，个人经由类推而获得了在其他场合根据同样的原则行事的能力，尽管他根本无力把这些原则加以陈述。也可以说，我们通过模仿（imitate）具体实例（instance）的方式，来获得按照规则行事的能力"（方明，2004）。因此，对于幼儿教师实践性知识而言，通过表征物可深入解读实践性知识中的缄默成分，有助于传递与改善教师的实践性知识。根据表征物的运行原理，若要传播优秀幼儿教师的实践性知识，则需要以产生式系统的"如果……那么……"进行命题，归纳出优秀幼儿教师个体的教育实践规则，使其他幼儿教师在现场观摩、案例分析等活动中领悟优秀幼儿教师实践性知识的原型，并对自身的教育产生式系统进行反思重构，这样优秀幼儿教师的实践性知识就更容易得到有效迁移，被其他幼儿教师吸纳并加以灵活应用。

（二）缄默知识的获得理论

虽然学术界关于缄默知识获得的研究颇多，对缄默知识获取过程的内容争议较大，但从共性上讲，学者们的核心理念都将缄默知识获得的过程看作缄默知识与显性知识相互转化的过程，各种观点的分歧在于对这个转化过程所经历的阶段及其内容的解释不同。

1. 缄默知识的两阶段获得理论

艾拉特（Eraut, 2011）认为缄默知识获得有两个阶段，第一阶段是经验学习。所谓经验学习是从对个人所获得的直接经验进行外显描述的情节记忆中或从对特殊环境下行为理论的一般性理解中获得知识。经验学习过程可简单描述为对原有的知识与现有经验的反应过程。所获得的知识受到环境中诸多社会规范的制约。经验学习，除了可从自己的经验中学习，还可以向别人学习或向书本、媒体学习。缄默知识获得的第二阶段是日常化。所谓日常化是通过不断的重复，将外显知识转变成缄默知识。日常化行为经常与问题解决、使用变化、作出决策等有关。当我们的行为日常化后，在后来的行为中就会产生一种"再认启动的决策生成"（recognition-primed decision making）效应。

2. 五阶段获得理论

德里费斯（Dreyfus）认为缄默知识有三种不同的形式，即缄默理解（tacit understanding）、缄默程序（tacit procedures）、缄默规则（tacit rules）。而缄默知识的获取过程可按其缄默程度划分为五个阶段，随着个体水平的不断提高，缄默知识也从依靠规则的定理分析逐步发展至直觉决策，自动化程度也越来越高，具体内容参见表2-1。

表2-1 缄默知识五阶段获取理论

阶段	水平	内容
第一级	新手	紧扣学习规则和计划、缺乏情境认知力与判断力
第二级	高级新手	根据问题的特征和全面性来行动（全面性是在先前的经验基础上对当前情境全面分析得来的）、情境认知力仍然很局限，所有的特征和各方面都同等对待，但严格分开
第三级	合格者	具有良好的处事能力、能从长远目标来决定行动、具有精致的计划、按照规章制度做事
第四级	熟练者	能总揽全局、能找出重点、能从正常中发现反常、能毫不费力地作出判断、能根据不同的情况采取相应的对策
第五级	专家	不再依赖规则、指南或定理，依靠缄默理解直觉地抓住事物本质、遇到新事物或需作出判断时才用分析的方法、具有预测力

资源来源：黄荣怀，郑兰琴，2007. 隐性知识论[M]. 长沙：湖南师范大学出版社：66.

3. "知与无知的知识观"转换理论

哈耶克（Hayek）提出了关于"知与无知的知识观"的转换理论，认为分离的个人知识经"知道如何"（know-how）的缄默知识再到"无知"概念的转换过程中，达到了从"知"意义上的主观知识观向"无知"意义上的"超验"知识观的转化。哈耶克认为缄默知识是"知"向"无知"转换的中介。这个过程包括两个阶段：一是从"知"到"缄默知识"，在这一阶段，人们形成诸多规则，但是，就行动者而言，他并不能用语言完整表达出这些规则；二是认识者用这些规则来指导自己的行动，使缄默知识显性化（方明，2004）。

二、学习心理理论

由于缄默的实践性知识具有无意识性和难言表性，其获取与学习的过程难以被察觉和判定，因此，实践性发展的重点在于其缄默部分。换言之，厘清了缄默知识的学习过程也就把握了实践性知识学习发展的主旋律。解释缄默知识学习原理的相关理论主要有内隐学习理论、建构学习理论和情境认知学习理论，它们对实践性知识的学习发展有不同方面的启示作用。

（一）内隐学习理论

对于无意识、非理性的缄默知识的研究方兴未艾，内隐学习理论随即被提出。虽然内隐学习与缄默知识不是过程与产物的一一对应关系（学习过程内隐并不代表学习产物就是缄默知识，而学习的产物为缄默知识也并不一定能反推学习过程为内隐），但它为人们解释缄默知识内在学习过程提供了一种视角。幼儿教师实践性知识的学习包含了内隐学习和外显学习两种类型，由于其缄默知识的成分更多，因此它的发生规律能通过内隐学习理论得到更好的阐释。

内隐学习的概念最早由美国心理学家雷伯（Reber）在 1967 发表的《人工语法的内隐学习》（*Implicit Learning of Artificial Grammar*）一文中提及，"目前运用较广泛的内隐学习研究范式有人工语法学习（artificial grammar learning）、序列学习（sequence learning）、复杂系统控制任务（complex system control procedure）和非显著协变关系学习法（covariations of nonsalient stimulus features）。此外，还有一些独特的研究方法，如信号检测论和信息传递法"（郭秀艳，2003a）。"内隐学习就是无意识地获得刺激环境中的复杂知识的过程"（Reber，1993）。它是个体在无意识状态下对知识或规则内在加工的过程中潜在完成的，这一过程表现出抗干扰性、耐久性、概括性、理解性和自动化等特征。"内隐学习还具有高选择力、高潜力、高效性的'三高特征'，不依赖于当前刺激的表面特征，具有较高的迁移易化能力。它仅使用显著特征分类，却达到了外显学习运用显著和非显著特征的学习效果，其知识储存的密度更大"（杨治良，叶阁蔚，1993）。

"任何学习中都同时存在内隐学习和外显学习两种认知过程，但内隐学习和外显学习有其各自的特点和功能，有着不同的优势领域和发生条件，在情境多变、紧张应激、事物结构高度复杂、关键信息不明确、个体生理条件差，例如精神失常、大脑病变、神经受损的学习情境中，内隐学习优于外显学习"（郭秀艳，2003b）。而且相对于外显学习，内隐学习过程无意识、难察觉、自动化程度高，个体通过内隐学习所获得的知识以情节记忆的形式加以储存，比通过外显学习所获得的依靠语义记忆储存的知识保持时间更长，也更稳定。

幼儿教师的实践性知识有外显成分也有缄默成分，其缄默成分的比例远超过外显成分，并且实践性知识主要基于复杂的幼儿教育实践情境而产生，在复杂多变的实践环境中，幼儿教师的实践性知识大部分会在无意识、不易觉察甚至是无目的的内隐学习过程中习得。例如，通过诸如师徒制、现场观摩、教师沙龙等形式学习获得的实践性知识大都是基于内隐学习的，是对幼儿教育复杂规律的敏锐感知和对处理方式的迁移学习。即使在习得并应用某种实践性知识后，幼儿教师本人也很难澄清为何要借鉴、如何学习的详细过程，似乎就是在接触其他幼儿教师实践场域中自然而然生发的实践性知识。借助哈瓦斯描述的内隐学习与缄默知识的关系图（图 2-1），能进一步理解幼儿教师实践性知识在内隐学习中的生成转化过程。

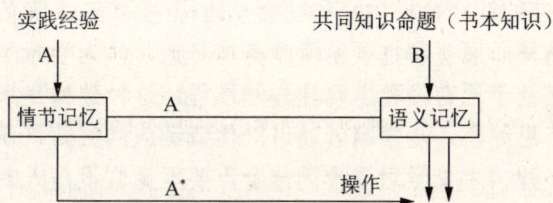

图 2-1　内隐学习与缄默知识的关系

"图的上端代表输入记忆系统的资料，下端代表学习（记忆系统的输出）的结果与行为效应。方格之间的箭头表示概括化知识从情节记忆中分离的过程。路径 A^* 描述了内隐学习，情境记忆中的事件对行为造成的直接影响——这种影响不受语义记忆中概括化知识标准所控制与调节。通过路径 A^* 所获取的建模知识是从可观察行为的本质中推理出来的。相同的情节可能导致的"操作"，既可以通过内隐路径 A^* 来完成，也可以通过外显路径 A 来完成。例如，面临的新情况如果与以前的某些经历相似，可以通过路径 A^* 产生快速再认并作出决定，或者能够意识到两者之间的联系不足以产生最佳的行动效果。通过路径 A 产生的概括性知识可以检测所作的行为选择，并得出清晰的结果"（方明，2004）。

根据哈瓦斯对内隐学习与缄默知识关系的解释，可以推导内隐学习与幼儿教师实践性知识生成的内在关系。实践经验和来自书本知识的共同知识命题是幼儿教师实践性知识生成的两种主要来源，幼儿教师在真实实践情境中所积累的实践经验，在通过情节记忆储存后会进行分离，其中一部分能经由外显路径 A 转换为言语文字，而另一部分则永远保持缄默状态，在遇到类似情境时，能由内隐路径 A^* 产生自动化反应，无意识地影响着幼儿教师的实践行动，同时，经由共同知识命题渠道输入的显性知识又能与外显路径 A 形成的和内隐路径 A^* 缄默的实践性知识形成联合，共同作用于实践问题，从而触动新一轮情节记忆和语义记忆的相互影响回路，生成新的实践性知识。而且如果实践经验与幼儿教师认同的共同知识命题趋同，该实践经验就更容易被纳入内隐路径 A*，产生缄默的实践性知识。总体而言，内隐学习是幼儿教师实践性知识学习生成的重要方式，它发生在实践中，与实践情境直接关联，依靠情节记忆进行储存，由内隐学习形成的实践性知识可以对实践情境进行再认，自动化导出实践行为，也可与外显的实践性知识形成联合，在面临新情境时，相互调合形成幼儿教师的行动决策。

（二）建构主义学习理论

建构主义（constructivism）学习理论是 20 世纪 80 年代流行于西方、90 年代传入中国的一种新兴学习理论。建构主义学习理论思想来源于认知加工学说，以维果斯基、皮亚杰和布鲁纳等人为代表，其观点非常丰富，可以大致分为"个体建构主义、维果斯基的社会建构主义和社会学建构主义"三大阵营（皮连生，2009），但它们看待学习的核心思想和主要价值观基本一致，认为学习不是学习者对知识的被动接受，而是基于原有经验主动建构的过程。这种建构是指新旧经验反复相互作用形成新的信息编码，是学习者通过同化或顺应的方式将新知识整合到已有认知结构的过程。建构主义学习理论的一个重要理论假设是人的心理过程变化与其实践活动的变化直接相关。因此，它强调学习要以问题为中心，以行动为基础，深层学习是学习者在解决真实和复杂的问题中运用多种认知方式进行的，不仅社会文化、学习环境、材料、问题情境会制约学习者的学习效果，而且个体的认知方式、主体间的交流和互动也会对学习进程造成影响。新的学习成果和方式建立于过去的经历和学习基础之上，学习就是个体对相关知识和经验的理解与建构的过程。"夏尔（Shall）曾提出建构性学习应具备的四条核心特征，它们是：积极的、建构性的、累积性的、目标指引的。此后，西蒙（Simon）补充了建构性学习的另外两个特征：学习的诊断性与反思性"（徐辉，辛治洋，2008）。著名心理学家皮亚杰认为，"学习是对新的知识或信息进行同化和顺应的过程，即运用已有的知识与经验对新的知识进行解释，并使之转化为自己知识结构的一部分；同时，由于新旧知识之间存在着不一致性，学习者还需要对已有的知识结构进行重新建构，对新旧知识进行重新整合"（申继亮，2006a）。

幼儿教师实践性知识的形成和变化也是一个不断建构的过程，也可以用同化与顺应来解释。"同化是指把新信息吸收到个人已有知识系统中，顺应是指当新信息不能被个人已有知识系统所接受时产生的结构重组。同化和顺应都导致教师信念的改变，但后者的作用更大。成功的顺应需要满足如下条件：①教师对原有知识不再满意；②新知识具有足够的吸引力，被证明是有效的、合理的（因此行可能先于知）；③原有知识系统同化新知识的努力被教师知觉为不成功；④新知识对教师产生了积极的情感体验。教师的实践性知识一旦形成，便很难改变。这是因为个体往往对那些支持自己信念的信息比较敏感，而忽略那些与自己信念相悖的信息"（陈向明，2003）。运用建构主义学习理论解释幼儿教师实践性知识的学习过程，可以发现幼儿教师实践性知识学习生成的内在原理是基于实践的经验建构，是幼儿教师主体与环境相互作用的结果。幼儿教师的实践性知识的发展有赖于已有的实践性知识和过去的生活经历，先前经验会影响新实践性知识的生成。而倘若要改变幼儿教师既有的不良实践性知识，则要从原有的认知结构入手，消解幼儿教师原有的认知结构，促进幼儿教师吸收和转化新的理论性知识，并形成能有效践行的实践策略。

（三）情境认知学习理论

前已述及，教师的实践性知识具有行动性特征，它依赖情境而存在，植根于生动、具体、完整的教育情境中，它的生成与发展离不开鲜活的情境，需要采用情境学习的方式来获取。情境学习理论可以深入地阐释幼儿教师与实践情境互动发展实践性知识的过程。

情境学习（situated learning）理论也称情境认知与学习理论（situated cognition and learning），是继行为主义和信息加工学习论之后一种新的学习范型解释，它突破了传统意义上将学习看作行为刺激强化的过程与符号概念的信息加工过程，主张学习主体要在情境参与、实践和对话中进行学习，强调知与行的交互作用和统一性，揭示了情境、社会文化和学习者心灵在学习过程中的重要作用。

"克兰西（Clancey）认为，情境学习是有关人类知识本质的一种理论，它是研究人类知识如何在活动过程中发展的。知识是一种动态的建构与组织，是个体与环境交互过程中建构的一种交互状态。情境学习理论认为，学习的本质，是个体参与真实情境，与实践、与他人及环境相互作用的过程；是培养参与实践活动能力，提高社会化水平的过程；是一种文化适应及获得特定实践共同体成员身份的过程，真正的、完整的知识是在真实的学习情境中获得的。学习是通过与共同体内其他成员的相互对话，彼此互动而发生于真实的实践活动之中的。所谓真实的问题情境就是日常生活的问题情境"（关文信，2009）。

"柯林斯、布朗和纽曼（Collins，Brown & Newman）认为情境学习包括四个方面的构件或要素。内容：包括学科知识、思维策略、控制策略及学习策略。方法：包括示范、支架支撑、开明、反省及探索。顺序：包括任务序列的复杂度在逐渐增加，问题解决情境在不断变化，学习者需要不断建构解决问题的多项技能，并发现应用技能的基本条件。社会性：包括情境学习、专家演练环境、动机、开放性合作或竞争等。情境学习在环境方面应强调情境对于学生学习的重要性与学习活动的真实性；在内容方面主张学习资源具有多样性及知识的工具性；在方法方面重视内化的学习过程及个体的引导性和学习的主动性"（吴国荣，张丽华，2008）。

情境学习理论还提出了一个核心概念——合法的边缘性参与（legitimate peripheral participation），所谓"合法"的参与是学习者以正式身份参与共同体的实践活动，所谓"边缘性"参与，是指让学习者循序渐进，先进行部分参与，强调学习者在真实情境内与同伴和专家的互动，不断积累丰富缄默知识，"让隐含在人的行动模式和处理事件的情感中的默会知识在人与情境的互动中发挥作用，并使默会知识的复杂性与有用性随着实践者经验的日益丰富而增加"（J. 莱夫，E. 温格，2004）。因此，情境学习理论将社会性交互作用视为情境学习的重要组成部分，将知识看成情境化的，知识在情境中通过主体行动不断向前进步与发展，参与实践能促进知识的学习和理解，创建实践共同体（communities of practice）对知识的学习至关重要。从另一方面而言，学习也需要在具体情境中进行，与真实任务情境挂钩，指向生活中实际问题的解决。基于情境学习理论，学者们还推衍出认知学徒式（cognitive apprenticeship）和抛锚式（anchored instruction）等与之契合的教学模式。

概言之，情境学习理论认为学习者之外的物理和社会情境脉络是学习认知活动的基础，学习认知发生在具体的情境中，离不开外界环境的支持。它以多元论和转化论为基点，主张在情境中学习、在参与中学习，重视学习主体对社会环境和物理环境的动态适应。幼儿教师的实践性知识也要通过这种"嵌入情境式"的学习得以生成与发展，幼儿教师与情境的互动对话是实践性知识学习的源泉，生成和支持认知过程的交互环境是实践性知识学习的平台，学习共同体是实践性知识学习的土壤，幼儿教师在参与学习共同体的实践情境后，能与同伴和实践情境产生深度融合，基于情境学习迅速发展情境洞察知识，提高洞察力。同时，他们也能从与共同体其他优秀成员的交互中得到生成实践性知识的灵感，获取专业引领与支持。

三、实践理论

自亚里士多德创立实践哲学以来，人们从实践出发研究人类行为的视窗被开启。亚里士多德（1959）将一切学术三分为理论、实践和制作（技艺），并对理论之学、实践之学与制作之学进行了严格区分，将实践活动从理论活动的附属地位中抽离出来，看作人类生存和存在的主要方式。但它也带来人们关于理论与实践之间二元对立关系的思维，并随着对客观和严密的理论的理性追求，理论的重要地位不断得到巩固和提升，实践沦为理论的延伸和应用场域。随后，康德和阿尔伯特（2011）把人类理性区分为具有认识功能的理论理性和具有意志功能的实践理性，理论理性思考形而上的关于求知自然的普遍原理问题，实践理性思考人们运用理性决定在特定情势下该如何的问题。但是，这种划分并没有提升实践理性的价值与地位，理论理性仍然被作为核心追求主宰着人们的认识与思维方式。为此，在批判传统凸显理论理性的立场上，实践理论得以孕育创生。

（一）社会实践理论

社会实践理论最早由法国著名的哲学家和社会学家皮埃尔·布迪厄提出，他通过《实践理论大纲》《实践感》《实践与反思：反思社会学导引》等一系列著作建构了社会实践理论，社会实践理论主要围绕行动者在哪里活动、如何活动以及用什么活动三个基本问题展开。布迪厄基于行动哲学分析了三个基本问题的相应答案，并运用实践、场域、惯习和资本等核心概念进行了深入阐释。

我们熟悉的马克思实践观主张实践是人类直接改造世界的全部活动，这里的实践是指人类总体的活动，而非主体指向客体个体的活动。因此，主客二元对立的思维方式无法理解实践的本质。皮埃尔·布迪厄在对理论理性批判的基础上建构了实践理论，他从社会实践的主客体统一性的立场切入，对语言交流和文化现实做了反思性批判，围绕"实践的逻辑"深入阐述实践理论。他认为"实践理论与客观主义（实证主义唯物论）相反，认为认识的对象是构成的，而不是被动记录的；它也与主观主义（理智主义唯心论）相反，认为这一构成的原则既是结构性也是建构性的行为倾向系统，即惯习（habitus）"（刘少杰，2009）。惯习是指"知觉、评价和行动的分类图式构成的系统，它具有一定的稳定性，又可以置换，它来自于社会制度，又寄居在身体之中"（皮埃尔·布迪厄，华康德，2004）。该系统构成于实践活动之中，具有实践功能。"条件制约与特定的一类生存条件相结合，生成惯习。惯习是持久的、可转换的潜在行为倾向系统，是一些有结构的结构，倾向于作为促结构化的结构发挥作用，也就是说作为实践活动和表象的生成和组织原则起作用，而使其生成和组织的实践活动和表象活动能够客观地适应自身的意图，而不用设定有意识的目的和达到这些目的所必需的特定程序，故这些实践和表象活动是客观地得到'调节'并'合乎规则'，而不是服从某些规则的结果，也正因为如此，它们是集体地协调一致，却又不是乐队指挥的组织作用的产物"（皮埃尔·布迪厄，2003）。

"客观主义是与原初经验的决裂和客观关系的构成所必需的阶段，但当它把这些关系当作已经在个人和集体历史之外形成的现实事物而使它们实体化时，必然会导致结构实在论。对于实践理论来说，关键是摆脱这种结构实在论，而又不重新陷入完全不可能阐明社会世界之必然性的主观主义。理论逻辑的谬误在于把人们为解释实践而构建的模型当作实践的根由，而实践的逻辑是一种'模糊的逻辑'或'实践感'（the sense of practice），不是理论逻辑的概念图式。……布迪厄指出，实践有一种不是逻辑的逻辑，不能要求实践给出它所不能给出的逻辑，从而避免强行向实践索取某种不连贯性，或把一种牵强的连贯性强加给它。实践理论对严格的理性行动理论予以指斥，后者是在意识的意向中寻找严格的经济或非经济行为的根源，常常与一种狭隘的理性观结合在一起，与一种把由花费最少的经济成本获取最大的经济利润的经济主义结合在一起。这种理性行为理论往往假定在完全信息的条件下行动者追求和获得利益的最大化，而无视社会行动者开展行为的社会空间的具体性和丰富性，以及选择意向的多向性和模糊性。……社会行动者不一定是遵循理性的，但总是'合情合理'的"（刘少杰，2009）。

为了避免把逻辑的事物当成事物的逻辑，必须在理论中包含隐藏在策略背后的真正原则，即实践感，如果你愿意也可以这样说，包含运动员们所谓的对游戏的感觉，即对游戏的逻辑或内在必要性的实践性的把握〔这种把握来自于游戏的经验（例如以身体的技术的运作方式），在意识控制之外、在话语之外产生作用〕。诸如惯习或性情倾向系统，实践的意义、策略这样的概念，同我摆脱结构主义的客观主义的努力是联系在一起的，同我免于陷入主观主义的努力也是联系在一起的（Bourdieu，1990）。

"实践的逻辑是自在逻辑，既无明确的意识反思又无逻辑的控制，更确切地说，是任何实践感的逻辑。'实践感'在前对象、非设定性的层面上运作。在我们设想那些客体对象之前，实践感所体现的那种社会感受性就已经在引导我们的行动。通过自发地预见所在世界的内在倾向，实践感将世界视为有意义的世界加以建构。这种自发预见的方式与球类比赛中具有良好的'场地大局观'的运动员颇为类似。皮埃尔·布迪厄引用梅洛-庞蒂所举的橄榄球运动员的例子：这些沉浸在行动的狂热之中的运动员，凭着直觉对他的队友和对手的活动迅速作出判断，他们的行动和反应的方式都是'灵感式'的，无须事后认识和计算理性的助益"（刘少杰，2009）。

皮埃尔·布迪厄的社会实践理论更新了传统关于实践的认识，促进了教育哲学的实践转向，它对幼儿教师实践性知识发展研究的启示在于，幼儿教师的实践性知识并非理性的自然推导与合理展现，它具有自在性，遵循着自身的逻辑与规则。幼儿教师实践性知识的学习、生成和发展同样遵循实践感的模糊逻辑，具有非理性特征，我们不能孤立、静态地分析幼儿教师的实践性知识，而要从关系思维的角度去把握，意识到幼儿教师的实践性知识生成和发展离不开社会互动与环境互动，受到实践场域的限制。

（二）反思型实践理论

在知识论转型和实践取向兴起的大环境下，实践理性被引入教育理论的建构中，教育实践理论也得以萌发，它改变了传统技术理性规约下追求科学化、工具化和标准化的实践观，更正了理论与实践之间的"先导""演绎""应用"型关系假设，从而确立起教育实践对于教育理论的优先性和独立性。当实践理性进入教育研究者的视野后，研究者开始回归到日常教育实践里挖掘实践过程中蕴含的原则和规则，尊重和关注教育实践者独特的话语权和话语体系。与此相关的理论有施瓦布的"课程审议"理论、舍恩的"反思型实践"理论、卡尔·波普尔的"教育实践"观、行动研究等，其中，舍恩的"反思型实践"理论影响最为深远，他提出了反思性教育，教师成为反映型实践者等诸多命题。舍恩试图弥合理论与实践之间的分离，提出了以实践认识论为基础的"反思型实践"（reflective practice）概念与假设，他通过相继出版的《反映的实践者》（*The Reflective Practitioner：How Professionals Think in Action*）、《培养反映的实践者》（*Educating the Reflective Practitioner*）和《实践理论——提高专业效能》（*Theroy in Practice：Increasing Professional Effectiveness*）等一系列专著系统阐释了既要"反思"又要"行动"的反思型实践理论。其主要假设是，教育实践情境具有复杂性、不确定性、独特性及价值冲突性的需求，而遵循科技理性无法解决教育实践中的各种问题，"因此要寻求实践的不确定、不稳定、独特性及价值冲突的符合艺术性及直觉的实践认识论以取代实证的认识论，这就是在'行动中反思'。他认为，一个专业实践者可以作出无数有品质的判断，却无法陈述恰当的判断原则；可以表现出技巧却无法说出其规则及程序，甚至当他有意识地使用以研究为基础的理论及技能时，他依然还是依赖隐含性的确认、判断及熟练的执行方法。这是因为，我们的认识通常是缄默的（tacit），而缄默存在于实践行动的感悟里。认识在行动之内（knowing is in our action），而专业实践依赖行动中的认识（knowing-in-action）。在"行动中反思"的过程是一门"艺术"，即实践者在某些时候能在一些情境中很好地处理实践情境中的不确定、不稳定、独特的与价值的冲突。专业实践者是某些特定类别情境问题的专家。当他们经历了为数不多但不同类型的案例时，他就能够去"练习"他的实践，一旦他的实践趋于稳定，即他处理同类型的案例越多，他惊叹性的发现就会越少，他们在"实践中的认识"倾向性会逐渐变得缄默、自然和自动化，他们由此也从专业实践者向专家的方向促进其专业发展（鱼霞，2007）。由此可见，"做"中"学"，缄默认知在实践者成长中占有举足轻重的位置，而且"行动中反思"为理论和实践的融合提供了途径，它使思考不仅专属于理论领域，实践也不仅需要操作性地"做"，而且需要在不确定或独特实践情境中反思，将理论转化为行动。所以教师在面对复杂的专业实践时，应放弃对专业实践技术依赖，而采取反思态度，成为"反思型实践者"（reflective practitioner），成为一名行动研究者，去建构自己独特的实践认识。换言之，教师"要'在行动中认知'（knowing-in-action），'在行动中反思'（reflection-in- action），以及'反思在行动中的反思'（reflection on reflection-in-action）"（Schon，1987）。反思就是要使教师能够去注意、激活、评价、验证和加工那些平时难以意识和表达的缄默知识，使之更加符合教育实践要求，提高实践的合理性和科学性。

与此同时，他将影响教师的理论划分为信奉理论（espoused theory）和使用理论（theory in use），"一个人在被问到怎么做时通常给出的都是信奉理论，也就是当事人宣称他所遵行的理论；而使用理论则指那些由实际行动中所推论出来的理论"（Argyris，Schon，1974）。换言之，信奉理论是描述和指导人们行为的理论，使用理论是实际作用于人们操作性行为的理论，它具有其他所有理论的最根本的特征。如可推广性、相关性、稳定性、完整性、可检验性、集中性和简化性等。信奉理论与使用理论的区分与教师宣称言说的正式知识和实际运用的实践性知识的区别类似。

此外，舍恩从实践认识论出发，探讨了反映型实践者的培养途径，他认为"由于第一型使用理论往往导致实践者遇到僵局，因此欲提高专业绩效，就必须对使用理论进行反映。另外，防御会抑制实践者对其实践知识从整体上进行反映和转化。因此，要将反映性探究转化为实践性知识，对实践和专业教育两方面作出贡献，就必须创立一个防御行为较少的第二型行为环境"（克里斯•阿吉里斯，唐纳德•A.舍恩，2008）。因此，提出承担培养未来教师任务的大学院校要着力更改系统的、倾向于科学知识的标准化课程模式，营造反思氛围，为教师自身改革提供安全环境，为他们在行动中反映留有余地。他还进一步提出了以实践技艺和能力为培养目标的反映性实践课（reflective practicum）的设想，十分重视辅导和"做中学"，其中，辅导可通过"跟我学"（Follow me）、"共同实验"（joint experimentation）、"镜道"（hall of mirrors）三种适合于不同学习环境的辅导模式进行（唐纳德•A.舍恩，2008）。

舍恩的反思型实践理论明确了实践与反思对于教师成长的重要价值，它不仅为幼儿教师实践性知识发展确立了反思型实践家的终极目标，还对如何培养幼儿教师实践性知识提出了创设基于做中学与行动中反思要求的反思型实践课的应对答案。

四、教师专业发展理论

教师专业发展理论是基于教师职业具有专业性的假设提出的，它包括教师职业的专业化发展和教师个人的专业化发展。随着研究的不断深入，教师专业发展研究也形成了不同范式，具有不同取向。

（一）教师职业专业化理论

虽然教师职业能否如同医生、律师一样成为专业还颇有争议，但是人们对教师职业的专业化有着殷切期待，希望教师的素质能够朝着专业性目标迈进，从而提升教师的社会地位和教育的基本质量。从学术界到实践界，人们对教师职业专业化的讨论也宛若繁星。前已述及，所谓专业是指一群人在从事一种需要专门技术的职业。专业是一种需要特殊智力来培育和完成的职业，其目的在于提供专门性的服务（Carr-Saunders，1928）。1948 年，美国全国教育协会细化了"专业"概念的内涵，指出作为"专业"所需要具备的八条评判标准：①专业实践属于高度的心智活动；②具有特殊的知识领域；③受过专门的职业训练；④经常不断地在职进修；⑤视工作为终身从事的事业；⑥行业内部自主制定规范标准；⑦以服务社会为最高目的；⑧设有健全的专业组织。1989 年，美国全美教师专业标准委员会在《教师专业标准大纲》中规定了教师专业标准，"第一，教师接受社会的委托负责教育学生，照料他们的学习。具体内容包括：①认识学生的个别差异并采取相应的措施；②理解学生的发展与学习方法；③公平对待学生；④教师的使命不停留于学生认知能力的发展。第二，教师了解学科内容与学科的教学方法。具体内容包括：①理解学科的知识是如何创造、如何组织、如何同其他领域的知识整合的；②能够运用专业知识把学科内容传递给学生；③形成获得知识的多种途径。第三，教师负有管理学生的学习并提出建议的责任。具体内容包括：①探讨适合于目标的多种方法；②注意集体化情境中的个别化学习；③鼓励学生的学习；④定期评价学生的进步；⑤重视第一位目标。第四，教师系统地反思自身的实践并从自身的经验中学到知识。具体内容包括：①验证自身的判断；②不断作出困难的选择；③征求他人的建议以改善自身的实践；④参与教育研究，丰富学识。第五，教师是学习共同体的成员。具体内容包括：①同其他专家合作提高学校的教育效果；②同家长合作推进教育工作；③运用社区的资源与人才"（佐藤学，2003）。由此可见，实现教师职业的专业化目标不仅需要教师知识技能的体系化、教师职业资格认证的制度化、教师教育的专业化和教师活动的团体化，还需要教师个体的专业发展，以教师专业情意、专业知识和专业技能的不断提高为前提。

（二）教师专业发展阶段论

　　教师专业发展的内涵至今仍是众说纷纭。"霍伊尔认为，教师专业发展是指在教学职业生涯的每一阶段教师掌握良好专业实践必备的知识和技能的过程。而富兰（Fullan）和哈格里夫斯（Hargreaves）指出，教师专业发展既指通过在职教师教育或教师培训而获得的特定方面的发展，也指教师在目标意识、教学技能和与同事合作能力等方面的全面进步。我国学者将国外主要的观点梳理后概括认为，教师专业发展这一概念归纳起来有两种基本观点：一是指教师的专业成长过程；二是指促进教师专业成长的过程（即教师教育）"（贾腊生，2008）。我们可以将教师专业发展理解为教师内在专业性不断提高的过程，这一过程贯穿于教师职业生涯的整个历程，呈动态变化样态。为此，许多研究者就教师专业成长与职业成长的时间周期和成熟特征联合讨论，提出了各种教师专业发展的不同阶段论。

　　富勒（Fuller）等根据教师关注的焦点问题，把教师专业成长的过程分为四个阶段，提出了"关注"阶段论："①任教前的关注阶段（preteaching concerns），处于职前阶段的教师只是想象中的教师，仅仅关注自己；②关注生存阶段（concerns about survival），处于这一阶段的教师非常关注自己的生存适应性；③关注情境阶段（concerns about teaching situation），当教师感到自己完全能够生存时，他们将越来越关注学生的成绩而进入关注情境阶段；④关注学生阶段（concerns about pupils），在这一阶段，教师将考虑学生的个别差异，认识到不同的儿童有不同的情感和社会需要，从而关注他们不同的需要以及如何通过教学更好地影响他们的成绩和表现"（柳海民，2006）。

莱赛（Lacey，1997）和我国台湾学者王秋绒（2002）等人从教师作为"社会人"的角度探讨了教师专业变化的过程，其关注的焦点集中在个人的需要、能力、意向与学校机构之间的相互作用上，这类理论可归结为教师社会化发展阶段论，见表2-2。

表2-2　教师社会化发展阶段论代表观点

教师社会化发展阶段论（莱赛）	"蜜月"阶段		"寻找教学资料和教学方法"阶段		"危机"阶段		"没法应付过去或失败"阶段
教师社会化发展阶段论（王秋绒）	师范生阶段	探索实验期	实习教师	蜜月期	合格教师	新生期
		稳定成长期		危机期		平淡期
		成熟发展期		动荡期		厌倦期

资料来源：教育部师范教育司，2003. 教师专业化的理论与实践[M]. 北京：人民教育出版社：70.

伯顿（Burden）、费斯勒（Fessler）、司德菲、休伯曼（Huberman）等以人的生命自然的衰老过程与周期来看待教师的职业发展过程，提出了各种职业生命周期阶段论，见表2-3。

表2-3　职业生命周期阶段论代表观点

教师发展阶段（伯顿，1979）	求生存阶段	调整阶段	成熟阶段	
教师职业周期动态模式（费斯勒，1985）	职前教育阶段	入职阶段	能力形成阶段	热心和成长阶段
	职业受挫阶段	稳定和停滞阶段	职业低落阶段	职业退出阶段
教师生涯发展模式（司德菲，1989）	预备阶段	专家阶段	退缩阶段	更新阶段
	退出阶段			
教师职业周期主题模式（休伯曼，1993）	入职（求生和发现期）	稳定期	适应和歧变期	重新估价期
	瓶颈和关系疏远期	保守和抱怨期	退休期	

资料来源：教育部师范教育司，2003. 教师专业化的理论与实践[M]. 北京：人民教育出版社：70.

此外，还有利思伍德（Leithwood）等在认知理论、概念发展理论及道德判断等理论的基础上提出了教师专业发展的心理发展阶段论。"国内还有叶澜等也提出了以教师专业的自我更新为取向的五个发展阶段：'非关注'阶段、'虚拟关注'阶段、'生存关注'阶段、'任务关注'阶段和'自我更新关注'阶段"（柳海民，

2006）。总之，教师专业发展阶段论的共识在于揭示教师专业成长动态变化过程中的阶段性特征。教师会随着入职时间的推移，在职业期待、教育信念、个体心理和教育教学能力等方面表现出某一阶段内趋同的状态，为此，学者们把教师的专业发展区分为不同阶段，且每个阶段依次递进，循序更替。各种教师专业发展阶段论的分歧主要源于学者们对发展阶段的划分标准和各阶段特征的解读不同。

（三）教师专业发展理论取向

学术界有关教师专业发展的理论有如下三类取向：理智取向的教师专业发展（intellectual perspectives of teacher professional development）、实践—反思取向的教师专业发展（practical-reflective perspectives of teacher professional development）和生态取向的教师专业发展（ecological perspectives of teacher professional development）（徐斌艳，2008）。其中理智取向的教师专业发展理论最为传统和悠久，它对教育实践和研究的影响也最为深远。持有这种取向理论的学者将教师视为传递知识的专业工作者，教师需要拥有专业知识，并能专业化传递，而这种专业知识的生产者是教育专家和学科专家，教师只是专业知识的消费者和实践者，他们需要获取这种专业知识以提高自身的教育专业水平，实现专业发展。因此，在过去的研究和实践中，研究者偏向于从外部考虑促进教师专业发展，希望通过各种教育和培训提高教师的专业意识和业务技能，提升教师的综合素质。然而，这种专业发展取向由于过分强调客观、理智和普遍的专业发展原则，无视教师的主体作用，因此实践效果不佳，问题频出。20 世纪 80 年代以后，这种取向受到了多种质疑和批判，随即，实践—反思取向的教师专业发展被舍恩提出，并得到学术界诸多学者的响应，这种取向的前提假设是教师自己成就自己，教师在实践中的反思是教师成长不竭的源泉。持这种取向的学者反对把教师作为受体被动学习教育专业知识，从而将教师看作专业知识的生产者，教师是反思的实践者，反思是教师自我更新、重构教育理念和方法、实现专业发展的有效途径。并且他们认为教师的个人生活与其专业生活密切相关，教师专业发展受到其个体生活背景、个人实践经验和职业生涯周期的影响，在发展过程中，教师的"个人理论"的形成和发展起着主导作用。同时生态取向的教师专业发展也开始兴起，他们认为教师的社会互动和生态环境对教师专业发展具有特殊意义，教师不是孤立地在发展，会受其所处的教师文化影响。所以生态取向强调一种合作的发展方式，即通过小组的教师相互合作，确定自己的发展方式。因此注意力主要不是学习某些科学知识或教育知识，也不是个别教师的所谓反思，而是构建一种合作的教师文化。这种教师文化在内容上包括教师社群之间相互分享的态度、价值观、信念、习惯及做事的方式，在形式上则包括成员之间的"关系模式"与"组合形式"（徐斌艳，2008）。

　　教师专业发展理论为探讨幼儿实践性知识提供了一种生涯发展的视角，幼儿教师专业发展的路线和历程折射出幼儿教师实践性知识发展的脉络，催生出不同专业发展阶段幼儿教师的实践性知识状况和发展特点也会有不同的研究假设，为研究实践性知识发展确立了专业化追求的价值旨归。幼儿教师实践性知识发展与幼儿教师专业发展具有内在一致性，幼儿教师实践性知识既是幼儿教师专业发展的知识基础，也以提高专业化水平和寻求专业发展为根本目标。此外，幼儿教师的实践性知识发展研究秉承了实践—反思取向的教师专业发展研究范式，将幼儿教师看作知识的生产者，重点探讨幼儿教师基于实践、运用反思形成个人实践性知识的过程特征，挖掘幼儿教师实践性知识变化发展的阶段性差异。

第三章

幼儿教师实践性知识的发展过程

幼儿教师实践性知识的发展是指幼儿教师在教育实践过程中不断生成新的实践性知识和对原有的实践性知识进行反思、加工和重构，以改进自身实践策略和实践行为的过程。它不断向着数量更丰富、质量更完善、结构更合理、水平更高超的方向发展，包括了由无到有、由少到多、由劣到优的三种变化层级，表现出幼儿教师投身幼儿教育整个职业时间轴上的一系列提高改变，而这种改变主要由幼儿教师在幼儿教育实践中各个时间节点上的各种学习完成。整体而言，幼儿教师可通过自我探索性学习、向他人学习和不断反思发展完善自己的实践性知识。

一、幼儿教师实践性知识的生成过程

幼儿教师实践性知识的发展呈连续性，它由各次实践性知识的生成转换活动组成，站在某一节点分析幼儿教师应对某一实践情境时实践性知识的变化特征即可以考察其生成过程。幼儿教师的实践性知识可由反思体悟而生成，或经由传递转化而获取。

（一）幼儿教师个体实践性知识的生成模型

常言道，"实践出真知"，"教师实践性知识的首要状态就是它的个体性，由此决定了个体教育实践成为获取实践性知识最重要的路径"（刘东敏，田小杭，2008）。在康内利和柯兰迪宁看来，"知识不是客观的，也不是独立的客体被教师学习和传承的。教师知识来源于个体经验"（Connelly，Clandinin，1997）。结合建构主义学习论、情境认知学习及内隐学习理论的观点，可以认为，幼儿教师实践性知识的形成、提炼和加工均需要建立在实践的基础上，它是通过实践的反复打磨、验证、改进和调整后内化在认知库中，并一以贯之的知识。但在这一内隐生成过程中，实践只是实践性知识生成的平台和土壤，反思和体悟才是生成的关键。幼儿教师的实践性知识要在幼儿教师对偶然事件反思并获得经验之后形成，它既包含偶发的灵感成分，也具有理性的分析成分，在复杂的、动态的实践场景中表现出一种惯常倾向。它以相应实践问题的解决为出发点和归宿，受到理论性知识和实践情景的多重影响，是个人生活经验、个体性格素养和社会文化环境的综合产物，它从过去走向现在，并延伸至未来，贯穿幼儿教师专业发展过程。通过图 3-1，我们可以对幼儿教师实践性知识的生成运行过程一目了然。

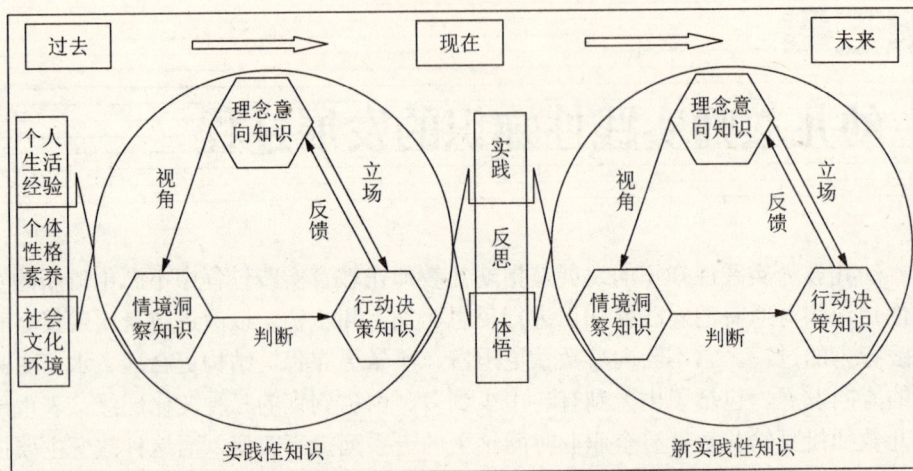

图 3-1　幼儿教师实践性知识的生成结构模型

由图 3-1 可知，实践性知识的生成有赖于实践，"做中学"是形成实践性知识的有效途径，陆游的诗句"纸上得来终觉浅，绝知此事要躬行"和陶行知的名言"行是知之始，知是行之成"都很好地印证了实践性知识基于实践的原理。然而，这个通过实践、反思和体悟生成实践性知识的过程并不是一蹴而就，基于某一次实践活动而成的，它还有内在的试误调适过程。具体而言，当幼儿教师进入实践问题场域后，会尝试性地作出应对行动，然后根据实践结果修正自己的方案，对于有用的关键性信息就自动储存在策略库中，再遇到类似情境时继续调用，如果多次能化解问题，取得教育实效，那么就能习以为常，形成一种稳定的实践性知识同化入已有的认知结构。换言之，幼儿教师的实践性知识需经过注意—试误—问题解决—编码—保存的认知加工程序，在不断实践验证后，符合实践要求的解题回路就被固定下来，成为具有缄默性的程序性知识。

（二）幼儿教师之间实践性知识的传递模型

幼儿教师的实践性知识不仅依靠个体亲身实践习得，也可以通过观摩视频、模拟情境、阅读故事或聆听讲述等方式去间接体会，个体间的实践性知识也能通过适当的方式相互分享和学习。前已述及，"教师的实践性知识可分成言明的和缄默的两种类型，后者虽难以言表，但可意会、交流，也可传承"（马克斯·范梅南，2008）。因此，幼儿教师的实践性知识不能完全被复制或移植，个体间的实践性知识也不能简单地单向传递，它可以在幼儿教师之间的交流、模仿、移情、熏陶和共鸣的过程中传递和转化。然而，这种传递和转化也必须以实践为前提，落脚于实践性知识的感受、体验与运用中。如若幼儿教师 A 要将自己的实践性知识传递给幼儿教师 B，他一方面可以将可言明的实践性知识（如实践原则、策略和操作要领）结构化后直接讲述出来，以实践案例为载体，将实践行动原则告知幼儿教师 B；另一方面可以作示范展示，让幼儿教师 B 观摩学习，让他能亲身感悟实践性知识，形成知识共感，理解并模仿幼儿教师 A 的教学技能、教育机智及有效行动策略。同时，幼儿教师 A 还可以现场指导幼儿教师 B 的实践，根据他的实践表现，查找问题，给出富有针对性的提示和点拨，帮助他突破思维定式，生成适宜的实践性知识，或者通过半开放性的有意识讨论引导幼儿教师 B 加工自己的实践性知识，处理好现实问题。但是归根结底，实践性知识的生成必须经过主体思考，其获取的质和量完全取决于自身所悟出的实践深层结构中"道"的程度。实践性知识的传递与转化规律如图 3-2 所示。

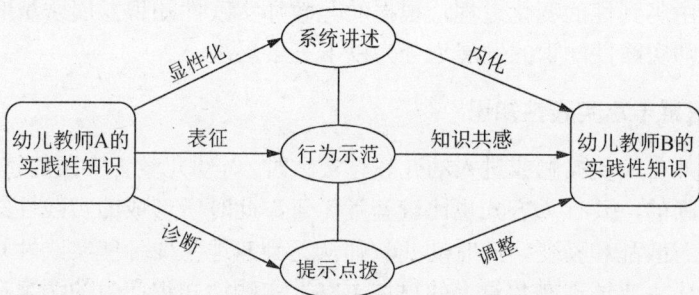

图 3-2　幼儿教师实践性知识的传递转化模型

值得注意的是，虽然我们知道幼儿教师的实践性知识不能如理论性知识那样通过单纯的课堂教学或文本阅读等言说的方式加以传递，它需要在与情境的互动、实践的体悟以及主体间的模仿观摩中日渐生成，但是我们不能由此否认言说对实践性知识生成和传递的重要性。一方面，实践性知识中那部分可言说的知识可以通过直接讲解阐述加以传递，另一方面言说的过程也是将实践性知识显性化的过程，它是实践性知识生成的前提，便于幼儿教师结构化储存实践性知识，增强对实践的主观意识。因此，在幼儿教师实践性知识的上述三种传递转化途径中，我们不能忽视系统讲述和提示点拨的作用，针对实践的讲解能加速幼儿教师生成和灵活应用向他者习得的实践性知识。

总之，实践性知识遵循循序渐进、不断积累和调整完善的生成原则，它可以通过显性化—内化、表征—共感、诊断—调整的方式转化而得。其中知识共感的传递主要依赖于幼儿教师之间移情（em-pathic）和共情（sym-pathic）的关系理解，"这种理解主要不是认识的、知识的、技术上的理解，它们在真正意义上是直觉的——关系的、情境的、身体的、时间的、行动的理解"（马克斯·范梅南，2008）。幼儿教师不断丰富自己的实践性知识，有助于他们灵活自如地应对复杂多变的教育情境，同时，给幼儿教师设置复杂多变的教育情境或者幼儿教师经历的教育情境越复杂多变，他们发展自身实践性知识的可能性也更大，其发展速度也更快，在做中学，在经历中提高，是幼儿教师实践性知识的发展路径。

二、幼儿教师实践性知识的发展层次

幼儿教师实践性知识的发展是在生成新的实践性知识的同时，不断检验、改造和重组实践性知识，使其内容更臻完善、结构更为合理的过程，它遵循累积效应，具有价值导向。如果关于幼儿教师实践性知识学习和生成的探讨揭示了某一反应时间点上幼儿教师实践性知识变化的特性，那么梳理幼儿教师实践性知识的整体发展特点则可以区分出幼儿教师实践性知识发展任务上侧重内容的不同。不会教—会教—教得好—教得有智慧，幼儿教师的实践性知识会经历一个由无到有、由少到多、由劣到优的变化过程，根据幼儿教师实践性知识发展质量的差异，可以将幼儿教师实践性知识的发展划分为以下三个层次。

（一）积累丰富实践性知识

幼儿教师在最初接触或进入幼儿教育实践时，对幼儿教育实践的感觉是混乱、复杂且不清晰的，其行为方式也比较紊乱无章，此时所形成的实践性知识往往显得比较粗糙、散乱和易变。此时幼儿教师从无到有地生成一些实践性知识，实践性知识的变化主要体现在数量上的日益丰富。实践性知识产生的源泉在于自己儿时接受的幼儿教育体验、生活中对于幼儿教育的所见和所思、阅读书本的体验、别人的言传身教、观摩幼儿教育活动，更重要的还需要幼儿教师亲自参与教育活动，从实践中获取。在实践中，随着实践情境的多样化经历，前期的实践情境与实践反应的回路会慢慢固定下来，内化成行动的连贯性，当再次遇到类似的熟悉情境，幼儿教师就会自然推移，应用已有的实践性知识相似地做。实践反思在实践性知识生成中的作用在于判断行动与预期结果之间的差距，如果符合预期，就肯定保留下来；反之，则否定排除。实践性知识就在这种选择与否定中不断增多、不断丰富。

（二）甄别优化实践性知识

实际上，实践性知识的发展过程就是显性知识与缄默知识的转换和提升过程，幼儿教师既要将系统的教育理论性知识内化为自动运转的缄默实践性知识，又将这种缄默实践性知识"显性化"后进行甄别、诊断和筛选，保留和利用与教育实践目的一致的实践性知识，抑制和改变效果不良的实践性知识，从而使实践性知识优化，发挥更佳作用。在实践性知识生成的前期，幼儿教师会内化学前教育理论性知识，指导实践行动，生成应对实践的工作知识。而当幼儿教师的实践性知识积累到一定程度、具有许多相对成功的教学经验之后，幼儿教师需要把幼儿教育实践与幼儿教育理论联系起来，用实践检验实践性知识，用理论反思实践性知识，优化实践性知识，使之更符合教育规律，产生更大实效。

如果说在积累实践性知识层次上，幼儿教师初始的实践性知识受到自己过去成长经历的影响，是幼儿教师间接从他人身上和书本中以及直接从实践中获得的，那么在优化和改进幼儿教师实践性知识层次时，幼儿教师则需要参照他人及历史上对幼儿教育实践的认识和应对方式，反思实践，寻求内部和外部视界的交融合一、平衡状态。幼儿教师需要将抽象的理性原则具体化到实践中形成特殊的经验感受，再通过实践的验证和理论知识的导向，不断过滤和加工，达到自己所认为的最佳状态。

假如不经历这个甄别优化的发展层次，幼儿教师的实践性知识将会在积累到一定量后难以再提高。虽然有许多幼儿园教师从事幼教工作十余年，形成了具有专属风格的实践性知识，可倘若这些实践性知识得不到更新和改善，反而会成为束缚其专业发展的桎梏。这样的案例不胜枚举，十几年前入职的幼儿教师的实践性知识古板陈旧，沿用传统以教学为本的做法，将幼儿教育目标分解为具体可量化的任务，如一个学期要识多少字、背多少儿歌、做多少算术、唱几首歌、跳几个舞、完成几幅绘画或手工作品等，重视外在目标任务的达成，忽视幼儿问题解决能力、情感、态度、个性、社会性等潜隐行为目标任务的实现。

（三）转化升华实践性知识

赫尔巴特指出"机智理应成为实践的主宰"，"谁将成为好的教师或是坏的教师，左右这个问题的只有一个，就是如何形成这种机智"（日本筑波大学教育学研究会，1986）。幼儿教师实践性知识发展的最高层次就是转知识为智慧，成为能够创造性驾驭幼儿教育目标、敏锐捕捉教育时机以及灵活机智应对实践问题的教育智慧。《辞海》把智慧解释为"对事物能认识、辨析、判断和发明创造的能力"（辞海编辑委员会，2002）。智慧也是一种艺术，幼儿教师的教育智慧是幼儿教师在实践中展现的完美品位、独特眼光，她能把握幼儿教育的真谛，深刻地洞悉幼儿教育情境，创造性地贯通已有的知识和能力，采取适当的策略，作出快速且灵活的反应。并且，在此过程中，幼儿教师自身能体会到幼儿教育的乐趣，陶醉其中。幼儿教育智慧具有突出的创造性和个人性特征，主要体现为幼儿教师能根据实践状况巧妙地处理个性和共性、现实和超前、全面和重点、继承和创新、理论和实践的矛盾，展现教育艺术。

"教育智慧生成的内在条件主要包括：爱是教育智慧之灯；人格是教育智慧之依托；教育观是教育智慧之理论支持；知识储备是教育智慧之基石；实践反思是教育智慧之促成因素；成为研究者是教育智慧之生长点"（刘吉林，2009）。同理，幼儿教师的实践性知识需要在爱的驱动下和教育理论的引领下，通过幼儿教师的反思和研究才能升华为教育智慧。"它的形成建立在对教育教学规律的深入理解和教育经验的广泛沉淀的基础上，也需要幼儿教师不囿于实践惯习和理论知识，大胆创新，达到教育中真、善、美的最高境界"（蔡春，2006）。概言之，幼儿教师的教育智慧取决于学识的内化、教育理念的实践化和教学策略的惯常化，它使实践性知识融会贯通，达到顿悟、娴熟、机敏的程度，反映出幼儿教师前瞻性地看待幼儿教育实践问题，理念意向知识思想深邃、睿智，行动决策知识高效灵活，能巧妙并富有创造性地处理问题。饱含智慧的实践性知识表现为教师敏锐感知教育情境，创造性地运用自己已有的知识和能力，艺术地解决教育实践问题的过程，这个过程具有顿悟性。

三、幼儿教师实践性知识的发展阶段

我国台湾学者林廷华（2008）通过对两位资深幼儿教师实践性知识的质性研究探讨了幼儿教师实践性知识的纵向发展历程，他指出："幼儿教师实践性知识的发展历程并非直线性的，而是呈现循环的阶段性，可分为摸索期、巩固期和信心期，每个阶段会形成'困境→挑战→突破'机制，致使她们实际知识持续往上提升。"诚然，幼儿教师某一种实践性知识在加工完善方面具有循环往复、螺旋上升的周期特性，但研究通过问卷调查（调查问卷见附录一）还发现，幼儿教师自我体察的实践性知识在整体生涯发展历程方面表现出一定的阶段性差异，其发展水平与入职时间存在一定相关。将入职时间作为自变量，运用单因素方差分析得出的数据显示幼儿教师实践性知识具有差异，这种差异以 0～2 年、3～5 年、6～10 年、10 年以上的阶段分组表现最为突出，除了如何培养幼儿学习习惯和开展教育研究在入职时间阶段上未见统计学中的显著性差异，其他项目都在入职时间阶段上表现出显著性差异（$P<0.05$）。详见表 3-1。

表 3-1　幼儿教师实践性知识发展阶段显著性差异表[①]

项目	M_1 ±SD	M_2 ±SD	M_3 ±SD	M_4 ±SD	自由度	F 值	显著性
f1.知道如何用幼儿喜欢并易于理解的语言向幼儿传递知识	2.41 ±0.50	1.73± 0.45	1.46 ±0.65	1.54 ±0.51	3	21.090	0.000
f2.知道如何收集材料，设计适合幼儿实际的教学活动方案	2.06 ±0.65	2.00 ±0.74	1.62 ±0.50	1.46 ±0.51	3	6.439	0.000

① 问卷中的第 5 题针对幼儿教师实践性知识自我体察水平而设计，本题围绕幼儿教师实践性知识横向任务维度所划分的五大内容列出 16 个小项目进行分别测评。每个项目采用 1～5 级评分的连续赋值，分数越低说明自我体察的实践性知识质量越好。M_1±SD、M_2±SD、M_3±SD、M_4±SD 分别代表 0～2 年、3～5 年、6～10 年、10 年以上各阶段幼儿教师实践性知识平均数和标准差。

续表

项目	M_1 ±SD	M_2 ±SD	M_3 ±SD	M_4 ±SD	自由度	F值	显著性
f3.知道如何创设有助于幼儿发展的学习环境	2.29 ±0.84	1.93 ±0.45	1.85 ±0.54	1.62 ±0.50	3	6.353	0.001
f4.知道如何培养幼儿学习习惯，帮助他们乐学并好学	2.41 ±0.78	1.87 ±0.82	2.31 ±2.63	1.54 ±0.51	3	2.377	0.074
f5.知道如何选择和设计有教育意义的游戏活动	2.24 ±0.55	2.13 ±0.63	1.54 ±0.65	1.46 ±0.51	3	13.382	0.000
f6.知道如何组织幼儿开展游戏，避免意外事故	2.41 ±0.70	2.13 ±0.90	1.62 ±0.64	1.46 ±0.51	3	11.516	0.000
f7.知道如何处理幼儿园偶发事件	2.82 ±0.63	2.27 ±0.87	1.92 ±0.74	1.62 ±0.50	3	16.502	0.000
f8.知道如何合理奖励或批评幼儿，达到预期目的	2.18 ±0.63	1.67 ±0.61	1.85 ±0.54	1.62 ±0.50	3	6.091	0.001
f9.知道如何与幼儿沟通，了解幼儿的真实想法	2.47 ±0.79	2.00 ±0.74	2.00 ±0.69	1.62 ±0.64	3	7.047	0.000
f10.知道如何组织幼儿吃喝拉撒睡的生活活动	2.06 ±0.74	1.87 ±0.82	1.31 ±0.47	1.38 ±0.50	3	8.972	0.000
f11.知道如何培养幼儿良好有序的生活习惯	2.18 ±0.80	1.60 ±0.72	1.62 ±0.50	1.46 ±0.65	3	6.712	0.000
f12.知道如何向同事请教或与同事交流、探讨幼儿教育问题	2.18 ±0.63	1.80 ±0.76	1.69 ±0.62	1.77 ±0.71	3	3.176	0.027
f13.知道如何与家长沟通，协调幼儿教养相关事务，获取建议	2.29 ±0.68	1.80 ±0.66	1.77 ±0.71	1.77 ±0.59	3	4.836	0.003
f14.知道如何设计环境主题，美化布置幼儿园环境	2.65 ±0.49	2.47 ±0.63	2.00 ±0.57	2.15 ±0.78	3	6.650	0.000
f15.知道如何结合日常实践，找准问题，展开幼儿教育研究	2.88 ±0.91	2.80 ±0.66	2.54 ±0.76	2.46 ±0.86	3	1.822	0.147
f16.知道如何进行自我反思，改进自身行为	2.29 ±0.68	2.07 ±0.69	1.62 ±0.64	1.85 ±0.54	3	6.027	0.001

由此可见，从生涯发展的总体趋势出发审视幼儿教师实践性知识的发展规律，可以发现幼儿教师的实践性知识会随着入职时间和阅历的不同表现出明显的阶段性差异，且每个阶段具有特殊的发展特征，入职时间越长，幼儿教师自我体察的各类实践性知识质量也越高，但实践性知识提高的速率却越慢。为此，结合个案研究得出的质性研究结论，综合考虑入职前幼儿教师初步体验实践性知识的发展特征，本书根据幼儿教师实践性知识的发展速率、发展内容、发展倾向和发展问题的差异，将其发展的整体历程划分为朦胧感知期、快速增长期、微调提高期、高原瓶颈期和转型升华期五个阶段。

（一）朦胧感知期

入职前的幼儿教师可能在自己童年时期、日常生活中感知过幼儿教育，并在职前教育阶段接受过系统的专业训练，参加过短期的见习或实习，形成了一些零散而不稳定的实践性知识。但他们对于幼儿教育实践依旧懵懵懂懂，存在着许多实践性知识的空白，并且由于接触实践的机会较少，他们的实践性知识多停留在理念意向知识层面，对幼儿教育有着自己的理解、隐喻和信念，但情境洞察知识和行动决策知识非常缺乏。面对实践时，他们的思考回路很长，实践性知识的提取速度缓慢，解决问题的能力也相应较弱，"经常会感到大脑一片空白"，无所适从。处于这一阶段的幼儿教师还不能独当一面地开展幼儿教育实践活动。例如，A 老师回忆自己师范实习时的经历时就说道：

我实习时很害怕站上讲台，因为以前都是面对同学做一些试讲，总是放不开，说了上句忘下句，所以在真正面对幼儿组织活动时，我需要做足准备，要备好一份详案，把提问、过渡语以及回答等每句需要说的话都写上，把所有可能得到的答案也先写下来，想好对策，然后把教案背上一遍才敢上台。在组织幼儿活动时，更感觉自己眼睛和心都不够用，我总沉浸在自己的思路里，需要不断提醒自己下一环节该做什么了，要达到何种状态。而且总怕出错，经常说错一句后，就不知道应该怎么圆场接回去。所以，我希望孩子们能配合我顺利完成教学任务，如果他们提出了与我预想不同的问题，我也不管，继续按照自己设计的教案上课，否则就会不知道该说什么，更不知道该做什么，整个过程都觉得战战兢兢的。

有鉴于此，倘若在入职前，能有意识地引导学前教育专业师范生（职前幼儿教师）关注实践性知识，并结合理论性知识的传授训练其实践性能力，为他们提供丰富的实践法则，增加实践机会，就可以祛除幼儿教师的这种朦胧感，缩短入职适应时间。

（二）快速增长期

入职 0～2 年是实践性知识生成的关键期，所形成的实践性知识会产生首因效应，影响到未来。如果幼儿教师在此时能得到很好的指导和提示，形成结构、内容都合理的实践性知识，将会对未来工作起到奠基和定性的作用。而幼儿教师的实践性知识一旦形成，既会决定其教育成效，又会如同一个过滤器筛选着未来所接受的外部信息。在此阶段，幼儿教师的理念意向知识比较宏观、抽象，而情境洞察知识和行动决策知识仍相当不足，他们在处理实践问题时往往不尽如人意，会产生一定的认知冲突和情绪沮丧，但这也激发了他们强烈的成长愿望。他们一般有着较强的学习意识和反思意识，也具有开放的学习心态，深感自身能力的不足，在工作压力的驱动下能快速生成适合自己的实践性知识，因此，他们的实践性知识在数量上日益增多，且不断丰富。但是此阶段幼儿教师实践性知识发展的局限在于他们对实践性知识的借鉴学习以形式化模仿为主，擅长照搬他人的实践方式，照葫芦画瓢，容易知其然而不知其所以然，缺乏对他人实践原因和理念的分析，情境洞察知识还很薄弱。同时，他们对教育理论和实践的协调贯通力还不强，存在"两张皮"的现象，由此形成的关于"怎么做"的实践性知识也极不稳定。

同时，以入职时间为自变量，将入职 0～2 年幼儿教师自我体察的实践性知识与入职 3～5 年、6～10 年和 10 年以上幼儿教师自我体察的实践性知识进行两两对比的 Tukey 检验（表 3-2）后发现，此阶段幼儿教师在如何使用教学用语、设计教案、创设学习环境、选择和设计游戏、组织游戏、处理偶发事件、奖励或批评幼儿、与幼儿沟通、组织生活活动、培养幼儿生活习惯、向同事请教、与家长交流、开展环境创设、进行自我反思方面与其他几个阶段的幼儿教师差异显著，尤其是在如何使用教学用语、处理偶发事件、培养幼儿生活习惯、与家长交流等方面与其他阶段幼儿教师都具有显著差异，这说明幼儿教师在此阶段的实践性知识水平明显低于其他阶段。他们会迅速生成关于这些方面的实践性知识，以达到对新环境的适应，实现基本平衡。

表 3-2　不同入职年限幼儿教师实践性知识的差异表现

因变量	(I) 年限	(J) 年限	平均差 (I-J)	标准误	显著性
知道如何用幼儿喜欢并易于理解的语言向幼儿传递知识	0～2 年	3～5 年	0.67843*	0.13184	0.000
		6～10 年	0.95023*	0.13712	0.000
		10 年以上	0.87330*	0.13712	0.000
知道如何收集材料，设计适合幼儿实际的教学活动方案	0～2 年	6～10 年	0.44344*	0.16048	0.033
		10 年以上	0.59729*	0.16048	0.002
知道如何创设有助于幼儿发展的学习环境	0～2 年	6～10 年	0.44796*	0.16042	0.031
		10 年以上	0.67873*	0.16042	0.000
知道如何选择和设计有教育意义的游戏活动	0～2 年	6～10 年	0.69683*	0.15276	0.000
		10 年以上	0.77376*	0.15276	0.000
知道如何组织幼儿展开游戏，避免意外事故	0～2 年	6～10 年	0.79638*	0.18474	0.000
		10 年以上	0.95023*	0.18474	0.000
知道如何处理幼儿园偶发事件	0～2 年	3～5 年	0.55686*	0.17523	0.010
		6～10 年	0.90045*	0.18225	0.000
		10 年以上	1.20814*	0.18225	0.000
知道如何合理奖励或批评幼儿，达到预期目的	0～2 年	3～5 年	0.50980*	0.14426	0.003
		10 年以上	0.56109*	0.15004	0.002
知道如何与幼儿沟通，了解幼儿的真实想法	0～2 年	10 年以上	0.85520*	0.18849	0.000
知道如何组织幼儿吃喝拉撒睡的生活活动	0～2 年	6～10 年	0.75113*	0.17239	0.000
		10 年以上	0.67421*	0.17239	0.001
知道如何培养幼儿良好有序的生活习惯	0～2 年	3～5 年	0.57647*	0.17192	0.006
		6～10 年	0.56109*	0.17880	0.012
		10 年以上	0.71493*	0.17880	0.001
知道如何向同事请教或与同事交流、探讨幼儿教育问题	0～2 年	6～10 年	0.48416*	0.17734	0.036

续表

因变量	(*I*) 年限	(*J*) 年限	平均差(*I-J*)	标准误	显著性
知道如何与家长沟通，协调幼儿教养相关事务，获取建议	0～2 年	3～5 年	0.49412*	0.16583	0.018
		6～10 年	0.52489*	0.17248	0.015
		10 年以上	0.52489*	0.17248	0.015
知道如何设计环境主题，美化布置幼儿园环境	0～2 年	6～10 年	0.64706*	0.16070	0.001
知道如何进行自我反思，改进自身行为	0～2 年	6～10 年	0.67873*	0.16780	0.001
		10 年以上	0.44796*	0.16780	0.043

注：(*I*) 年限为入职 0～2 年幼儿教师的入职年限；(*J*) 年限为其他入职年限幼儿教师的入职年限。

* 数据统计中显著性差异。

此外，以 A 老师为个案，也可以深入发现快速增长期幼儿教师实践性知识的特点和转变轨迹。刚走出大学校门的 A 老师对幼儿教育充满信心和热情，她对幼儿和幼儿教师的隐喻性描述带有浪漫色彩：

我认为幼儿是可爱天真、富有童趣的，他们大多会问你很多问题，会和你聊天，如果你和他们关系很好，他们会和你谈心，他们非常可爱，我很喜欢和他们在一起。因为他们是天真的。他们大部分喜欢告状，有些小朋友喜欢讨好老师，但是千万不要小看他们，他们虽然小小年纪，但是小脑瓜子十分聪明。大部分小朋友会见风使舵，但是毕竟是幼儿，所以很多时候再多问一下他们就现原形了。哈哈，幼儿教师像什么？我觉得幼儿教师对幼儿真的很重要，他们从幼儿教师身上会学习到很多东西，就像我们班上的老师常常说的，哪个班上的老师是什么性格，带出来的孩子就是什么性格。我们班上的老师就是很有主见，性格独立，就事论事，带得很活泼，但是又不失规矩，所以我们班上的小朋友都很活泼，但是只要老师一弹上课的音乐，他们会马上回到自己的座位上坐好。他们很懂礼貌和有规矩，而且生活上十分独立。很多时候老师想去帮助他们，一部分小朋友会说："老师，我自己来。"有时候想给他们喂饭，他们会说："老师，我自己吃。"这时候其实我很有成就感，因为他们是小班的孩子，才来的时候什么都不懂，解便要老师，吃饭要老师，甚至有些小朋友睡觉都不去睡，一直哭。我觉得幼儿老师真的像个天使，从教他们生活自理方面，到他们会认识很多字、数字，会唱很多的歌，一遍又一遍。幼儿教师又像个灯塔，引领他们向对的方向前进，比如不能撒谎，不能偷东西，坐有坐相，站有站相，对任何人都要有礼貌，不认识的人不要和他多说话，不吃他们给的东西，等等。幼儿像雪山上的水，纯洁透明，老师则是引导他们向正确方向前进的路。

通过 A 老师的叙述，可以看出 A 老师具有积极的教育信念，善于从理想的角度搭建教育愿景，拥有良好的关于自我的实践性知识。然而，她的情境洞察知识与行动决策知识匮乏，导致她临场应变能力较差，在关于如何设计教学方案、如何提问、如何与幼儿沟通、如何引导表演、如何进行课堂管理以及如何进行师生关系处理方面感觉力不从心，缺少具体可行的策略。因此，她偏向于控制幼儿行为，以便能不超越自己预设的实践范围，她希望能将幼儿快速引导到自己预设的活动中，一般以最简便的方式反馈幼儿，常常发出明确的指令，如果符合自己期望就给予表扬，违背自己意愿则加以制止。通常情况下，她经常应用消极的惩罚、批评、压制策略，经常将自己的想法强加于幼儿，抑制幼儿的主动性，如"老师在讲故事呢，这个问题稍后再问""你怎么不专心听，因为你一个人影响了其他小朋友，你站起来听""你一点也不乖，你看××是怎么做的？我们都要向他学习"等。但是善于思考的她能很快从日常观察和实践中悟出许多"心得"，带动自己实践性知识的改变。

每个孩子都是老师手里的宝贝

带小班快 3 个月了，我深深感到小班的孩子们对老师的依赖性是那么强，诸如穿鞋子、扣纽扣等小事也要老师帮助才能完成。不过我最近发现我们橘子班的小朋友特别能干，很多事情都会自己做，而且抢着做。例如，我们班最可爱的段宇欣小朋友，每次在吃完饭后都会端着盘子，拿着帕子去帮老师擦桌子。我们的老师看见了，特别感动。还有每次在整理图书的时候，可爱的甜甜（李宋萧垚）都会很主动地去帮老师整理图书，有时候根本不需要老师请她帮忙，她都会自己默默地一个人把图书整理了再回到座位上。这都是让我很感动的。从刚来到幼儿园的那一刻，到现在看到孩子们的一点一滴的变化，我真的感到很欣慰。但是这些孩子中有两个特别依赖老师，经过与家长的交流，我发现两个孩子都是妈妈独自带的，或者是姑妈独自带的，我感觉这两个孩子缺少安全感，所依赖的人也总会慢慢变换，比如今天我要杨老师，明天是蒋老师等，其原因就是必须跟着一个老师，不能离开人。当时我在想，如果对这样的孩子太好，让他持续地依赖，以后别的老师的课他都不上，而且你上哪里他也跟着，有时候一些事情也做不好。但是如果对这孩子要求太多，就会让他对新的环境产生恐惧甚至不安，不喜欢来幼儿园。所以我经过了两个星期和他们相处才慢慢地去尝试改变他们，在别的老师上课时他总会依赖我，要求我牵着他，我却告诉他们："不要怕，老师在那里看着你上课，你去，我就站在你旁边。"慢慢地孩子就会被课堂吸引，从而慢慢地喜欢，我也慢慢越走越远。当然还有孩子是从小妈妈很喜欢他，什么事情都顺从他，我们班上的邓祎睿小朋友就是这样的。喜欢和老师讲条件，每天都是愁眉苦脸的，每天都会说："我要妈妈第一个来接，我在这里等妈妈好不好，我不盖脚脚，好不好……"经过和家长的交流，在班上老师的协助下，现在邓祎睿小朋友开始慢慢地适应幼儿园的生活，慢慢地融入集体了，这让我们深深地感到高兴。

当然，我们还要善于捕捉孩子的闪光点，赏识孩子的点滴进步，让他们做力所能及的事情，从而享受到成功的乐趣。在教育对待孩子们的同时，多留意和多关心适应力较弱的孩子，让他们和其他孩子们一样，都是老师手里的宝贝。

渐渐地，在和幼儿的共同生活、共同进步中，A 老师的理念意向知识发生了改变，她不断完善与之相应的行为策略知识，学着用欣赏的眼光看待幼儿，积极鼓励幼儿。此外，通过不断地实践反思、观摩学习，A 老师在其他方面的实践性知识也进步很快，特别是在只需要记住操作流程的关于幼儿生活活动的知识方面，她已完全悉知。如今，她已能基本完成幼儿园的日常教育实践工作了。

（三）微调提高期

入职后 3~10 年，幼儿教师一般已经积累起相对丰富的实践性知识，他们能运用基本定型的实践性知识妥善处理幼儿教育实践中的常见问题，但面临一些偶发事件或新情况时，依然会有些束手无策，在对教育活动组织和掌控能力方面还存在许多不足，需要不断地微调并适应。这一阶段幼儿教师实践性知识的局限在于其实践性知识的结构质量仍然不高，变通性不强，他们的情境洞察知识相对薄弱，对教育时机的把握不够准确，还有许多实践小窍门需要积累，其实践效果时好时坏，对突发事件的反应速度较慢，调用其他知识和技能解决实践问题的综合性程度不够，仍存在着一些不能妥善处理的实践盲区。同时，随着幼儿教师实践活动的日益熟练，他们初入职时的兴奋感和热情开始衰减，发展压力也逐步减弱，此阶段成为幼儿教师实践性知识发展的分水岭。若持有应付倦怠的消沉思想，则幼儿教师的实践性知识就会渐渐固化，趋于平稳，其教育实践也就成为低水平的重复，毫无进步；但若幼儿教师具有明确而积极的发展愿景，他们就能以理论性知识为导向，借助诊断反思修正自己的实践行为，并能通过验证式尝试去借鉴他人的实践性知识，将通过验证的有效教育经验纳入自己的实践性知识体系之中。

有着 6 年教龄的 B 老师性情比较急躁，做事雷厉风行，希望能够追求高效率的教育效果，她的教学已经形成了一套既定的实践性知识，对幼儿期望较高，管理也比较严苛，所以她经常会以批评、惩罚的方式纠正幼儿的不良行为。但在一系列教学关键事件的影响下，B 老师已经开始逐渐调整自己的实践性知识。

我太不了解你了，孩子

放学了，又同往日一样，只有静茹一个小朋友和不多的几位住园的老师在幼儿园了。我因为今天有点事就在办公室里逗留了一会，一位保育老师陪着静茹到办公室里来找我。小静茹迟钝地迈着步子走进来，用恐惧的眼神看着我，没有说一个字。

见状，保育老师便帮她说："你问问你们 B 老师呀，今天怎么没有发作业本给你。"我一听，就有些恼她，因为每次清理作业都会发现她作业本不是没做就是没交。我便说："作业本？你得问问你自己放到哪里去了？"她更是一言不发了，转身又拿起找了无数遍的书包，见我来了，找得更仔细了。同事在旁开玩笑似的对我说："她很怕你，刚才都不敢来问你！"起初，我倒没太在意同事的话。在我看来，眼前这个小女孩总让我感到头痛，作业不交不做不说，上课总是讲话还自个儿玩玩具，每到此时，我都会严厉地批评她。

见她还是找不到，我就到书柜里拿了一个新的作业本给她。一旁的同事又说起了小静茹，她说："那天，我看她把作业本从废书堆里找出来的，我还看到是她自己把它藏在那里面的。要不是你说'找不到作业本就别进教室'的话，估计她是不会找出来的。"听着让我觉得既气恼又纳闷——这孩子怎么这么不爱做作业呢？

静茹在幼儿园几乎没有自己的玩具。有一次，同事和小静茹一起逛超市，见她很喜欢溜溜球便特意买了一个给她玩。第二天，上课时我见到她老是拿着溜溜球玩就给她没收了。之后，她不敢来领，我也忘记还给她了，所以，到现在那个漂亮的溜溜球还放在教室的钢琴上。

和同事聊着聊着，我的心里渐渐地自责起来。平日里，真不该这样责骂这个小女孩。我的心里不停地说："我太不了解你了，孩子！"

……

第二天放学后，小静茹高兴地对我同事说："B老师对我笑了，我真高兴！"

通过自我反思，B老师开始意识到理解幼儿的重要性，她一改严厉作风，对待幼儿以鼓励为主。同时，B老师又积极向其他幼儿教师取经，参加了多次听课、评课活动，并结合此问题广泛阅读相关理论，认识到为幼儿提供安全的表达环境，培养他们自信心的重要性。在后来的实践中，她继续转变，经常运用鼓励性语言与幼儿交流，对他们的行为给予积极反馈，即使不赞同幼儿的想法，也不会一味打压，而是尽量使用"你真好""嘿嘿，你真棒""××是个聪明的乖宝宝"等句子。但是后来她又在实践中发现，如果表扬过于泛滥和笼统，幼儿要么产生表扬依赖，抗拒挫折，要么只会迎合教师的胃口，不会自主判断行为正误。在这样的矛盾张力中，B老师又不断思考和探讨，认识到激励性的反馈需要以具体的行为为基础，泛泛而谈的表扬不能让幼儿明白事理，懂得维持有益行为。所以B老师又调整了自己的实践性知识，积极捕捉幼儿有教育价值的行为，并给予及时的反馈，如"你这种想法挺有意思的，你是怎么想到的？""真善于开动脑筋，我们一起来考虑一下这个问题吧！""嗯，这是一种结果，还有其他结果吗？"，等等。由此可见，B老师在这种肯定—强化、否定—微调的过程中，实践性知识的质量得到逐步提升，从而产生了更符合幼儿教育规律的科学行为，提高了实践效果。

（四）高原瓶颈期

大约在入职 10 年以后，幼儿教师已基本成长为成熟型教师，他们有着丰富的实践性知识，并且对待日常幼儿教育工作得心应手，形成了一套具有既定方法和固定框架的教学风格。他们的实践性知识已经完全定型，不太容易调整，他们在进行实践时也往往会受思维定式的影响，采用习惯化的实践性知识解决问题，思维固着僵化。在这个阶段，幼儿教师的局限在于，他们容易陷入按部就班的实践常态中，缺乏激情，具有惰性，类似于处在一种高原瓶颈状态，难以突破，也停滞不前。如果此阶段的幼儿教师既缺乏主动反思的习惯，也没有外界从观念层面进行引导、从技术层面提供方法加以推动，那么他们的实践性知识就难以得到及时更新和调整。对于幼儿教育实践领域中涌现的新事物、新理念和新要求，他们会普遍持排斥或逃避态度，且与他们固有的实践性知识差异越大，其接受速度越慢，适应能力也越差。因此，对于缺乏反思和自主学习意识的成熟型幼儿教师而言，其长期沿用的实践性知识可能会演变为一种传统羁绊，束缚幼儿教师的专业发展。有着 26 年幼儿教育工作经验的 C 老师就谈道：

在经过多年的磨炼之后，自己对幼儿教育实践日益精深和娴熟，而且在幼儿园有了一定的地位和资历，不惧怕任何活动，能基本应付现在的工作，对很多问题都能处理得游刃有余。但是正因为对教育实践的自信使自己渐渐地形成了惰性，很少抽时间去反思，更不愿意随意更改自己所形成的一套方法，接受新理念的悟性似乎比年轻老师要差些。而且好像也没有什么激情，除非从上面安排一个什么任务，如上公开课，我才会好好准备。当然，我在参与了一些培训或者交流观摩活动后，也还是会有些触动，对于其中比较欣赏的方法我也会尝试着去操作，特别是如果进行什么改革，幼儿园课程设计发生变化后，我也会去主动学习，以适应变化。

因此，针对处于高原瓶颈期的幼儿教师，幼儿园需采取相应的激励措施，既要唤起他们的发展愿望，又要提供相应的发展平台，打破实践性知识凝固的僵局，不断充实新理念、新技巧，帮助他们恢复自我更新实践性知识的活力。此外，也要注意发挥他们的专业优势，经常开展传帮带、示范课等活动，从外部制造适度的矛盾张力，促使他们反思实践性知识，在与同事的互动中更新实践性知识。

（五）转型升华期

相对于前四个阶段，此阶段非常特殊，它是幼儿教师由普遍型教师向专家型教师成长的关键时期，也是实践性知识向教育智慧升华的主要阶段。它没有固定的发生时间，因人而异，可能出现在入职后 3～10 年，也可能出现在入职 10 年以后，也可能一直都不出现，但一般而言，它发生在朦胧感知期和快速增长期之后。这是因为教育智慧的产生必须建立在实践性知识量化积累到一定程度的基础上，幼儿教师只有在拥有了相对丰富的实践性知识，具有实践自信和专业认同意识后，教育智慧才会萌发。这一阶段幼儿教师的实践性知识需要得到深度加工，无论从数量上、结构上还是内容上都朝着良性方面精深发展，无论是理念意向知识、情境洞察知识还是行动决策知识都要有整体提升，能产生敏锐的问题意识和研究意识，能通过反思和理性思考将教育实践性知识升华为教育理论性知识。在实践中，幼儿教师能更贴合幼儿教育的规律展开实践活动，巧妙地促进幼儿全面发展，经常闪现出兼具艺术性和科学性的教育智慧。

　　这五个阶段可以粗略勾勒出幼儿教师实践性知识发展的整体轨迹，它具有一定的连续性和阶段性，以实践反思为动力，不断发展，总体的变化过程呈前快后慢、前后制约的特征。幼儿教师实践性知识发展各阶段的更替关系如图 3-3 所示。

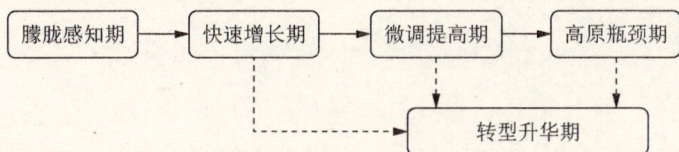

图 3-3　幼儿教师实践性知识发展历程

　　幼儿教师实践性知识的发展程度与幼儿教师专业成长水平有一定关联，表现出相互对应性，透过表 3-3 可以清晰地发现幼儿教师实践性知识的发展阶段和幼儿教师专业发展水平的关系。

表 3-3　实践性知识发展阶段与幼儿教师类型的对应关系

实践性知识发展阶段	幼儿教师类型	入职年限
朦胧感知期	师范生	未入职
快速增长期	新手教师	0～2 年
微调提高期	合格教师	3～10 年
高原瓶颈期	成熟教师	10 年以后
转型升华期	专家教师	3～10 年或更久

　　然而，幼儿教师的实践性知识包含缄默知识成分，而缄默知识也称"前语言的知识"（preverbal knowledge）或"不清晰的知识"（inarticulate knowledge），它是不能被加以理性分析和批评的。因此，对于幼儿教师的实践性知识的发展状态也难以作出充分的理性判断，更难以对其发展规律作精确阐述。同时，幼儿教师实践性知识的发展受到个人综合素质和幼儿教育实践环境的综合影响，有着极大

的变异性，所以上述对实践性知识发展阶段的划分也只是对实践性知识发展的基本顺序和特征作大体描述，各发展阶段的时间划分只是基于问卷调查的大致判断，其特定边界非常模糊，不同幼儿教师实践性知识发展到某阶段的时间会有所不同。而且不是所有的幼儿教师的实践性知识都要经过上述五个阶段，许多幼儿教师在缺乏相应环境支持和内在动力的情况下，也许只能成为一名成熟的幼儿教师，无法进入转型升华期成长为专家型教师。

总之，每位幼儿教师实践性知识的发展历程会因个体生活境遇、性格特征、实践经历和反思能力等方面的不同而有所差异，但是它在整体上形成了一种发展趋势，朝着更加丰富的方向发展。随着实践性知识的发展，幼儿教师褪却了青涩茫然、懵懂无知的一面，逐步演变为挥洒自如、熟练老道的资深幼儿教师。

第四章

幼儿教师实践性知识发展的影响因素

"从根本上说，教学是一个复杂、变化的动态过程，体现为一种实践性的活动。这种实践活动，既是'人为'的，又是'为人'的，包含了多种不确定性的因素"（金忠明，李慧洁，2009）。幼儿教育的教学实践活动同样也包含了一个复杂动态的过程，与多因素相关，因此，在幼儿教育实践过程中形成的关于怎么教、怎么做的幼儿教师实践性知识必然也会受到多种因素的影响。而这些影响具有正反两种效应，有些影响因素会促进幼儿教师实践性知识的生成和发展，是实践性知识生成的来源与改进动力；也有些影响会阻碍幼儿教师实践性知识的加工与更新，它们就成为幼儿教师实践性知识发展的阻力。

一、影响幼儿教师实践性知识发展的逻辑向度

教师实践性知识可从哪些渠道获取？有哪些影响教师实践性知识生成的正向因素一直是本领域研究的热点？有许多学者就此作了系统探讨，众说纷纭，见仁见智。具体内容可通过表 4-1 呈现。

表 4-1　实践性知识的来源及影响实践性知识因素

学者	实践知识的来源与影响实践知识之因素
Elbaz（1981）	影响个人实践知识之发展有以下几种因素：师范教育的专业训练、个人所任职学校的组织文化、个人的教育信念等
Clandinin（1985）	个人的过去相关训练、个人成长中的生活经验、学校经验以及个人的教学信念等因素影响教师实践知识
Shulman（1987）	知识的来源分成以下四类：在学科内容上的研究；教育的素材与结构；正式的教育学术研究；实践的智慧
Grossman & Richert（1988）	从研究结果归纳出教师实践知识的主要来源如下：从中学到高中毕业的普通教育经验；师范教育的教育课程熏陶；师范教育的实习经验；过去以及目前使用的教科书；个人所任教学校内其他教师
Tamir（1991）	实践知识深受过去的专业训练以及个人成长史中的一般生活经验的影响
Jhonston（1992）	实践知识发展的来源有个人童年时期的经验、受教育经验及教师个人的教学信念
黄美瑛（1995）	教师的意象来源，与其儿时经验、个人特质、人生价值、教学经验等密切相关
罗明华（1996）	影响初任教师实践知识发展的因素包括学生、同事、环境、家长、课程、教学事件及个人因素
黄永和（1996）	实习教师学科教学知识建构来源：①内在来源，包括学科知识、师范教育、观察的学徒经验、教学经验与反省等彼此互动；②外在来源，包括课本、教学指引、同事、其他参考资料等
郭玉霞（1997）	初任教师实务知识来源包括教学情境（包括学生、学校、同事等）与个人因素（学生的经验、实教经验、教学经验、自己思考及人格特质）两大类，又可以分为外来的和自己发展的两种类别

续表

学者	实践知识的来源与影响实践知识之因素
陈国泰（2000）	影响初任教师的因素主要有个人人格特质、早期生活经验及受教经验、职前教育、集中实习经验、实际教学经验、同事、师院同学、实习辅导老师、校外实习经验、人生体会、参与本研究。其中以个人人格特质及早期生活经验以及受教经验的影响最大
池淑桦（2001）	影响个案教师形成综合活动课程实务知识之因素为参与开放教育的研习与实施经验、参与小班教学实验、师院在职进修、同事讨论、个案教师的家人、学校情境家长学生、个人的反省与经验。其中影响最深的是来自参与开放教育的研习与实施经验
王凤仙（2001）	影响个案教师道德和实践知识之因素为教师个人特质、生活体验与教学经验、教学情境三方面

资料来源：王凤仙，2001. 小学教师道德科教学实践知识之个案研究[D]. 台北：台湾师范大学：45-46.

　　此外，达菲（Duffee）和艾肯黑德（Aikenhead）（1992）按照艾尔贝兹对实践性知识三要素（意象、实践原则、实践规则）的划分，对实践性知识内部运作的全貌及影响发展的因素作了详细图解（图4-1），它将影响实践性知识的因素概括为过去经验（包括正式教育、教学工作及生活交往中家庭、朋友和宗教信仰的影响）和当前教学情境（包括法令、课程、设备资源、物质环境、社区、行政、学生和同事）两部分，它们共同作用于教师实践性知识包含的教育信念、实践原则及个人对教学意象等元素，决定着教师的实践行动。

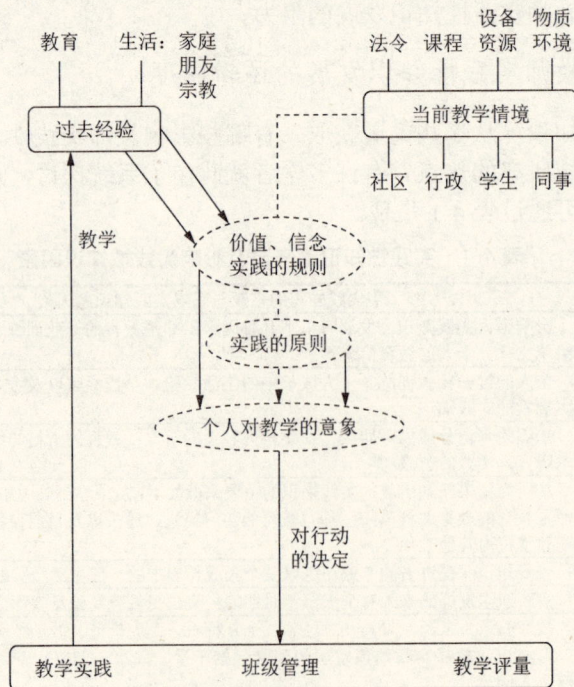

图4-1　影响实践性知识发展因素结构

（资料来源：DUFFEE L, AIKENHEAD G, 1992. Curriculum change, student evaluation, and teacher practical knowledge[J]. Science education, 5: 493-506.）

在图 4-1 中，实线并不反映严谨的线性关系，其箭头表示一种可能的影响倾向，虚线代表教师实践性知识各部分与教学情境的互动关系。

由此可见，幼儿教师实践性知识的形成和发展是伴随幼儿教师一生的漫长过程，影响实践性知识发展的因素更是纷繁复杂，需要按照一种统一的逻辑视角进行澄清。除采取达菲和艾肯黑德从过去和当下的时间维度分析影响教师实践性知识发展因素的思路之外，也可将幼儿教师实践性知识形成作用力的来源作为分析视角，从来源于内部的个体向度和来源于外部的环境向度出发，全面剖析幼儿教师实践性知识发展的影响因素。

（一）个体向度

1. 个体反思能力和习惯

前已述及，幼儿教师的实践性知识基于实践情境问题而生成，通过反思而发展。内省反思能促使幼儿教师提取并注意缄默的实践性知识，使之显性化，并根据实践效果改善自身的实践性知识，将学前教育理论性知识融会贯通于实践之中，在经过幼儿教育实践和反思的反复锤炼和验证后，幼儿教师的实践性知识就能逐步演变为一种高效率、自组织的实用知识体系。实践—反思取向的教师专业发展理论者也认为，实践是教师发展源泉，反思是教师发展途径。杜威（2005）就曾指出："反思能够让我们知道我们在行动的时候我们在做什么。它把知识食欲、盲目和冲动变成理智行动……反省思维的功能是把经验含糊的、可疑的、矛盾的、某种失调的情境转变为清楚的、有条理的、安定的以及和谐的情境。"幼儿教师实践性知识发展的速率取决于幼儿教师对实践性知识的自觉程度以及他们对自己实践行为和效果的经常性审视和检查。具有反思性思维，养成了反思习惯的幼儿教师善于用批判性的眼光主动洞察、判断、分析与评价自身的实践，能参照他人的实践修正实践性知识，剔除其中不合理成分。反之，幼儿教师将对实践感到茫然，对自身实践的不足视而不见，其实践性知识则会因循守旧，止步不前。因此，幼儿教师的反思能力和反思习惯是幼儿教师实践性知识更新的基本条件，是影响幼儿教师实践性知识发展的核心因素。

2. 个体特征与自我期待

幼儿教师的个体心理特征、心理状态和对幼儿教育的期待会影响幼儿教师实践性知识的发展，它会形成一种倾向或态度，影响到幼儿教师关于自我的知识，并作用于实践行为，在反复实践试误后形成实践性知识。一般而言，外向型幼儿教师的实践性知识更为活泼开放，调整变化的速度更快，而内向型幼儿教师的实践性知识更加稳定保守，在微调中加以修正。幼儿教师对职业和自我的期待与幼儿教师实践性知识生成发展的质量与水平密切相关。把幼教工作视为谋生工具的幼儿教师容易形成消极应付实践的作风，他们不善于主动反思实践性知识，其已有的实践性知识如同一潭死水，固着不化；而将幼教工作视为热爱事业的幼儿教师会积极构建一种理想自我，并以此作为奋斗目标，他们容易形成专业自主意识，积极进取，勇于创新和尝试，密切关注自己的实践性知识，并加以丰富完善。

3. 个人吸纳的理论性知识

幼儿教师实践性知识的发展过程也就是关于幼儿教育实践显性知识和隐性知识的相互转化过程，其发展源头还在于"应该如何行动"以及"为何这样行动"的理论性知识。幼儿教育的理论性知识揭示了幼儿发展和教育保育的基本规律，并渗透了教育哲学和基本价值观，影响着幼儿教师的理念意向知识。同时，教育理论性知识也对幼儿教育实践提出了相应要求，为之提供了宏观的操作策略，在经过反复训练、操作、试误，以及充实行动决策知识之后，幼儿教育理论性知识在条件合适的情况下能内溶化为幼儿教师的实践性知识。虽然幼儿教师对教育理论性知识的筛选、接受和增长植根于自身的实践性知识，但幼儿教师实践性知识的生成、理解和应用有赖于他所信奉的教育理论性知识。而且"并不是所有教师的实践性知识，都是教育性的、有益的和对社会有价值的"（艾弗·F.古德森，2007），每位幼儿教师某一阶段的实践性知识都不能堪称完美，还具有未完善性，需要不断地加工、提炼和改进，而要实现这一过程就需要教育理论性知识的引导与修正。纯粹化、体系化、深邃的教育理论性知识能从价值观、原则和方法等多方面帮助幼儿教师打磨自己的实践性知识。由此可见，我们不能过度推崇幼儿教师的实践性知识，而忽略理论性知识对它的影响，个人吸取的理论性知识能为实践性知识检测和优化提供依据和养分，它是幼儿教师实践性知识发展的基础。

4. 个人生活史

幼儿教师个人生活史也是幼儿教师实践性知识的主要来源之一，教师实践性知识受到过去人生经验的影响，入职之前形成的关于幼儿教育的理解和认识会潜在作用于幼儿教师入职后所开展的幼儿教育实践活动。反之，幼儿教师当前在幼儿教育实践行动时表现出的实践性知识也能从幼儿教师成长生活史中寻觅到影响因素，特别是幼儿教师的求学生涯（幼儿期接受教育以及幼儿师范学校经历）奠定了幼儿教师初期的幼儿教育实践观，影响着幼儿教师的实践看法、方式和决策。幼儿教师成长中遭遇的关键事件犹如发展节点一样对幼儿教师实践性知识发展有显著影响，Clandinin（1985）将教师生命史当中特别显著的经验或者重要事件称为"事件分界线"（watershed），教师可能会因为这些重要事件或经验，而改变了一生的教学想法与作为。这些重要事件的来源可能是外在环境的社会事件、自己专业发展关键阶段的特殊经验，或者是个人、家庭、婚姻、生老病死等生活事件的经验。通过 D 老师的课后反思，我们可以发现关键事件在幼儿教师实践性知识中的影响痕迹，它以一种先入为主的观念塑造着幼儿教师的实践性知识。

《逃家小兔》课后思考

上个星期，我上了一节语言公开课，结果很不理想，我很自责，但并不是为这一节课而自责，而是因为在幼儿园上了这么长时间的课，我居然没有认认真真地总结和反思过一次：我来这是做什么的呢？一直没有太多进步一个模式地这样走下去吗？我想这次的公开课的确给我提了个醒，我要寻求突破与改变，找到真正属于我自己的管理与教学方式。我想中国的教育应该从根基抓起，我们的幼儿教育，应该是教育改革的契机。很多研究发现，成人的性格和行为习惯方式在幼儿时期就已经形成了，幼儿时期大脑的思维方式、刺激反应模式正在慢慢地建立，一旦形成就不容易被改变。大脑的结构从很大程度上来看是先天的，但它的运作模式却是在后天形成的。

其实我们并不需要在教学中，把一些特定的思维方式固定给每一个儿童，我一直在想，我们的教学真的需要有特定的教学目标吗？我没有想我这样的思考有没有意义，我只是有这样的怀疑。我现在在回想我经常写东西时想哪儿写哪儿，这是我特定的思维习惯，我是一个思维比较跳跃的人，想的很多很杂的人，以前我会想难道是我比别人笨，思维不严谨缜密吗。慢慢长大，随着自己在某些方面才能的凸显，我才发现，其实我是一个很聪明的人，我开始有点怪罪以前教过我的语文老师了，因为他教给我的那一些写作方式方法，教给我的一些思维方式，是令我反感的，完全磨灭了我对语文的兴趣。而我现在在想，语文语言在我们一出生的时候就存在着发挥作用着，我们开心，我们需要用它来表达，我们伤心，我们也需要去表达。我完全可以拥有属于我的方式去驾驭它，去理解它。

大学的时候，我导演过很多的话剧，这时候我发现，语言是与人的灵魂不可分割的。我有我的灵魂，我就有我的语言，当它与我的灵魂统一的时候，我才可以说我在用语言驾驭我自己。

《逃家小兔》是美国著名儿童绘本，也是非常好的教育题材。我之所以会选择这一课，一方面是因为这个故事内容很容易被幼儿所理解掌握，另一方面是因为它可以充分地拓展儿童的思维空间，发展他们的语言。我没有上好这一课，我总结了以下几个方面的原因：①这是绘本阅读的题材，最重要的一个环节应该是指导小朋友进行读画想象，我准备了12幅图片，虽然我准备的图片数量比较多，可是图片的质量却不太好，孩子对我画的图没有什么特别的感受，连我自己看了也觉得索然无味。②我对教学过程的整体把握不够，使得教学线路不是很清晰，显得过于烦琐和冗长，这也与我的事先准备不足有很大的关系。③我把孩子的思维限定在我设置的条条框框中，而教学应该包括老师的教和学生的学，学生与老师应该对等的两个主体，他们之间应该形成对话的关系，而不是教师主导教学的一切活动内容，学生的思维并没有打开。④提问缺乏艺术性和可探索性，教学中我提出的问题并不能拓展小朋友的想象空间，问题简单明了，对于小朋友情感认知能力的提高并没有很大的帮助。⑤没有进入孩子的世界，孩子得不到切切实实的情感体验，他们其实有很多话想说想表达，却被我无形地遏制住了。为了整体的教学进度，我忽略了幼儿园教学应该具备的灵活性，孩子们在我的教学过程中是否快乐、是否真切地体验到文本带给他们的情感世界、是否非常有欲望去表达自己的情感，我想这应该是最重要的。在教学过程中，有一个男孩子对我说，他妈妈不怎么管他，他每天的早餐都是他爸爸给他准备的，而我的目标是把这一课限定在对母爱的感受上，所以我并没有认真地对待他的回答。我想应该把母爱扩散开，并不局限于此。⑥在表演互动的环节，孩子们呆若木鸡，无所适从，不知道说什么，我想这不仅仅是这一节课的问题，而是长期以来我并没有对孩子们进行这方面的训练。还有就是中国的孩子在讲台上并不是很自信，这当然不能怪孩子，教师在平时的教学过程中灌输了太多对与错的观念，孩子们不敢于在人前表现自己，害怕出错，一些原本很有个性的孩子反而成为老师们眼中的异类。⑦我犯了一个很严重的错误，就是过于强调孩子的纪律性，而没有把在教学重点放在自己的教学内容以及与学生的情感互动上。一个好的老师应该是一个好的聆听者，孩子们有他们自己对这个世界的认知，有自己的喜好，也许在大人的眼里这些是如此的微不足道，可是如果你不去正视它，孩子怎么能身心健康地成长呢？

D 老师在反思日记中提到的"以前教过我的语文老师"、"大学导演过的话剧"及刚发生的"公开课"都是影响其实践性知识的关键事件，它使 D 老师形成了"语言是人的灵魂"的教育信念，并由此转化为语言教学需要以拓展思维为基础，注意聆听和表达等实际使用理论。

5. 个体持有的技能素养

幼儿教师实践性知识的发展还有赖于其自身所拥有的实践技能，特别是关于幼儿教育活动和幼儿保育活动的实践性知识对幼儿教师实践技能的依赖性更强。幼儿教师需要组织丰富多彩的游戏活动与教学活动，要用色彩绚丽的图画、多姿多彩的舞蹈、形象生动的语言吸引幼儿的注意，要通过弹琴、摇铃、韵律活动进行课堂组织，还要开展艺术教育，培养幼儿的艺术品质，完成这些实践任务不仅要求幼儿教师具备关于如何做的实践性知识，更需要幼儿教师掌握与之相应的弹、唱、画、跳、讲等实践技能，保障幼儿教师实践设计的实现。此外，幼儿教师已有的实践技能可以为学习新的或者优化实践性知识服务，幼儿教师在借鉴他人的实践性知识时往往先要掌握该幼儿教师所运用的实践技能，实践技能越精湛、应用越自如的幼儿教师能开展更多类型的实践活动，生成更丰富的实践性知识。由此可以断言，幼儿教师持有的实践技能是幼儿教师实践性知识发展的前提。

（二）环境向度

1. 幼儿教育问题情境

杜威强调"知识与人的行动不可分离，认为知识的意义在于解决问题和对行动后果的反思，而不是仅仅'对假设的证实'，真正的知识来自于由个体与环境发生互动过程中的问题情境"（莫丽娟，王永崇，2010）。由此可见，幼儿教师的实践性知识与问题情境密切相关，它不仅蕴藏在问题情境中，也由问题情境驱动产生，幼儿教师的实践性知识直接指向实践问题，以实践问题的解决为目的。幼儿教师所处理过的实践问题越丰富、越复杂，其实践性知识也会日益丰富，这是实践性知识量化积累的关键。也可以说，幼儿教师遭遇的幼儿教育实践情境是幼儿教师实践性知识生成和发展的诱因，在不同教育实践问题情境的刺激和行为强化下，幼儿教师实践性知识的内容和质量会有所不同。对问题情境的处理解决效果也会作用于幼儿教师的实践性知识，尤其是幼儿教师遇到的两难情境，更容易激发幼儿教师的深入思考，促进幼儿教师感知、提取实践性知识，这种具有矛盾问题的实践情境犹如一种挑战，它对幼儿教师实践性知识的影响更为突出。D 老师的一个实践故事可很好地展现两难情境对幼儿教师实践性知识影响的过程。

经常鼓励孩子成长

一次，组织幼儿做提问游戏。为了使孩子们对活动感兴趣，我做了三朵小红花，准备奖给提问最多的小朋友。

活动开始了，孩子们举起了小手，争先恐后地提问题：为什么太阳是圆形的？为什么……各种各样的为什么，从孩子们的小脑袋瓜里冒出来。活动结束时，我请小朋友们评出三名提问题最多的小朋友，他们分别是胡劲舟、段于欣和冯雅宣。其实这三个孩子并不是提问最多的，但平时在小朋友们心目中是好孩子，所以小朋友们就选了他们。而那些踊跃提问但平时比较淘气的孩子却没被提名。作为教师，我也知道小红花给这三位小朋友有点不公平，但为了不压抑孩子们的热情，不伤害被提名孩子的自尊心，我就把小红花贴在了这三位小朋友的胸前。

谁知第二天早上，贝贝拿来了几朵小红花，对我说："老师，昨天您的小红花做少了，好多小朋友都没有。我和妈妈做了几朵，您把它奖给小朋友吧！"我接过小红花，连忙感谢贝贝，可以想象得到，贝贝提了那么多问题而没有得到小红花，该有多沮丧啊！同时，我更感谢这位细心的妈妈，她及时地补偿了孩子在这里没能得到的表扬和鼓励。

关于贝贝的这件事对我的影响很大。没有人喜欢天天被人批评和训斥，都渴望得到肯定，孩子也不例外。一个孩子如果长期生活在一种积极的、善意的期待和鼓励的氛围中，成人对于他的错误和缺点给予原谅和激励式的纠正，而不是批评和指责，那么他就会在肯定中不断使自己的言行向期待的方向发展，不断取得进步。同理，如果老师对孩子处处看不顺眼，总觉得孩子这也不行那也不是，无意中就会把他的小缺点看作大缺点。小题大做，抓住孩子的错误不放。孩子敏锐地感觉到这一点，会觉得老师对自己不公道，讨厌自己，因而与老师发生情绪上的对立，或自卑、畏怯，或"破罐子破摔"，不求上进。

这件事常提醒我及时给每一个孩子以肯定和鼓励，使每个孩子都能体验成功，得到赞许。

如果 D 老师没有遇到到底将小红花发给回答问题最多的小朋友还是被评选出来的小朋友这样的两难情境，她就不会对此事加以关注并反思。在经过不良实践结果的冲击后，D 老师产生了认识冲突，开始在理念意向知识方面发生改变，她认识到经常鼓励和赞许对于幼儿成长的重要性，并表示要在日后的工作中加以践行。由此可见，问题情境是催生实践性知识的土壤，成熟幼儿教师之所以在实践中优于新手幼儿教师，就是因为他们见多识广，遭遇过多种问题情境，经过问题情境的考验，他们积累起了丰富的实践性知识。

2. 幼儿园教师文化氛围

教师文化是教师群体在长期的交往和互动中形成的一种团体性价值取向和职业特征，它包括"教师独特的价值观、共同的思想和信念、职业精神和行为准则、规范等"（赵昌木，2004）。幼儿园教师文化氛围决定了幼儿教师之间的关系和交往方式，也潜移默化地塑造着幼儿教师的价值观、教育观、职业认同感和行为习惯，它透过长期浸润积淀在幼儿教师身上，反映于幼儿教师的知行之中，成为幼儿教师共同遵循的行为原则。虽然实践性知识主要是基于个体的实践反思而形成的，但是它的发展也离不开个体间取长补短地相互学习，会受到幼儿教师所处的文化环境的影响。"哈格里夫斯（Hargreaves）从'形式'的视角展开了其教师文化论，并由此将教师文化划分为四种类型，即个人主义文化（individualism）、派别主义文化（balkanization）、自然合作文化（collaborative culture）、人为合作文化（contrived collegiality）"（邓涛，鲍传友，2005）。不同文化类型会对幼儿教师实践性知识产生促进或者阻碍作用，个人主义、派别主义的教师文化具有保守性、封闭性、低渗透性、压抑性特点，这种教师文化可能会削减幼儿教师之间的交流和学习，使幼儿教师处于孤立无援的实践状态，这样容易使自身的实践性知识僵化和模式化，故步自封，无法进步。反之，由于人为合作教师文化和自然合作教师文化能形成民主、开放、积极竞争的教师关系，因此这两种模式更容易促进幼儿教师之间的互帮互助，启发幼儿教师思考，共享发展实践性知识。在宽容合作的教师文化氛围中，幼儿教师可以加快实践性知识"个体性与公共性的统一"（何晓芳，张贵新，2006）的过程，能用虚心开放的心态不断吸取借鉴他人的有益经验，突破个体实践定式和视域局限，充实和改进自身的实践性知识。

3. 幼儿园研修活动

幼儿园组织的各种研修活动也是幼儿教师实践性知识发展的桥梁，会对幼儿教师的实践性知识产生不同程度的影响。幼儿教师之间开诚布公地开展听课、评课、观摩、园本研修等活动能为幼儿教师共享实践性知识提供平台，使幼儿教师"见贤思齐，见不贤而内自省"。这些研修活动一方面可以使新手幼儿教师与成熟型幼儿教师和专家型幼儿教师进行沟通与互动，模仿习得某项任务或某个方面的实践性知识，并从中得到启发，开阔视域，丰富实践性知识；另一方面可以使幼儿教师相互学习，获取新技术或新理念，产生一种互帮互助的共生效应。同时，成熟型幼儿教师在指导他人的过程中也能加深对实践的辨析，进一步优化自身的实践性知识。

调查数据（图 4-2）显示，93.1%的幼儿教师认为听课、评课或上公开课对自己的实践性知识的影响非常大或比较大，96.6%的幼儿教师认为观摩优秀教学活动对自己实践性知识的影响非常大或比较大，仍有 81%的幼儿教师认为教师沙龙和校本研修非常或者比较有助于自己改进教学。

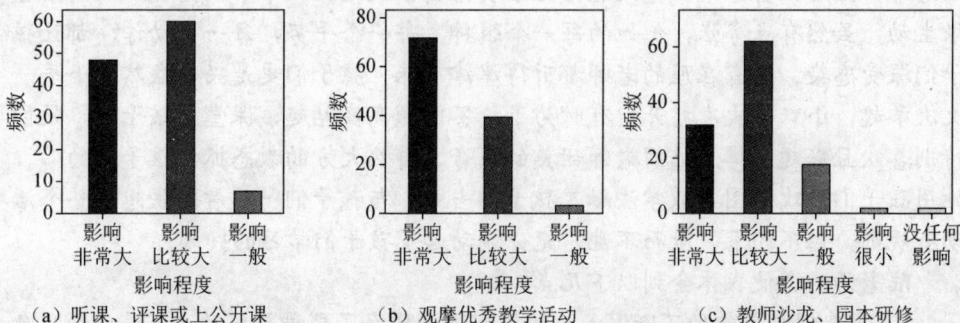

（a）听课、评课或上公开课　　（b）观摩优秀教学活动　　（c）教师沙龙、园本研修

图 4-2　各影响因素频数

此外，A 老师的反思日记也为我们认识公开课等活动对幼儿教师提高实践性知识的影响过程提供更直观的感受。

第一次锻炼我自己

这是我第一次上优质课，所以我很积极地准备，我希望自己能全力以赴，尽自己最大的力量表现到最好。在上优质课前几天，我精心做准备，认真研究要上的课的目标，分析目标怎样定位比较明确，内容怎样安排比较合理，环节怎样设计比较生动有趣，教具、学具如何准备比较得当，重难点等应如何把握；熟悉教材，以便上课时能准确地用语言表达其意思。在实习时期，我看见其他老师上课很简单，他们用简单生动的话语引入主题，然后用做游戏的方式开始让幼儿学习，幼儿们能在快乐的游戏中学习。这看似简单的几个环节，我在反复练习、开始上课时却觉得万分困难，像前面有好多的绊脚石等着你，需要你克服所有的问题，搬走所有的石头才可以到达那里。为了上好我人生中的第一堂优质课，我很看重它，也很珍惜它。我经常一有时间就去找有经验的老师，请他们帮我看教案，提意见。上课的当天中午，为了保证上课的质量，我还积极地练习，我很怕流程把握不清楚，目标不突出。但当我真正开始上课的时候，我还是害怕极了，变得不知所措。我脑袋里一片空白，不知道该说什么，该做什么。我很害怕把这堂精心准备的课毁了，可最终我因为紧张和害怕，还是没能把它上好。上完课后，我反复地想了我上课时的许多环节，这才发现我准备得并不充分，准备好了的老师不会像我这样，我太过于紧张了。我想我还需要更多的锻炼机会，更好的听课机会，不断地锻炼和完善我自己。因为教育的美在课堂，教师的美在课堂，成长中生命的美也在课堂，我的美丽和责任都在课堂上，我希望在以后的课堂中，不管是优质课还是普通课，都能体现我的美和责任。

准备优质课的过程中，我听了陆丽老师的一节课——我的爸爸。经验丰富的陆老师，语言极富感染力，她能根据活动需要很快地把孩子带入情境，她的语言很生动，虽然有点夸张，但她的每一个眼神，每一个手势，每一个动作，都让孩子们深受感染。所有在座的老师都听得津津有味，孩子们更是兴趣盎然，小手一次次举起，小口一次次打开，有时为了抢答问题高高站起，课堂是孩子的，她们特别喜欢且兴趣浓厚。陆丽老师甜美的声音、自然大方的教态抓住孩子们的心。她用孩子们喜欢的图片教学法融入孩子当中，与孩子们一起看图联想，整个活动有规则，但不约束，活而不乱，充分调动起了孩子们学习的兴趣。

陆老师的课使我体会到以下几点：

1）随着创新教学的不断深入，幼儿园逐步摒弃了那种刻板的、不适应幼儿身心发展需要的教学方式，开始采用灵活多样的教学方式，允许有自己的见解，赏识每一个幼儿，尽量发现幼儿的闪光点并加以鼓励，引导幼儿探索和创新。

2）教学设计要有创意。每一节课，教师都经过精心的研究；每一个环节也都经过教师认真的考虑。什么地方该说什么、该提问哪些问题等，教师都应做到心中有数。

3）教具的准备要恰到好处：一堂课能否成功，教具准备非常关键，如果你准备的教具，孩子感兴趣，愿意去了解它，认识它，那么你这节课就成功了一半。

这些都是我的收获，我在以后的工作中要向陆老师这样的骨干教师多多请教，课后及时反思总结，更要刻苦钻研教材，不断提高自身的能力。

还有很多老师展示了精彩的优质课，老师们付出了辛苦的劳动。我要感谢这些讲课的老师，感谢我们的领导给了我这次学习的机会，同时我要向这些优秀的教师学习，在工作中不断地学习专业知识来充实自己！

A 老师通过自己上公开课与观摩陆老师的公开课，领悟到把握和突破教学设计重难点、准备教具、做教学设计、引导幼儿探索等方面的实践要领，这对她以后开展幼儿教育教学活动大有裨益。她也表达出希望经常向有经验的老师请教学习的愿望。由此可见，幼儿园组织的以观摩、探讨和相互学习为主要形式的活动对幼儿教师的实践性知识影响较大，能促进幼儿教师内省和改进实践性知识。类似的案例不胜枚举，限于篇幅，就不再赘述。

4. 幼儿园教育管理理念

除了国家提倡的语言、科学、健康、艺术、社会五大领域的课程建议之外，幼儿园没有国家统一的教育实施要求，幼儿教育理念丰富，家长对幼儿教育的需求和认知不一。因此，各类幼儿园为追求特色和新颖，其办园理念、行政特征和管理要求也大异其趣，而幼儿园这些不同的组织结构、行政制度、教育理念与环境脉络会对幼儿教师的教育信念、职业认同和专业发展产生重要影响。一些幼儿园非常重视师资培养，鼓励幼儿教师写反思日记，对参与研究课题或发表成果者给予奖励，也会为幼儿教师提供培训、观摩、会议交流等多种学习机会。在这样的外在推动下，幼儿教师能迅速获得多种信息，更新教育理念，发展实践性知识。反之，也有一些幼儿园只注重暂时的经济收益，采取压榨式管理模式，通过各种考核标准评价幼儿教师，使幼儿教师只重利益不重业务，固守传统的教育理念，疲于应付日常事务，难求发展。此外，幼儿园推崇的权威性教育理念、课程模式也会直接改变幼儿教师实践性知识的内容。例如，提倡蒙氏教育理念的幼儿园教师与提倡多元智力理念的幼儿园教师，其实践性知识会相去甚远。幼儿园共同认可的理论性知识和共享的教学技术会以行政手段作用于幼儿教师，它们转化为工作任务考验着幼儿教师，从而促使幼儿教师形成与之相适应的实践性知识。为此，"跳槽"了几次的幼儿教师或者经历过多次幼儿教育改革实验的幼儿教师，其实践性知识就会面临着新理念、新要求的洗礼，会在原有实践性知识的基础上重构新的实践性知识，适应外部要求。

概言之，只要能触动幼儿教师，促使其反思自己的教学实践，能使其产生共鸣或进行思考的人物、事件或文字知识，就能影响实践性知识的生成，但所有这些外在事物都需要经由内在的反思、体悟加工才能产生作用，只是有些影响立竿见影，能够引起幼儿教师实践性知识的显著变化，反映在他们的实践活动中；有些影响是潜在的，需要经历一段时间才能慢慢体现出来，这是一个复杂综合的反映过程。在幼儿园文化、幼儿教育大环境、自身教育经历条件的整体作用下，幼儿教师的实践性知识会循着内在路径不断发展，影响因素不同，其发展状况也就快慢不一。

二、阻碍幼儿教师实践性知识发展的原因

幼儿教师实践性知识的缄默性和情境性等特征使其得不到重视，长期处于一种缄默发展状态，甚至还存在许多消极因素阻碍幼儿教师实践性知识的改进，延缓其发展进程。

（一）幼儿教师实践性知识的集体失语

诚如哈格里夫斯（Hargreaves，2000）所言："教师经常忽视本身的专业知识，造成教师无法应用与分享这些知识；同样地，教师也往往不清楚自己所缺乏的知识，很难找出需要创造的新知识。教师的专业知识是一种复杂的系统，没有任何一个教师能够知道所有教师所蕴藏的整体专业知识。"实践性知识是幼儿教师专业性体现的保障，但实践中，无论是幼儿园管理者，还是幼儿教师都对实践性知识及其重要性缺乏关注。他们深受传统知识观的束缚，难以意识到真正主宰自己教育实践活动、影响专业成长的知识基础是内隐的实践性知识，他们一般仅将实践性知识当作一种教育经验，极少反思，也不愿去深度加工与重构，只能通过日常观摩、评课、园本研讨等活动获得零散片段的实践性知识，结构松散且不够系统深入，阻碍了他们的自主发展。并且这种对实践性知识的集体失语症还导致幼儿教师实践性知识的自觉程度不高，容易固化，幼儿教师在形成一套能基本应对工作的实践性知识后，就往往会陷于机械呆板的重复劳动中，也抑制了自身专业发展。

（二）幼儿教师专业自主发展意识淡漠

当前，幼儿教师的职业形象缺乏专业认同，幼儿教师通常被描述为女性职业、经验职业和爱心职业，即被认为是专属于女性的、只需要有一定照顾孩子的经验和爱心即可胜任的职业。社会舆论和幼儿教师自身对幼教职业期待普遍较低，许多幼儿教师认为在幼儿园工作就是吃"青春饭"，通常会在工作一些年限后选择转行。据问卷调查显示，有 65.5%的幼儿教师表示没有做过职业规划，走一步看一步，或许能按部就班一直过下去。有 58.6%的幼儿教师觉得工资待遇太低，没有奔头，缺乏学习动力。再加之幼儿教育事务繁多而琐碎，幼儿园没有安排专门的学习活动，幼儿教师也就缺乏相应的学习时间和愿望，对此，有 48.3%的幼儿教师表示同意。除了上述问题之外，缺乏理论素养和专业引领也是妨碍幼儿教师实践性知识更新的重要原因，有 62.1%的幼儿教师认为由于没有专家引导，不知道如何去发展和发展些什么，从而阻碍了自己的学习和发展。在没有专家引导和理论支持的情况下，幼儿教师不善于分析反思自己的教育实践，也就无从提升自己

的教育经验。访谈中，B老师表示："由于自己缺乏理论引导，不知道应该怎样发展，面对纷繁复杂的幼儿教育理念，也不知道该何去何从。我们发展中最大的问题就是缺少内涵，没有正确的科学的教育思想，没有专业的课题，活动设置没有深度，主题活动不够全面，对幼儿的发展需要的研究还不够到位，这些条件也使我们的发展困难重重。"由此可见，在缺乏专业认同、学习动力、学习时间和专家引领的共同作用下，幼儿教师专业自主发展意识薄弱，缺乏强烈的发展愿望和长远的职业规划，严重制约了幼儿教师实践性知识的发展。

（三）幼儿教师教育改革的缺陷与滞后

幼儿教师职前和职后教育都沿用技术理性规约中的传统模式，采取理想状态下幼儿教师"应当如何"的线索思维方式，重视理论性知识的传授和教育技术的训练，以培养熟练的技术工匠为目的。幼儿教师教育者和培训者独揽了话语权，在与幼儿教师接触的过程中，以专业权威的身份自居，没有平等地就实践问题和幼儿教师一起进行分析探讨和沟通交流，没有建立平等合作的伙伴关系，难以发挥对幼儿教师的专业引领、专业指导和专业支持作用。同时，他们仅注意理论性知识传递的系统性和完整性，较少将学前教育理论性知识融合在实践中，达到切实指导实践之效。因此，这种外铄性教育模式使幼儿教师的发展被物化和对象化，幼儿教师缺乏主动意愿，又没有明确的发展目标，学习参与度不高，学习效率低下，特别是在接受单向传授的教育后，幼儿教师容易养成被动接受的习惯，反思意识薄弱，自主意识淡漠，学习后的适用性不强。这也就直接导致幼儿教师实践性知识的发展起步晚，基础薄弱，多走了许多弯路，其实践性知识发展的速率被大打折扣，专业发展迟缓。A老师就因此感慨道：

工作后才发现读书时老师讲的知识非常有用，后悔当时没有好好学，好好听老师讲课。其实关于环境创设，老师当时教了很多内容，她有出国经历，还给我们介绍了许多国外环境创设的先进理念和方法，但是当时不知道这个到底有什么用，有多大作用，稀里糊涂地就上完了，考完以后也就忘得差不多了。我现在才认识到，其实原来我们平时做环境创设，不仅要会剪贴制作，把教室布置得很漂亮，更重要的是要有一种理念，要知道布置某种环境背后的意义，要有一个整体性思路，把幼儿发展和幼儿园日常教学活动贯穿到幼儿周围的环境里。我自己也在网上收集了很多环境创设方面非常好的图片和案例，但是我只能单纯地模仿，觉得缺乏理论，不能把自己的思路有效整理，拧成线，形成一种有系统、有深刻意义的环境创设方案。

（四）幼儿园管理制度的僵化控制

当前幼儿园的办学体制以私立为主，民办幼儿园占60%以上。民办幼儿园之间的竞争非常激烈，各个幼儿园面临着极大的生存压力，它们一般非常重视办园特色建立、品牌宣传和硬件条件建设，采取以效率为中心的企业化管理方式。这种管理仅限于对人、财、物等常规事项的行政管理，抓招生和后勤，忽视对幼儿教师个体思想、素养和能力的管理，特别是对实践性知识缺乏关注，造成了智力资源浪费，师资软件质量难以提升。再加之幼儿教师被认为是不稳定职业，流动性大，幼儿园任用幼儿教师的功利目的突出，运用监督控制的管理理念，急功近利，对幼儿教师进行严格考勤和业务作业式评价，将教师工作量与绩效工资挂钩，极大地钳制了幼儿教师的自主性和积极性。同时，它们基于成本控制的原则，只追求产出，不愿意投入，较少组织幼儿教师的培训活动和外出观摩学习活动，即便是定期开展了以提高幼儿教师素质为目的的园本教研或学习活动等，但一般带有强烈的行政色彩，经常自上而下地硬性推行，对幼儿教师真正面临的实践问题关照不足。这使幼儿教师一方面缺乏工作激情，疲于应付，他们的实践性知识在得不到外界支持的情况下，发展更新速度缓慢；另一方面，他们在过于苛刻压制的环境中，缺乏安全感，会为了规避风险而本能地抵御改变实践性知识，墨守成规，不愿意对日益纯熟的既有做法做过多调试和创新，自然也抑制了实践性知识的发展。

（五）幼儿园教师文化的冷漠孤立

幼儿教师以班级为基本单位开展教育活动，采取包班制，除了配班幼儿教师之间会就幼儿的培养问题形成交集，产生交流之外，不同班级幼儿教师之间没有业务联系，他们相对孤立，没有合作的需求与平台。再加之许多幼儿园不注意合作型教师文化的营造，很少组织全园性的互听互评活动和常规性的教师交流活动，也缺乏开放、民主、自由、信任、支持的人文环境，这样，幼儿教师在工作上各自为政、相互隔离、关系淡漠，容易陷入封闭的自我发展模式，其实践性知识仅靠自我摸索而得，且一旦形成，由于缺少更新调整的动力，便很难超越和改变。同时，由于幼儿教师队伍流动性大，幼儿教师之间没有深入合作与沟通的外在条件，他们很少交流业务问题，一般只与幼儿园管理者建立起科层制关系，单纯接受管理者的业务指导，服从行政命令。对此，C老师谈道：

在公开课的备课与磨课环节，我只需要和分管教学的副园长交流商量，征求领导意见，只要他们认可了即行，只是公开课后的评课环节也听到一些不同声音，但这样的机会不多。平时开展的教育实践活动基本没有其他人观摩指导，同事也不会过问，基本处于各干各的状态。

除此之外，保守而缺乏创新的社会文化环境、低廉的幼儿教师工资及民办幼儿园不完善的保障制度等因素也限制了幼儿教师实践性知识的发展。大部分幼儿教师没有安定感和长远职业规划，处于低水平积累实践性知识的状态，一旦自身的实践性知识足以应对当下实践要求，就难以主动优化，谋求更高水平的发展。

第五章

幼儿教师实践性知识发展的内生路径

幼儿园是幼儿教师教育实践和生活的主要场地，促进幼儿教师实践性知识发展应以园为本，立足幼儿教师实践常态，将实践性知识的自我关注作为前提，以实践反思作为方法，以共享机制作为基础，以多元渠道作为拓展，以知识管理作为补充，多位一体全面推动幼儿教师提升实践性知识。

一、唤醒幼儿教师实践性知识的自觉

（一）形成专业认同，树立专业理想

调查发现，幼儿教师的专业认同感普遍较低，严重制约了幼儿教师的专业发展。因此，促进幼儿教师实践性知识发展的首要任务是改变幼儿教师的知识观，帮助他们科学认知和肯定自己的实践性知识，明白它是直接关系教育实践效果的重要因素，是体现自身专业性的主要依据，理解实践性知识对于专业发展的重要性，让实践性知识从一种沉寂状态走向自觉状态。这有助于幼儿教师形成专业认同，减少对学前教育理论专家的盲目崇拜，从而进一步理解实践性知识与专家构建的教育学、心理学等理论性知识的区别和联系。同时，还要引导幼儿教师形成具有自我认知能力、自主研修意识和自我发展愿景的职业追求，养成一种对专业精深和实践卓越孜孜以求的实践信念，通过在实践中不断地解决实际问题，以及长期的批判和反思，悟出一套应对实践的有效行为法则，能更游刃有余地应对复杂多变的教学情境，充分提高自己的专业性。

（二）激活幼儿教师关于自我认知的实践性知识

前已述及，关于自我认知的实践性知识引领着其他方面实践性知识的发展，幼儿教师对自己角色的定位、发展的期待、自我学习方式和反思方法关系到幼儿教师实践性知识发展的方向、动力和手段，决定了幼儿教师实践性知识发展的速率。概言之，关于自我认知的实践性知识犹如幼儿教师实践性知识的龙头，所以促进幼儿教师实践性知识发展的第一步就是要唤醒幼儿教师关于自我的实践性知识，激发幼儿教师的主体参与精神，关注自身自主成长过程、主体地位和实践经

验。激活并发展幼儿教师关于自我认知的实践性知识可以通过描绘隐喻、画自我肖像、阐述自我发展意愿、设计自主学习方案、规划职业生涯等方式实现。虽然我们知道幼儿教师实践性知识形成的无意性多，但有意识地思考探究能加速实践性知识的发展，提高实践性知识的质量。一旦幼儿教师开始密切关注自我认知的实践性知识，希望追求卓越，实现自己的幼儿教育信念，也就意味着他们打开了实践性知识发展之阀门，有了清晰的发展方向，这样也能产生不断提高自己专业素质的动力。

二、引领幼儿教师形成独特的反思实践模式

（一）诱发反思意愿，生成实践反思意识

反思是教师感知、反省、检查、分析、综合、评价自身教育实践活动经验的高级认知活动过程。"波斯纳（Posner）曾提出过一个教师成长的简要公式：经验+反思=成长，并指出，没有反思的经验是狭隘的经验，至多只能形成肤浅的知识，如果教师仅仅满足于获得经验而不对经验进行深入的思考，那么他的发展将大受限制"（皮连生，1997）。"教师只有经过反思，才能有效地剔除掉原有经验中的无益成分，提炼出原有经验中的精华并加以系统化。如果一个教师仅仅满足于获得经验而不对经验进行深入的思考，那么，不管其教龄多长，经验多么丰富，他也将永远停留在一个'新手'教师的水平上"（鱼霞，2007）。幼儿教师实践性知识生成和发展的基点在于反思，它需要幼儿教师对复杂的实践情境问题、应对行为和处理效果进行反复推敲，不断审视，以期找到更合适的行动策略。促进幼儿教师实践性知识发展的关键就是要让幼儿教师认识到反思对于提高教育质量、发展自我的特殊价值，能形成一种反思批评的意识，愿意对自己的幼儿教育实践进行深入反思。同时，为去除反思过程中的盲目性，还要以反思性实践家为职业理想引领幼儿教师自我发展，促进他们生成实践反思意识。

（二）提供反思方法，加工实践性知识

幼儿教师的反思途径众多，形式多样，具有复杂的行为过程。因此，要想提高幼儿教师的反思能力，建构自身独特的实践反思模式，需要为幼儿教师提供丰富的反思技术，供其加工实践性知识。根据教师实践反思的目的和发生时机的差异，布鲁巴赫（Brubacher）等将反思分为三种形式："一是'对实践的反思'（reflection on practice），即反思发生在实践之后；二是'实践中的反思'（reflection in practice），即反思发生在实践的过程中；三是'为了实践的反思'（reflection for practice）；即反思的预期结果，为前两种反思的目的最终形成的超前性反思，进而形成实践之前三思而后行的良好习惯"（夏惠贤，2000）。幼儿教师也需具备三种反思的能力，懂得如何在实践前、实践中和实践后进行反思，将反思贯穿于实

践的始终。而针对一次完整的反思过程，杜威将其细化为五个步骤："①对自己身处其中的情境产生了'困惑、混乱、怀疑'；②对现有的原理或情境意义及其可能后果进行'预期推测和尝试性解释'；③'检查、审视、分析各种可能的方法'，这样就能够界定并澄清遇到的问题；④'对各种尝试性的假设建议进行说明'；⑤采取'一项行动计划'或者根据期望的结果'做出行动'（马克斯·范梅南，2008）。"美国学者拉波斯基（Laboskey，1994）又将反思概括为三个步骤："定位问题、手段-目的分析和归纳，这一过程需要开放的思维、负责的态度和全身心的投入才能付诸实践。"因此，反思的过程都始于问题感知，但在实践中反思就要经历预期、方法、分析和行动的过程，对实践的反思则通过手段-目的分析和归纳完成。归根结底，无论是在实践中反思，还是对实践的反思及为了实践反思，最重要的都是产生困惑，懂得实践分析。对此，幼儿教师通常可采用的实践分析方法有写反思日记、记录教学札记、课后备课、听课评课、叙事研究和行动研究等。写反思日记和参与教育研究不仅可以用语言记录教学过程、个人见解、形成幼儿教师成长档案，还能促使实践性知识显性化，提升幼儿教师关于自我的知识。进行课后备课与听课评课，幼儿教师可以根据其课前活动设计的达成度来反思其活动设计方案，根据实施效果分析实践行为，重构实践策略。这些调动幼儿教师内省意识的途径众多，不一而足，幼儿园要根据幼儿教师的个性特征向他们推荐适合自己的反思方法，加强自我实践反思。

（三）养成反思习惯，检验实践性知识

牛顿曾指出："思索，持续不断地思考，以待天曙，渐渐地见及光明……如果说我对世界有些微贡献的话，那不是别的，却只是由于我辛勤耐久的思索所致。"爱因斯坦也曾说过，"我没有什么特别的才能，不过喜欢寻根刨底地追究问题罢了"（刘尉华，1989）。若要让反思产生持续推动幼儿教师发展实践性知识的效应，那就不能将反思作为某个阶段的任务，而是要时刻保持一种内省状态，让反思融汇在幼儿教师的职业生涯之中，使幼儿教师勤于反思，乐于反思，养成反思习惯。幼儿教师的反思习惯不仅表现在平时能自发地多想、多思、多质疑，还能对实践中的情况和问题有一种孜孜以求的探究兴趣，喜欢一查究竟，具有唐纳德·A.舍恩（2008）所提出的反思性实践家的思维品质："①应对时刻变化的即兴思维；②对于问题情境的主体式的、感性的、深究式的参与；③问题表象中的多元视点的统整；④问题表象与解决中的背景化的思考；⑤实践过程中问题的不断建构与再建构（佐藤学，2003）。"因此，当反思成为幼儿教师日常生活的常态，幼儿教师对幼儿教育实践充满探索精神时，其才能在教育实践中得到迅速成长，锤炼自身的实践性知识。

幼儿教师通过实践、反思和体悟的不断螺旋上升过程实现实践性知识的发展，反思成为实践性知识发展中极其关键的一环，需要从幼儿教师职前阶段开始培养，

伴随幼儿教师实践性知识发展的全过程，促进幼儿教师实践性知识从缄默的冰山之下向言明的冰山之上转变，便于幼儿教师感知并分析自身的实践性知识，使其更加完善合理。然而，反思并不是一劳永逸的一次性活动，也不是盲目随意的过程记录，若要通过反思产生发展实践性知识之效，不仅需要进行有目的、有主题的反思，还要善于从理论性知识中吸取养分，指导并改善实践，避免低水平的实践重复。反思以敏锐察觉实践问题为起源，围绕核心问题进行持续逸事观察，在实践行动中检验理念意向知识，再以理论知识解析行动策略，形成改进方案，最后通过不断试误和改进方案的应用推动实践性知识向更高层次迈进，解决实践问题。因此，根据反思先导因素的不同，可将反思细分为基于观察的反思、基于行动的反思、基于理论的反思以及基于改进的反思。为便于幼儿教师围绕主题展开分层次、有深度的反思，可参考表 5-1 进行定期反思。表 5-1 是一位实习幼儿教师围绕师幼互动主题所做的反思记录。

表 5-1　实习幼儿教师的反思记录

一句话感悟	教师应该根据幼儿的身心发展特点对其进行启发诱导，尽量使自己的一字一语都能使孩子的一言一行得到最大的发展
我的观察	逸事记录一： 　　升旗仪式过程中，幼儿园请了警察叔叔来给孩子们做安全教育。A 班纪律比较糟糕，有几个孩子根本没听，王老师看见班上纪律不好，突然抓过一个调皮捣蛋的孩子威胁说："站好认真听！不然待会儿回教室我叫把警察叔叔的话全部背出来！"说完后老师就做自己的事情了，小孩安静了几秒就又继续闹腾。 逸事记录二： 　　午睡时间，我按照惯例帮助孩子们脱衣服，盖被子，帮助幼儿快速上床。这时候陶老师和王老师都在寝室里，但是一直在愉快地讨论着事情，并没有刻意让幼儿快速入睡的意思，似乎忽略了幼儿该午睡但还没午睡的情况。我让班上的幼儿基本都躺下后，看了看时间，平时这个点差不多就该安静睡觉了，可是今天孩子们居然还很兴奋地讲着话，甚至平时躺下就乖乖睡觉的听话的孩子也在扯着嗓子和周围的小朋友闲聊着。过了一会儿，也许是幼儿的声音实在太大，两位老师停下交谈，开口严厉地说道："胆子越来越大了！我们在商量事情，谁允许你们大声讲话？今天中午是不是不想睡觉啦？！谁再说话我就把他抓出去站在门口！"说完幼儿渐渐安静下来，不敢再说话。 逸事记录三： 　　集体学早操的时候有个孩子待在厕所一直没出来，保育员去检查时才知道这个孩子把大便拉在裤子上了。给孩子换好裤子后，他有点胆怯，不敢出去做早操，怕老师责备他。我带他出去后，王老师有些不耐烦地问他为什么拉裤子，孩子断断续续地说："因为和 W 拉扯，没来得及上厕所，所以就没忍住。"而事实上 W 小朋友并没有去厕所。王老师对拉裤子的小朋友说："拉了就拉了，是你自己拉裤子上的，你不要随便去怪罪别人，老师又没有责怪你。"这时候这个小朋友才诚实地说道："好吧，是我自己不小心拉裤子上了。" 逸事记录四： 　　孩子们游戏过后，陶老师给表现好的小朋友手上盖了数字章徽，盖到最后章徽没墨了，老师一边加墨一边告诉孩子们休息一下。男孩小 S 突然很委屈地苦着脸，泪眼汪汪地望着陶老师。意识到孩子突变的情绪，陶老师赶紧问他怎么了，他声音胆怯又断续地说："我的章没颜色了，一擦就没有了。"陶老师听了，马上说："哎呀，好大个事嘛！就一副委屈的样子！章没有了就大方地举手告诉老师，说你章没有了，再让老师给你盖一个就行了！这种事情就值得你哭吗？有什么事情就大大方方地告诉老师，不要一副委屈不敢说话的样子！"听了老师的话，孩子高兴地跑上去要求重新盖了章，另外几个孩子也跑上去重新盖了，开开心心地回到了位置上。

续表

我的观察	逸事记录五： 　　瑶瑶说话咬字不清，语言能力发育较其他孩子落后，但老师会经常鼓励她上台讲话或回答问题，以提高她的语言表达能力。有一次瑶瑶给全班小朋友讲故事，讲完后其他孩子都哈哈大笑，嘲笑她说话不清楚。这时候王老师说："瑶瑶是我们班最小的女孩，还勇敢地上来讲故事，很大方，而且瑶瑶讲的故事老师认真在听，基本都听懂了。"瑶瑶听老师这样说了，脸上也挂着自信的笑容，丝毫不觉得自己有语言缺陷，其他孩子也停止了笑声。平时班上老师也未在班上刻意提及瑶瑶口齿不清的事，班上孩子再也没因此嘲笑过她
基于理论的反思	《3-6 岁儿童学习与发展指南》中提出：对教师应该具有较高的专业要求，其中就包括教师语言对幼儿思维的引导作用。教师可以在有准备的集中教学活动或者计划性的活动中给予幼儿有准备的准确指导，但在幼儿园一日生活中，幼儿的语言和行为是非预定的，教师除了在有准备的活动中对幼儿进行语言指导，更多的时候会对幼儿的非预定行为和语言进行处理和反馈，这种情况下的反馈就考验教师的经验与机智。一日生活皆课程，教师对幼儿非预定行为的语言反馈依旧会对幼儿产生巨大影响。 　　1）教师的语言态度，是干瘪瘪的威胁性话语还是站在儿童立场上的"对话"。教师若是对幼儿的"不听话行为"经常给予威胁，那么教师威胁性语言对幼儿今后的行为表现会产生更大的负面影响。威胁性语言可能在当时能高速有效地制止幼儿的某种行为，殊不知当幼儿了解到教师不会对他们采取实质性的措施后，不仅不会停止当下行为，反而可能会变本加厉，以激起教师和其他幼儿的注意。幼儿教师对幼儿进行语言反馈，往往需要"蹲"下来，以幼儿的思维、语言以及认知方式与其沟通，以儿童的姿态介入经验世界与生活世界，站在幼儿的立场上做出语言反馈。 　　2）语言倾向的引导与暗示作用。教师在教学中如果语言态度有明确倾向性，会连带着让幼儿的语言或行为带有明确的倾向性。行为主义理论指出：教师的反馈能够强化幼儿的表现，有助于他们改正不正确表现。由于年纪较小，幼儿身心发展尚不成熟，因此他们的行为选择经常表现出随意性，有时难以抑制自己的行为冲动。教师有效的语言反馈能够让幼儿关注自己的行为选择，明确教师希望他们做什么和不希望他们做什么。教师可以通过藏在语言反馈中的引导，帮助幼儿养成良好的习惯，从而更健康地成长。 　　3）对幼儿人格健康成长的促进或阻碍。教师的语言反馈习惯不仅能够反映其教育观念与教育机智，在一定程度上也能够反映一个幼儿园的教育理念，从而形成教育气氛。教师的教育理念会通过语言和行为反馈表现出来，在民主和谐的氛围中成长的幼儿也会形成大方开朗的性格，相反，在压抑专制氛围中成长的幼儿容易形成怯懦孤僻的性格，这些都与教师的理念密切相关并通过教师的日常反馈作用于幼儿。 　　4）对幼儿情绪的影响。教师给幼儿积极的语言反馈并带有热烈的情感，幼儿得到肯定后展现出的积极情绪显而易见。通过观察发现，有时候教师对幼儿的语言反馈是不耐烦的，甚至是消极的，幼儿当时可能不会立即表现出明显的消极行为，多数幼儿甚至会很快"忘记"开始其他游戏，但已有研究表明，如果教师给出的语言反馈长期延迟或者消极不当，孩子内心深处会生出失败感，甚至有可能直接放弃交际活动
我的改变与收效	每次盥洗的时候，有几个男孩子总是喜欢把洗手液挤到水池里，放满水，把洗手液瓶子放在排水口堵住水流，然后用手打泡泡玩。老师和保育员每次都要严肃强调这样浪费水，很多次我都听到保育员大声吼着："是谁在玩泡泡，浪费洗手液？给我站出来！"但每次幼儿都会七嘴八舌地说："不是我！不是我！"保育员便一边收拾水槽，一边生气地威胁说："谁要是下次再这样玩泡泡，我就把他抱到园长妈妈办公室站着！"但这种情况一直持续着。当然，老师也从来没有真正让玩泡泡的孩子站在园长办公室。我一度觉得教师的这种威胁属于无效的语言反馈，但威胁性语言能够暂时制止孩子的某种行为，所以教师也惯用威胁性语言。针对幼儿玩泡泡的情况，最开始我也会学着保育员的语气愤怒地斥责他们并强制幼儿把洗手液拿上来，但效果非常不好，甚至不如班上老师使用同样方法有效果。通过阅读反思以及与指导教师探讨，我尝试对自己的行为进行调整。有一次，我督促幼儿盥洗，发现洗手液瓶又被他们放了在排水口，水池里全是泡泡。虽然当时我真的很想像往常一样大声斥责他们，但是我忍住了，我没有质问这是谁干的，而是试着问经常玩泡泡的那个男孩："小 W，你能帮老师把洗手液拿上来吗？谢谢你。"男孩看了我一眼，

我的改变与 收效	我用一种"请你帮帮老师"的眼神鼓励着他。于是他照做了，还有一种帮助了老师得到表扬的感觉，而且洗完手就回教室了。我立刻发现这种方式比干瘪的威胁效果要好。后来我只要一遇到这种情况，我都会问："有没有哪个小朋友愿意帮老师把洗手液拿上来？"只要有人拿上来了，我都会鼓励地说："谢谢你！你是一个爱帮助人的好孩子。"慢慢地，越来越多的小朋友愿意帮助我，而不是像以前老师问是谁干的并威胁要惩罚时，大家都说不是自己而没人愿意去拿起洗手液。后来只要有人准备玩泡泡，就会有孩子跑来告诉我，而不是像以前一样只要有人开了头就都一起玩泡泡了。可见，教师对幼儿不当行为进行语言反馈的方式和态度非常重要。 此外，在一次建构游戏活动中，有着"破坏大王"称号的小 L 再一次拒绝按照规则和小朋友合作搭建高楼，而专门去拆别人的房子。曾经我强迫他遵守游戏规则，却事与愿违，我经常拿他没办法。为了能让同组的其他小朋友顺利进行游戏，本次我转换了沟通策略，我把小 L 叫到一边试着告诉他："你拆房子拆得真快，但是我觉得你搭房子肯定搭得更好，不然你和我一起搭试试，你肯定能搭得很高很坚固。"我另外拿来一篮子积木，开了个头，慢慢地他开始加入我，整个过程我没有怎么插手，只是偶尔提个建议，他会听我的建议然后自己慢慢思考，一点一点地，一座房子就起来了。有几个小朋友看见了，跑过来说："L，这是你搭得吗？真好看！我们一起给房子加个栅栏吧！"于是，几个小朋友就开始合作起来，最后，一座漂亮的"花园洋房"就完成啦！而这一次，L 不是"拆迁者"，而是"建筑师"！这次互动让我意识到有的幼儿需要教师投入更多的耐心和关注才能达到预期的目标，其中包括教师在语言上对幼儿的鼓励与暗示，幼儿能读懂和理解教师语言中的态度情感倾向，从而在自己行为上不知不觉体现这种倾向。慢慢地，我做出了更多改变，早上有孩子们相互问好，我会在旁边说："你们真有礼貌，老师好喜欢你们。"平时我会用语言告诉孩子我喜欢大方的孩子，我喜欢上课安静的孩子，我喜欢有礼貌的孩子等，我看到了这种语言对孩子行为产生的明显的影响。 通过多次反思与尝试，我及时更新了对师幼互动的错误认知：教师只有用威信"压"着孩子，才能管住孩子，让教学活动有序进行。也认识到教师的言行态度对幼儿有潜移默化的影响

　　幼儿教师教育工作纷繁复杂，琐碎细致，如试图通过反思一把抓，往往什么也抓不住，即使发现问题，也无法解决问题。所以在某段时间内集中精力进行重点反思十分必要。由以上案例可以看出，这位实习幼儿教师聚焦幼儿教育中师幼互动领域，围绕幼儿教师如何进行有效语言表达这一核心问题展开反思，以逸事记录的方式把所观察到的幼儿教师语言失当情况记录下来，如"站好认真听！不然待会儿回教室我叫你把警察叔叔的话全部背出来！""胆子越来越大了！我们在商量事情，谁允许你们大声讲话的？今天中午是不是不想睡觉啦？！谁再说话我就把他抓出去站在门口！""拉了就拉了，是你自己拉裤子上的，你不要随便去怪罪别人，老师又没有责怪你。""哎呀，好大个事嘛！就一副委屈的样子！"等。这些语言里充斥着威胁、恐吓、批评或责备，带着负面情绪，只能逞一时之快，并不利于幼儿向亲社会行为的转变，长此以往，容易形成师幼之间如同警匪之间相互对立的交往误区。

　　同时，该实习幼儿教师也通过观察反思，认识到幼儿教师鼓励与肯定的语言反馈对幼儿成长的积极作用，如："瑶瑶是我们班最小的女孩，还勇敢地上来讲故事，很大方，而且瑶瑶讲的故事老师认真在听，基本都听懂了。"这样的鼓励不仅让瑶瑶更加自信，更愿意表达，而且也给其他幼儿做出了认真倾听的示范，传递了尊重他人的交往价值观。当然，这些基于观察的反思只是该实习幼儿教师解决师幼互动问题的起点，基于理论的反思是优化行为、形成合理实践性知识的重要途径，该实习幼儿教师广泛查阅资料，从政策导向、近期研究成果、经典理论等多纬度进行梳理，总结出幼儿教师需要"以幼儿的思维、语言以及认知方式与其沟通，以儿童的姿态介入其经验世界与生活世界，站在幼儿的立场上去做出语言反馈""教师给幼儿积极的语言反馈并带有热烈的情感，幼儿得到肯定后展现出的积极情绪显而易见"。之后，该实习幼儿教师又及时更新了理念意向知识，并构建了初步的行动决策知识，在基于行动和改变的反思中，他运用了一系列正向鼓励的语言与幼儿沟通，如"小 W 你能帮老师把洗手液拿上来吗？谢谢你""谢谢你！你是一个爱帮助人的好孩子""你拆房子拆得真快，但是我觉得你搭房子肯定搭得更好，不然你和我一起搭试试，你肯定能搭得很高很坚固""你们真懂礼貌，老师好喜欢你们"，并取得了较好的效果，对初步构建的行动决策知识进行了巩固。

纵观整个反思过程可知，该实习幼儿教师的实践性知识优化经历了行、察、思、研、悟、再行、再思、再悟的几个发展阶段，最终通过不断反思和验证实现了由以恐吓威胁为手段的否定命令式互动方式向以商量欣赏为手段的正向肯定式互动方式的转变。

三、创造幼儿教师实践性知识共同发展机制

幼儿园的实践性知识不能仅依靠闭门造车，自我探索而生成，它会受到环境制约，以及同事影响。因此，幼儿园应该改变过去幼儿教师之间孤立、沉默的工作模式，为幼儿教师搭建共同成长的平台，促使幼儿教师在合作、对话与互动中实现多种实践性知识的融汇、聚集、分享、迁移和创新，发挥实践性知识共生的整体效应。

（一）施行师徒帮带制

师徒帮带制是将成熟幼儿教师和新手幼儿教师结成对子，通过成熟幼儿教师在实际工作中的指导、示范和言传身教促进新手幼儿教师迅速积累起能应对幼儿教育的实践性知识。以"传、帮、带"为主要形式的师徒帮带制能在潜移默化中诱发新手幼儿教师产生内隐学习，获取实践性知识中的缄默知识。一般而言，成熟幼儿教师通过长期的实践磨砺已经拥有丰富的缄默实践性知识，师徒帮带制可促使新手幼儿教师主动与之沟通，找到行动参照，并得到实践指导，从而充实行动决策知识，像成熟幼儿教师那样思考。"斯滕伯格（Steinberg）等认为学徒关系模式就是很好的一种利用社会互动过程来提高缄默知识的策略。……波兰尼（Polanyi）也非常强调学徒关系模式在获取某领域缄默知识中的重要性，认为与有识之士接触或联系对获取缄默知识来说是一种明智的策略。学徒关系模式可以帮助个体经历与专家同样的练习和思考，可见这种模式是获得缄默知识的重要策略

之一"（郭秀艳，2003）。

在幼儿园推行师徒帮带制有着天然优势，它可以利用幼儿园特有的教师配班制度，有意识地将成熟幼儿教师与新手幼儿教师配搭安排在同一班级，均衡实力，行为互补，可增加成熟幼儿教师和新手幼儿教师之间的互动机会，在日常幼儿教育实践的共同环境中互帮互助，共同发展。在师徒帮带制中，成熟幼儿教师扮演指导者、示范者角色，能通过指导新手幼儿教师再次检验自己的实践性知识，防止实践性知识僵化，而新手幼儿教师能获取成熟幼儿教师的建议，对照成熟幼儿教师在活动设计、课堂教学、游戏组织、生活保育、家长沟通、环境创设等方面的行为表现，结合自己的实际情况进行模仿性操作，取长补短，掌握实践要领和策略。概言之，幼儿园要发挥推行师徒帮带制的先天优势，形成互帮活动常规，深化成熟幼儿教师与新手幼儿教师之间的良性互动。

在幼儿园实施师徒帮带制促进实践性知识由成熟幼儿教师向新手幼儿教师传递转化的路径多样，一方面，可采取新手幼儿教师现场观摩学习领悟的方式，通过成熟幼儿教师的行为示范，表征实践性知识并形成知识共感，供新手幼儿教师模仿习得；另一方面，也可采取成熟幼儿教师就幼儿教师的实践现场进行诊断的方式，通过提示点拨，帮助新手幼儿教师调整实践策略，重构实践性知识。当然，除了现场观察与指导，也可采取反思与指导结合、实践领悟与理论奠基结合的方式，由新手幼儿教师定期撰写反思记录，成熟幼儿教师进行点评指导，并就重点问题深入讨论，为新手幼儿教师建立对幼儿教育实践的合理认识、生成有效实践性知识提供全方位支持。下面通过一个指导案例分析师徒帮带制的实施要领，本次指导采取了基于新手幼儿教师反思记录进行专题研讨的方式，见表5-2。

表5-2　新手幼儿教师学习与实践指导记录表

周学习重点	1. 熟悉班上幼儿，记住每个幼儿的名字和性格，积极与幼儿互动交谈； 2. 掌握班上的一日生活时间表，熟悉保育工作，能协助主班老师开展保育工作
一周基本情况回顾	从严格意义上来说，这周才是在幼儿园真正和小朋友接触的第一周，我从刚开始的紧张、不知所措到现在的平静从容，有一个过渡的过程。熟悉了班上的小朋友，知道了自己可以干哪些事，我就放心多了。我很快记住了孩子们的名字，并和孩子们一起玩耍。通过这一周与孩子们的亲密接触，我更加了解了幼儿园的工作，每天孩子们都会玩不同区域的玩具，比如建构区、生活区等。每个孩子都不相同，我初步了解了一些孩子的脾气，也在观察中学习到老师们对待不同孩子的方法，孩子们的童真也让我感到幼儿老师虽然有时候累，但是会很开心
逸事记录	逸事记录一： 　丁丁小朋友总是喜欢模仿涵涵，涵涵说的每一句话、每一个动作她都要模仿，涵涵走路不小心摔一跤，丁丁看见了也要故意在那里摔一跤。 逸事记录二： 　星期五中午吃自助餐，每个孩子都比平时吃的多一些，多吃了很多肉。但是童童吃虾不会剥虾壳，拿着虾就开始喊："老师，我不会，帮我剥。"然后我就走到旁边去教他剥，我说："老师教你剥好吗？这样你就学会了一项新技能呢。你看，把手放在虾腿旁边，然后用力拉一下，壳就出来了。"然后童童就跟着学了一次，但还不是很利索。第二次盛了虾后，他还是喊不会，然后我又过去再教了他一次，这次他基本能剥完整只虾，但仍比较慢，也很着急，依旧让我帮他剥虾

续表

理论知识	维果斯基的"最近发展区理论"认为学生的发展有两种水平：一种是现有水平，指独立活动时所能达到的解决问题的水平；另一种是可能的发展水平，也就是通过教学所获得的潜力。两者之间的差异就在于最近发展区。教学应着眼于学生的最近发展区，为学生提供带有难度的内容，调动学生的积极性，发挥其潜能超越其最近发展区而达到下一发展阶段的水平，然后在此基础上进行下一个发展区的发展
指导教师评价	本周郭老师在我们班级实习情况良好，对于一日流程基本熟悉，对于保育工作行为规范了解比较清楚，但是还有许多保育细节性工作需要注意，他对生活环节保教常规以及保育工作行为规范方面的理论知识还不太熟悉，需要深入学习，并加强实践锻炼。在下周的工作中，他需要重点了解户外体育活动组织与安全保教常规细则

在新手幼儿教师以一周为单位综合记录了工作重点、学习收获、逸事以及学习理论后，指导教师对新手幼儿教师整周的情况以书面形式进行了反馈，肯定了其进步并指出后续学习重点。同时，指导教师还根据新手幼儿教师的逸事观察，就"剥虾"逸事与新手幼儿教师展开了深入讨论，与新手幼儿教师及时交流。此研讨借助微信等社交软件进行，以下是研讨指导过程。

成熟幼儿教师：逸事抓得好，而且在本事件中，你没有越俎代庖直接帮童童剥虾，而是鼓励他学会一项新技能，教给他具体的剥虾操作步骤，支持幼儿自己学习剥虾。

新手幼儿教师：谢谢吴老师肯定，但是童童特别想吃虾，想迅速剥皮，我连续示范了两次，他还是不能独立剥虾。

成熟幼儿教师：教育是慢的艺术，一蹴而就不太现实，肯定幼儿的每次进步，同时让你的指导落到最近发展区。你已经在反思记录中提及最近发展区，不仅要理解最近发展区，还要按照最近发展区理论进行实践。你可以借鉴"高瞻教育"里面的支架式教学方法，一步步帮助幼儿学会剥虾，这是关于支架式教学的理论资料，你可以抽时间看看。以下是书稿内容节选：

支架式教学[①]

由维果茨基的"最近发展区"理论演绎而来的支架式教学是一种通过帮助学习者学习和掌握某种概念或认知技能而促使学习者认知结构发生改变的教学活动模式。在这种教学模式中，成人应当为学习者对于知识的理解而提供必要的概念框架，通过对于问题的理解引向深入。

1. 支架教学的过程

布鲁纳认为，儿童获得新的技能的过程，是一个把相关的技能结合起来形成更高一级的技能以满足新的、更加复杂的任务要求的过程。要帮助儿童完成这样一个过程，成人的任务远远不只是为儿童提供示范或演示那样简单，而是一个复杂的搭设"支架"的过程。成人的"支架"作用，可以使儿童或初学者解决或完

---

① 刘焱，2008. 儿童游戏通论[M]. 北京：北京师范大学出版社：443-445.

成他在独立活动时所不能解决或完成的问题或任务。与一般的、在成人的帮助下完成任务的过程相比,支架式教学的特点在于:通过支架的过程,学习者可以以一种较快的速度形成完成新的任务所需的能力,最终超出他原有的发展水平。

布朗等(Brown, et al., 1984)提出支架式教学过程包括以下三个环节:①预热,把学生引入一定的问题情景,并提供可能需要的材料和工具。②探索,教师为学习者确立目标,鼓励学习者进行探索尝试。教师可以为学习者提供解决问题的原型、示范、反馈。③独立探索,教师放手让学习者自己决定探索的方向和问题,选择自己的方法,独立地进行探索。

"支架"过程的关键是成人对包含在问题或任务中的那些超出了学习者已有经验或能力但又在他的能力范围之内的因素的"控制"(Wood, Bruner & Ross, 1976)。在为学习者搭建"支架"的过程中,教师的任务是:①激发兴趣,将学习者引入有趣且有意义的任务情境中;②降低难度,将任务分解成若干个可以掌握的组成部分;③维持方向性,使学习者的注意力保持在任务和寻求解决问题的方法上;④指明关键性特征,强调任务的关键部分;⑤控制挫折感,减小任务对于学习者的压力但又不能造成学习者对于引导者的依赖;⑥示范,模仿学习者所尝试的问题解决方法,以便学习者反过来以更为适宜的方式模仿教师的行为(Wood, Bruner & Ros, 1976)。

支架式教学的三个环节强调了随着学习过程的进展,教师的指导成分应逐渐减少,将监控学习和探索的责任逐渐由教师转移给学习者自己,最后撤去支架。

在支架式教学过程中,教师或成人可以运用多种教学策略(例如,观察、提问、示范、参与、解释、重新定向、强化、表扬、协商等)来为幼儿的学习搭建支架。

你如果想优化剥虾的指导过程,可以结合支架式教学来思考,关注幼儿发展心理学的理论和实践是专业化的基础,同时,分析和思考要更多地使用专业术语。

新手幼儿教师: 好的,吴老师,这本书叫什么名字啊?

成熟幼儿教师: 刘焱的《儿童游戏通论》,我正好看到这里,刚好你的案例也提醒了我。教学的过程就是不断思考、实践的过程,坚持思考。

新手幼儿教师: 是的,每天都会遇到新情况,每个幼儿又是独立的个体,我还是要多看书呀,用理论指导实践。

成熟幼儿教师: 当然应对幼儿教育实践问题没有标准答案,你领悟后可以尝试再梳理一下步骤,运用支架式教学支持幼儿剥虾。第一步,激发幼儿的兴趣。可以对孩子说:"你想不想学一个新技能呀?很有用哦,我看你很想自己剥虾,可是又不会,愿不愿意学一学呢?"第二步,分步骤完成。如果旁边有会剥虾的小朋友,可以请他做个示范,然后老师再一步一步地演示剥虾步骤:先拿住虾头,把虾头扯掉，然后用手扯虾腿，最后用手从边上扯虾壳。第三步，保持注意力。在孩子自己剥虾的过程中要不断地鼓励他："你的动作做得很标准，如果再用力一点就更好了。"让幼儿始终专心地剥虾。第四步，强调关键部分。比如说剥虾壳要从旁边抠，老师可以在幼儿操作的时候一直用语言强调，或者加上动作示范，让幼儿更明白。第五步，控制挫败感。剥虾是中班的孩子可以独立完成的任务，属于最近发展区，还是要不断地鼓励幼儿。第六步，模仿幼儿不能剥开虾的方法，让幼儿自己观察为什么剥不开，从而更能理解正确的方法。你可以重新设计那个情景，考虑一下下一次你会怎么做，步骤如何。生活里孩子碰到问题了，教师处理成个别教育，运用支架教学的方法来引导他。

　　新手幼儿教师：嗯，谢谢您，我后面会持续关注童童。如果下次幼儿园再吃虾，我可以采用这样的支架式教学了。

　　成熟幼儿教师：总而言之，多多鼓励孩子，教会他们方法，他们不是不愿意做，而是不会做。如果童童学会了剥虾，可以继续鼓励童童，对他说："童童自己不断练习，又学会了一项本领，现在会自己剥虾了，真的很厉害。"这样他不仅自己很有成就感，而且对学习新本领产生了更浓的兴趣。

　　新手幼儿教师：是啊，这就是我们在岗前培训时所学习的"鼓励而非表扬"的魅力。非常感谢您的耐心指导，我会在实践中继续摸索，进一步领会。

　　在上述指导过程中，成熟幼儿教师督促新手幼儿教师做好反思记录，有利于新手幼儿教师带着明确目的发展实践性知识，而且能将缄默的实践性知识进行提取分析，找到理论指导依据。在此基础上，成熟幼儿教师采取网络交流等灵活的指导方式进行了深入指导，点面结合，而围绕"剥虾"逸事所做的探讨肯定了新手幼儿教师实践性知识的合理成分，之后继续引导新手幼儿教师思考求索，寻找更佳的应对方式。为此，她不仅推荐了与实践问题解决相关的"支架式教学"理论资料，与新手幼儿教师共同学习，启迪新手幼儿教师形成科学的理念意向知识，并根据理论所悟提出了具体的"六步法"行动决策知识，详细陈述操作策略，鼓励新手幼儿教师学用结合，运用支架式教学支持幼儿成长。最后，成熟幼儿教师还进行了前瞻性指导，提出了幼儿学会剥虾后的策略思考，为新手幼儿教师示范了及时鼓励语言的运用，将本次指导与新手幼儿教师的岗前培训学习内容有效衔接起来，促使新手幼儿教师融会贯通，综合运用所学内容解决实践问题，完成了实践性知识由成熟幼儿教师向新手幼儿教师传递转化的过程。同时，成熟幼儿教师也通过指导实现了教学相长，将理论阅读所获付诸实践。

（二）建立实践共同体

　　共同体（community）是从传统政治与社会哲学中引用得来的概念。"'共同体'这一术语既不意味着一定要是共同在场、定义明确、互相认同的团体，也不意味着一定具有看得见的社会界限。它实际意味着在一个活动系统中的参与，参与者共享他们对于该活动系统的理解，这种理解与他们所进行的行动、该行动在他们生活中的意义以及对所在共同体的意义有关"（J. 莱夫，E. 温格，2004）。实践共同体（practice community）这一术语最早由美国的莱夫与温格（Lave & Wenger）于 1991 年提出，"实践共同体是人、活动和世界之间的一整套关系，是知识存在的一个内在条件。共同体意味着对一个活动系统的参与，参与者共享理解，知道他们在干什么以及他们的所作所为在他们的生活中意味着什么，对共同体的意义是什么。实践共同体强调学习是通过参与有目的模仿活动而构建的，同时它也同样地强调实践与共同体的重要性"（王文静，2005）。杜威曾在《民主主义与教育》中提到，共同体中共同的了解（包括目的、知识、信仰、期望等）以及达到这些共同性的沟通过程本身就具有教育性，并随后提出过学校作为"探究者共同体"的观点。刘易斯（Louis）较为详细地阐述了教师实践共同体所具有的五个特征："第一，共享的规范和价值观，即共同体成员对于学生、学习、教学等方面持有共同的假设，并且会形成他们作为职业者的行为；第二，反思性对话，指教师之间定期就教学行为和学生发展等问题进行对话，旨在鼓励教师讨论如何通过教学实践以及合作来提高教学水平；第三，关注学生学习，共同体的所有行动目的都应该是以促进学生的学习和发展为中心；第四，教师间的互动，教师以公开的方式从事教学，敞开教室，欢迎其他教师观察的行为，彼此分享观点、互相学习、互相帮助；第五，合作，通常发生在教师需要分享教学策略和技巧、作出教学决策以及加强共同体中所有成员的学习的想法时（Roberts，Pruitt，2004）。"

换言之，建立幼儿教师实践共同体需要具有共同的实践目标、协商规则和异质的参与者，他们构成一个互利互惠的共生体，建立于平等、民主、创新、包容、合作、交互、开放的文化氛围之上。它一般要求参与成员具有异质性，由幼儿教师、幼儿园管理者、学前教育理论专家或学前教育专业师范生组成，这样才能实现共同体内多元化、多层次、多维度的对话，使幼儿教师能得到专业引领，也可帮助学前教育理论专家获取一线材料，展开深入研究，同时也可使学前教育专业师范生获得一线幼儿教师和学前教育理论专家的双重指导，为实践性知识生成奠定基础。也要求实践共同体有着追求完美实践的共同愿景，要"不断突破自己的能力上限，创造真心向往的结果，培养全新、前瞻而开阔的思考方式，全力实现共同的抱负，以及不断一起学习如何共同学习"（张声雄，2001）。能形成一套实践规则，遵循自愿参与、开诚布公、平等对话的原则解决实践问题，共享实践性知识。总之，幼儿教师实践共同体为幼儿教师进行共同学习或研究交流提供了平台，它有利于整合各成员的经验优势，使各成员在团队化的互动与交流中实现实践性知识的共享和迁移。

（三）组织实践问题沙龙

沙龙是组织幼儿教师在宽松、和谐的氛围中围绕某一实践问题、关键事件或活动设计课题展开深入讨论的谈话活动。它一般有固定时间、场所和制度，组织者会提前抛出关于幼儿教育实践的讨论话题，让幼儿教师在有准备的情况下参与讨论，指向实践问题的有效解决。从个体层面而言，以实践问题作为主题的沙龙可以促使幼儿教师在外力推动下更好地提取自己"日用而不知"的使用理论，并能在言明和表达的过程中反省实践性知识，祛除蒙蔽在其中的不够合理的实践性知识；从群体层面而言，沙龙或论坛能促进幼儿教师实践性知识公共性传播，实现实践性知识的共振，当幼儿教师所陈述的见解得到他人的认同和印证后，与之相应的信念能够增强，实践性知识也能得以强化；若幼儿教师之间所分享的观点和做法存在较大分歧，则有助于幼儿教师激荡思维，超越自己狭隘而封闭的经验框架，在对比他人的实践性知识中深度感知自己，并从他人的语言信息中找到更新实践性知识的思路和方法，启发实践反思。

但要组织好围绕实践问题的沙龙，需要幼儿园管理者营造平等互助、积极活跃的合作文化，让幼儿教师在开放民主的氛围中畅所欲言，各抒己见，对实践问题能够慎思之、明辨之。

四、开拓幼儿教师实践性知识共享的多元渠道

（一）开展公共观摩活动分享实践性知识

公共的实践观摩活动可以促进幼儿教师实践性知识的迁移和传播，幼儿教师通过观摩，可以以内隐学习和情境认知学习为主要渠道丰富自身的实践性知识。适时开展观摩活动，无论是对观摩者还是被观摩者来说都有提升意义。一方面，幼儿园可组织幼儿教师参与、观摩优秀幼儿教师的教育实践，在深入现场的观摩活动中，感受实践精彩片段的强烈冲击，产生创新实践性知识的灵感。同时，幼儿教师也能从优秀幼儿教师的教育实践情境中得到直观感受，在现场体认时学习借鉴有效的实践策略和方法，缩短自己探索形成实践性知识的时间。即使幼儿教师所观摩的活动还存在一定缺憾，它也能产生镜鉴效应，警示幼儿教师避免出现同样问题或者改进自己不曾察觉的类似错误，同样也可锻炼幼儿教师察人省己的反思能力。另一方面，幼儿老师可以让别人观摩自己的教育活动，通过家长开放日、示范课、公开课等形式让领导、专家、同行和家长从多方面、多角度帮助自己查找不足，提出改进建议，从而提高自身的实践性知识。在准备示范课、迎接家长开放日时，幼儿教师一般都需要深钻细研，反复斟酌和修正自己的教学设计、组织策略。这一过程也有助于幼儿教师深度加工实践性知识，

通过仔细琢磨所形成的活动方案在实践后得到的他人点评和意见反馈，更容易触动幼儿教师反思实践性知识，使幼儿教师进一步明晰自己的教育理念、实施策略和过程中的细节问题。因此，许多幼儿教师表示"在接受观摩并得到多方反馈意见后，感觉自己在组织幼儿教育活动方面有明显提高"。

（二）运用实践案例传递实践性知识

幼儿教师的实践性知识融合在行动中，与具体实践情境相关联，是一种依托实践案例的知识，幼儿教师无论是学习生成新的实践性知识还是重组发展已有的实践性知识都离不开具体的实践案例。具有典型性、启发性价值的实践案例是对真实事件的描述，包括情境问题、实践策略、实践效果和反思概括，承载了丰富的教育信息。有针对性地为幼儿教师收集并展示实践案例，归纳相应的实践策略，可以直观、立体地展现实践性知识，让幼儿教师更容易理解和接受，并能学以致用。幼儿园可从幼儿教师的反思日记、网络、期刊和学前教育书籍中筛选案例，整合在园内公告栏或案例汇编中加以传播，丰富幼儿教师的行动决策知识。同时，幼儿园也可以适当收集一些幼儿教师经常出现又难以觉察的反面实践案例，引导幼儿教师对失败的实践案例进行诊断，挖掘隐藏于案例中幼儿教师实践性知识的不当之处，提出解决方案，并引以为鉴。此外，幼儿园可以鼓励拥有丰富实践性知识的资深幼儿教师反思提取自己有效的实践策略，并以座谈会、公告栏等形式与其他幼儿教师分享。

（三）利用网络平台共享实践性知识

博客或微博是基于 Web 2.0 网络技术而逐渐兴起的一种展示交流平台，它可以让教师将自己的日常教学反思、教学设计、活动实录、教育心得、论文、随笔或课堂实效以文本、图片和视频的方式发布出来，实现共享和记录。幼儿教师撰写自己关于幼儿教育实践的网络日志，不仅能够促进自身将潜隐的实践性知识结构化、显性化，也能为其他浏览者（同事、家长和园所管理者）感知学习实践性知识提供适切机会，契合实践性知识发展的特性。从广义上而言，撰写博客相当于幼儿教师进行的一种叙事研究，网络日志类似于幼儿教师的成长日记，它能保存幼儿教师即时的所思、所得、所惑，是幼儿教师实践性知识积累、凝结和提升的载体，同时，它也是探讨幼儿教师发展历程的档案和素材，便于教育研究者解读研究。例如，儿童教育专家孙瑞雪的"爱和自由，规则与平等"教育博客，许多幼儿教师和幼儿教育研究者争相点击。在这里，孙瑞雪老师将蒙台梭利教育精神和教学法应用于我国的实践体会、要领和成功案例加以分享，引起了幼儿教师的广泛讨论和积极响应，其社会效益深远。

如果说博客或微博是以个人实践体验为主线展开交流的网络平台，那么 BBS、微信群、微信公众号、QQ 群、贴吧等则是围绕某一话题展开交流互动的又一类网络平台，它具有群体性、公开性特征，能拓展幼儿教师的交流范围，为幼儿教师收集信息、交流经验、切磋教法提供方便，在共同探讨幼儿教育相关问题时，幼儿教师也能实现实践性知识的共感，拓宽视野，获得一些有效的行动决策知识。在实践中，"中国幼教论坛""宝宝爱吧"受到许多幼儿教师的关注，大部分幼儿园、教育机构创建了专属于本单位的 BBS、微信群、QQ 群，但由于没有相关单位的引导，这些 BBS、微信群、QQ 群等经常沦为通知工作事项、提交材料的网络工具，许多举办的在线讨论、答疑等也容易流于形式，得不到幼儿教师的支持，行政性质强于学习性质。

由此可见，若要让这些交流途径发挥最大价值，则需要幼儿教师持之以恒地参与，形成一种潜在制度，吸引一群志同道合的幼教工作者共同参与，在思维激荡和观点交锋中促进实践性知识发展。

除此之外，还有一些幼教网页、远程教育系统也是幼儿教师迅速提高实践性知识、收集实践案例的网络宝库，如我是幼师网、幼教之家、中国幼儿园门户、学习型幼教网、中国儿童网、中国早教网以及各省的学前教育网系统，其中呈现了幼儿教育实践所需的文案、课件、教案、视频等各种资料，它们对幼儿教师整合教育资源、借鉴优秀操作模式、反思教学行为大有裨益，深受在职幼儿教师的青睐。问卷调查也反映，有 80%的幼儿教师表示自己主要通过网络学习关于怎么教的知识。因此，在计算机日益普及、网络技术不断提高的当代社会，利用网络促进幼儿教师发展实践性知识的渠道不容忽视。

五、深化幼儿教师实践性知识的管理水平

知识管理（knowledge management）是对知识、知识创造过程和知识的应用进行规划和管理的活动。实践性知识是影响教师实践效果的重要资源，也应当作为教师的资产来加以管理。"所谓教师实践性知识管理，就是关于教师实践性知识如何取得、组织、储存、分享及应用、更新的研究，它包括教师个人实践性知识管理研究（如教师个体的反思性教学、行动研究等）、学校实践性知识管理研究（有关教师实践性知识的校本研究等）及国家实践性知识管理研究（改革教师教育教材与形式等）等"（田宝宏，魏宏聚，2005）。科学管理幼儿教师的实践性知识可以提升幼儿教师对实践性知识的认知和反思，加快幼儿教师实践性知识发展的节奏。

（一）促进幼儿教师合理管理个人实践性知识

幼儿教师管理个人实践性知识的实质就是幼儿教师在实践导向下有意促进内隐的实践性知识与外显的实践性知识相互转换，从而进一步检验、组织、修正、

更新和储存实践性知识。其理论来源于日本著名学者野中郁次郎（Nonaka）和竹内弘高（Tadeuchi）（1997）建构的缄默知识与显性知识相互转化的 SECI 模型，见图 5-1。

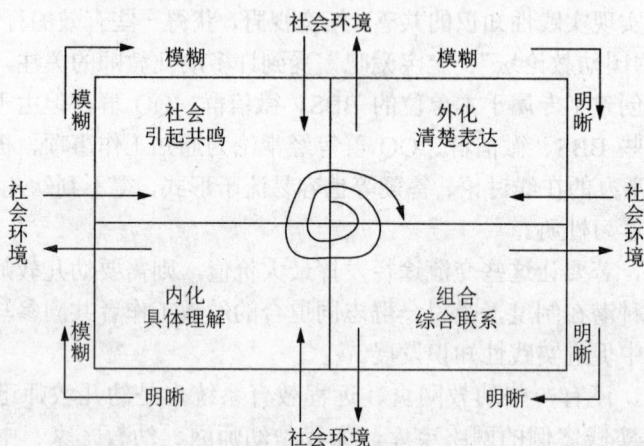

图 5-1　SECI 模型

在 SECI 模型转换图中，其螺旋线条代表了不同知识经由不同方式相互转化的过程。

1）社会化（socialization）。是指个人的缄默知识在不同主体之间的共享过程，是个体间的经验分享、讲故事、师徒式观察体会与模仿，是一个从缄默知识到缄默知识的转化过程。社会化主要强调缄默知识的交流是通过社会或团体成员的共同活动来进行的。学徒制的方式是社会化的最有效的方式。未来教师社会化的主要形式有同事直接经验的分享、拜有经验的教师为师、直接观摩他人特别是优秀教师的课堂教学等。

2）外化（externalization）。是指选择适当的形式表述缄默知识，使其便于交流和共享，并能通过信息手段进行传递，或者说借助描述、类比、隐喻和假设、倾听和深度访谈等方式，将个人的经验表达出来，是一个由缄默知识向显性知识转化的过程。外化是知识创造的关键，知识发展的过程就是缄默知识不断向显性知识转化的过程。外化的形式有许多，诸如教师教学经验总结、论文公开发表、交流研讨等，其中集体备课是一种非常重要的形式。

3）组合（combination）。是指将零散的显性知识进一步系统化，是一个由显性知识到显性知识的过程。其实质就是将零散、分散、杂乱的知识进行组合，并用专业语言表述出来，使之成为系统化的知识。实现知识组合的形式主要是构建教师知识库、知识地图、知识文献索引手册等，通过这些形式将教师的教案、计划、方法、科研论文等显性知识加以系统整理，存入知识库。

4）内化（internalization）。是指借助做中学、团队工作等方式将新的显性知识转化为个体的缄默知识的过程，这是由显性知识到缄默知识的转化过程，它与活动式学习密切相关。内化的条件有两个：一是具体化到行动和实践中，使显性知识逐渐变得内在化；二是通过做的过程体现显性知识，从而实现其内在化。其基本形式有三种：做中学、团队工作、在职培训（郭秀艳，2003）。

根据日本学者野中郁次郎建构的 SECI 模型理论可以推论，促进幼儿教师合理管理个人的实践性知识就需要让幼儿教师能有意识地将内隐的实践性知识通过外化—组合—内化的过程螺旋式上升式向外显的实践性知识转化，在这种相互转化中不断提升实践性知识的质量。具体而言，幼儿教师管理个人实践性知识首先要有目的地提取实践性知识，使之言明化，并与外界的理论性知识交融，转化为教育理论或通过社会化过程扩散影响他人的实践性知识，再根据外在的反馈调整实践性知识，最后内溶化为作用于实践的行动规则，提高实践效果。这种转换发展是永无止境的，它可以有效联合幼儿教师内在和外在、理论和实践、个体和群体的各种经验，促进幼儿教师实践性知识的不断优化。

（二）加强幼儿园对幼儿教师实践性知识的管理

从幼儿园层面加强幼儿教师实践性知识的管理对幼儿教师整体性发展有巨大的现实意义，它能促进幼儿教师个体间知识交流与知识共享，提高幼儿园的管理效能。幼儿园的管理者对幼儿教师实践性知识的管理可从以下几个方面入手：首先，引导幼儿教师意识到实践性知识的重要性，并对其有清晰合理的认识，调动幼儿教师自身的主体性，积极管理个体的实践性知识，从而实现以引导代管理；其次，创造适宜的条件，满足各种幼儿教师的各种需要，使幼儿教师能在安全、自由、自信的文化氛围中充分施展自己的才华，将笃信的教育理想融贯到幼儿教育活动中，生成充满激情与活力的实践性知识；再次，营造宽松合作氛围，搭建交流平台，促进幼儿教师积极分享实践性知识，实现实践性知识的深度交融和再生产。幼儿园的制度、文化是制约管理效率的重要因素，幼儿园对幼儿教师实践性知识的管理需要以制度和文化为载体，落实在软环境上。

此外，幼儿园实践性知识管理的另一内容是辨别每位幼儿教师实践性知识发展状态，针对不同发展层次的幼儿教师给予相适应的帮助，促进他们缩短发展进程，提高发展水平。具体而言，对于快速增长期的幼儿教师，幼儿园要提供丰富的实践机会和及时的辅助指导，帮助他们获取大量的实践性知识；对于微调提高期的幼儿教师，幼儿园应设计结构不良的实践问题情境进行考验，帮助他们探索性地解决问题，积累相关经验，并通过围绕此类实践的交流研讨，促使其实践性知识显性化、结构化和系统化，把零散的实践策略分类储存，不断建构完善自己的经验锦囊库；对于高原瓶颈期的幼儿教师，要力求激发他们的自我更新意识，避免创新枯竭的现象，不断用新理念激荡他们对幼儿教育的感知，保持思想的活力；对于转型升华期的幼儿教师，幼儿园要极力支持和鼓励，发挥他们的辐射效应，鼓励他们分享实践性知识，承担指导幼儿园其他教师的任务。

此外，实践是检验真理的唯一标准，也是验证实践性知识的主要渠道，发展幼儿教师的实践性知识也要鼓励幼儿教师多实践、多尝试，为幼儿教师提供各种实践机会，设置不同的实践问题情境，打破实践平衡，形成挑战。这样，幼儿教师的实践性知识就能在富有挑战的实践情境中得到反复验证，并通过反思实践得到进一步遴选，甄别实践性知识的优劣，使有效的实践性知识通过行动得到强化，通过反映模式的固定化而娴熟，熟能生巧，萌发实践智慧。

第六章

幼儿教师实践性知识发展的外发途径

幼儿教师的实践性知识不仅需要以园为本，依靠自身反思体悟在日常教育实践中不断充实，也需要幼儿教师教育的支持。幼儿教师教育对幼儿教师实践性知识发展具有奠基和补给作用，它的优劣直接关系到实践性知识发展进程的速度，其重要意义不容小觑。然而，我国当前的幼儿教师教育普遍存在着重理论轻实践、重训练轻体验的倾向，导致职前阶段师范生暴露出知识结构单一、毕业后入职适应难度大、创新实践能力不足，而入职后对幼儿教师职业的认同感不强、实践能力提高较慢、专业自主发展意识淡漠等问题。结合实践性知识研究结论可以推论，解决上述问题的关键在于转变幼儿教师的教育模式，从技术理性向实践理性转变，根据幼儿教育实践挖掘培养幼儿教师实践性知识的适切方法，从而提高幼儿教师教育质量。

一、构建"实践浸润式"的幼儿教师职前教育体系

从职前阶段开始重视幼儿教师实践性知识的养成，其首要原则是突出实践，增加学前教育专业师范生与实践接触的机会，努力提升师范生应对教育现场问题时关于"应当做什么"和"如何去做"的实践性认知，培养他们反思体悟与主动建构实践性知识的意识。为此，本书试图构建起"实践浸润式"职前教育框架，以促进学前教育专业师范生能够在全实践、半实践、模拟实践以及关照实践的多样化实践过程中，积累胜任幼儿教育工作的基本实践性知识，奠定实践性知识发展的基础。

（一）确立职前幼儿教师实践性知识培养取向的现实要求

1. 忽视实践性知识培养的幼儿教师职前教育现状反思

长期以来，我国教师职前教育深受传统客观认识论的影响，遵循"知识的客观性、普遍性和价值中立性"（石中英，2001b）原则，只注重对普通文化知识、学科专业知识、教育理论知识的传授和基本技能的训练，囿于一种理论性知识发展的取向。实践中，教师职前教育学校一般按照"只要如此，就必然这般"的简

单线性思维方式，将教师从业需要具备的信念、知识、技能等逐一剖析开来，试图通过设置对应的课程加以培养。我国现行的教师教育课程主要由"公共基础课程、学科专业课程和教育专业课程"（李其龙，陈永明，2002）三个板块构成，其中，"教育类课程（含教育实习）仅占总学时的 10% 左右。教师教育课程不仅质量不高，而且课时严重不足"（万明钢，2005）。而与实践性知识养成密切相关的实践性课程常被忽视，普遍存在着地位薄弱、形式化倾向严重、缺乏实效等问题，"我国实践性课程的比重仅占教育内容的 3%～4%，远低于世界其他国家水平（如美国 12%、法国 11%～25%、印度和英国 15%、菲律宾 8%）"（李其龙，陈永明，2002）。这种"标准化专业课程"安排一般沿着"首先教会人们相关的基础科学，之后是应用科学，最后才是应用这些知识解决日常实践问题的实践课"（克里斯·阿吉里斯，唐纳德·A.舍恩，2008）的顺序，将实践性课程放在最后和最薄弱的环节。而对于幼儿教师职前教育而言，此问题也较为突出，主要表现在如下几个方面。

（1）人才培养定位因循守旧

教育部 1999 年颁布《关于师范院校布局结构调整的几点意见》之后，国家实现了由三级师范教育（中师、大专、本科）过渡到二级师范教育（大专、本科）的变革发展，原来主要由中等幼儿师范院校承担幼儿教师职前教育重任的格局被重构，形成了目前主要由大专、本科组成的学前教育人才培养新体系，部分中等职业学校的学前教育专业被继续保留，成为点缀。虽然幼儿教师职前教育的办学层次得到了不断提高（从三级师范向二级师范转型并逐渐向一级师范过渡），但升格后承担培养面向一线幼儿教育师资任务的大专和本科院校深受传统高校学术型人才培养定位的影响，因循守旧，陷入培养幼儿师范学校和中等职业学校教师、幼教科研与管理人才的惯性办学思维中，对师范生的培养偏重学术化和理论化。而中等职业学校学前专业虽然明确了直接面向幼儿园的师资培养任务，却受到学生生源文化课基础薄弱、学习兴趣缺乏的限制，普遍弱化学前教育理论知识的学习，强调对学生弹唱画跳等"基本功"的训练，将艺术技能训练与专业能力锻炼混为一谈。由此可见，沿袭传统的人才培养定位与师范教育转型升级、幼儿教师学历层次提升的发展需求产生剧烈冲突，表现出实践课程与实践性知识重视不足的人才培养通病。

（2）实践课程实施机械单一

学前教育专业实践性知识的养成需要经历认知、模仿、体验、内化的过程，依赖于实践"真环境"的提供。而在幼儿教师职前教育阶段，直接指向于实践性知识培养的实践课程设置比例相对不足，结构安排与实施形式也不太合理，通常以割裂的单项训练为主，脱离实践真实背景，且以整齐划一的方式要求学生参与，以实现统一的教学目标，对学生主动性学习调动不够，也未能照顾到个体学习兴趣的差距，体现因材施教。甚至有"部分院校为了达到《教师教育课程标准》的相关规定，不考虑自身的办学基础与办学条件，仅仅追求实践课程学时与学分的达标，或采取'放羊式'管理将学生留在幼儿园实习一学期之久，这种'盲目实践'会导致未来幼儿园教师实践性知识的匮乏"（刘天娥，海鹰，2016）。同时，高校学前教育专业通常采取"先理论后实践"的安排顺序，由理论学习带动实践练习，按知识分布开展实践教学，虽然涉及面广、内容丰富，但容易造成学生理论学习缺乏感性经验支撑，理论知识掌握"空洞化"、实践锻炼"机械化"的缺憾。

（3）理论与实践学习脱节断层

囿于学术型人才培养的陈规，当前以大专和本科层次为主的幼儿教师职前教育侧重理论知识的传授，教师队伍来源单一，其职场背景呈现从学校到学校、从理论到理论的书斋式特征，缺乏幼儿园一线实践的经验和素材，课堂教学纸上谈兵倾向明显，普遍存在重视教师的"教"而忽视学生的"学"，重视"知识授受"而忽视"问题解决"的倾向，对幼儿园具体实践问题关照不充分，导致学前教育专业学生学习闭门造车倾向严重，学用脱节，难以将学前教育理论和实践融为一体，解决真实的实践问题。加之高校与幼儿园之间受时空与层次阻隔，沟通与合作渠道不畅，进一步加剧了职前与职后幼儿教师培养的断层问题，所以许多学前教育专业师范生毕业入职时常感觉所学非所用，实际操作能力薄弱，入职适应周期较长。

综上所述，我国幼儿教师职前教育脱离幼儿教育实践，重视对学前教育专业师范生"教什么"的知识传递，忽视关于"如何教"的实践性知识培养。它所产生的负面影响主要有：其一，学前教育专业师范生入职时"断层感"明显，适应困难。许多学前教育专业师范生往往程式化地掌握了割裂的知识和技能，却不知如何恰当地应用于教育实践之中，而"那些理论性知识和诊断性信息并不会自动导出恰当的教育行动"（马克斯·范梅南，2001）。因此，学前教育专业师范生在面临复杂多变的教育情境时通常会感到无所适从，产生有心无力的失落感，他们一般需经历师徒制、听课、评课和不断反思习得实践性知识后才能胜任工作。其二，学前教育专业师范生的专业认同感低，主动建构实践性知识的意愿缺失。因为在幼儿教师职前教育中，教育者享有绝对的话语权，他们主要按照预设计划实施课程，照本宣科，很少根据学前教育专业师范生个体性格和生活经历的差异来有意识地培养他们的实践性知识。在这种教育的禁锢下，学前教育专业师范生常常将理论性知识奉为金科玉律，机械记忆，迷信权威和教育专家，丧失了自主探究的兴趣和独立思考的能力，更难以形成通过反思体悟提高自身专业水平的习惯。

2. 确立实践性知识发展取向的幼儿教师职前教育改革势在必行

幼儿教师的实践性知识是幼儿教师应对实际教育情境时知道"应当做什么"

和"如何去做"的综合知识，它在幼儿教师实践活动中表现为洞察力、判断力、决策力和控制力，指引和规范着幼儿教师运用相关知识和技能创造性地开展教育教学活动。一般而言，幼儿教师的实践性知识越丰富，她就越善于管理和创造性地运用自己的知识和技能，使之协同服务于教育实践。而且"教师实践性知识是教师专业发展的主要知识基础"（陈向明，2003），发展幼儿教师实践性知识的过程就是提高幼儿教师专业水平的过程。幼儿教师的实践性知识既可以通过实践反思直接建构，也可以通过观摩学习和案例分析间接获取。不仅在职幼儿教师有机会积累起实践性知识，职前阶段的学前教育专业师范生也能在实习、见习和日常学习活动中形成初始的实践性知识，学前教育专业师范生的实践性知识对于他们顺利走上工作岗位，适应幼儿教师职业尤为关键。而当前学前教育专业师范生实践性知识培养不足问题已成为制约幼儿教师职前教育质量提高的短板。

鉴于此，我们应当从职前阶段加强对学前教育专业师范生实践性知识的培养，以实践性知识发展为根本价值取向改革幼儿教师职前教育，站在回归日常教育实践、培养反思性实践者的立场，有目的地引导学前教育专业师范生去关注、体验、建构和运用实践性知识。然而，克里斯·阿吉里斯和唐纳德·A.舍恩（2008）专门指出，"被我们看作是实践性知识的大部分内容实际上是行动中的默会知识以及实践者就复杂情境的突发性问题展开现场反应和实验的能力"，舍恩将这种行动称为行动中反应。他将这种认识与以日常实践为前提的反应区别开来。舍恩指出，专业教育的中心任务是"构建我们已经知道的知识"。也就是说，即获得优秀的实践者在处理实际问题时即将会表现出的洞察力、价值观和行动策略。这种具有累积性，但又并非现成的知识是实践者成功的原因，却也是他们受挫的原因。专业教育目前面临着双重挑战：一方面要发展应用科学，另一方面要关注行动中的反映和认识。

转变幼儿教师职前教育的培养取向，以实践性知识的发展为核心，不仅有助于完善学前教育专业师范生的知识结构，提高学前教育专业师范生的教育实践能力，还可以促进学前教育专业师范生发挥学习的主动性和积极性，使他们更愿意立足教育实际主动探索教育规律，形成较强的职业认同感与专业自主发展意识。同时，实践性知识作为实践智慧产生的源泉，是教师形成教育艺术或教学风格的基础。培养学前教育专业师范生不断反思教育实践、主动管理和完善实践性知识的意识，可以加快学前教育专业师范生成长为合格幼儿教师乃至名师的步伐。

（二）"实践浸润式"幼儿教师职前教育改革整体思路

"实践浸润式"幼儿教师职前教育的设计核心是让学前教育专业师范生保持与实践的接触与互动，浸润在幼儿教育实践的环境中，通过实践促成学前教育专业师范生实践性知识的多渠道创生，促使他们像"幼儿教师那样思考"。

1. 明确实践性知识培养课程目标，注重目标的生成性

目标是实施的依据，基于实践性知识发展取向的幼儿教师职前教育课程改革应从目标入手，把培养学前教育专业师范生的实践性知识纳入目标体系中，帮助学前教育专业师范生对实践性知识的感知从缄默走向自觉，促进他们有意识地加工实践性知识、快速地积累实践性知识。值得注意的是，学校除了要确立传递和示范实践性知识、增加实践机会、激发实践兴趣与树立教育信念的课程目标外，也不能忽视对实践性知识生成工具——问题意识和思维品质的培养，学校应把它作为保障实践性知识生成的辅助性目标予以关注。因为只有养成了自觉、自查和自修的问题意识和良好的思维习惯，学前教育专业师范生才能在复杂多变的教育实践中敏锐地发现问题、找到方法、悟出实践之"道"。

此外，为了保证实践性知识培养目标的顺利实现，学校还应该调整目标设定模式。当前幼儿教师职前教育学校普遍推行自上而下的目标课程模式，制定了主要指向理论性知识掌握与综合技能培养的行为性目标，这有悖于隐性缄默、机动灵活、个体差异大的实践性知识养成规律。对于影响因素众多又难以完全言明或量化的实践性知识，教育者很难预先对其培养状态作出精确阐述，也无法用行为性目标作详细规定。为此，学校不仅要将培养学前教育专业师范生实践性知识的宏观目标渗透于教育中，从不同路径加以实现，还要采取过程模式设定目标，在围绕学前教育专业师范生某方面发展的过程中由教育者根据现场的个性化表现调试目标，不断生成新的目标，以达到因势利导、因材施教的效果。

2. 建立"螺旋交织"的课程结构，创新实践课程组织方式

课程结构是指课程之间的顺序和它们所占的比例。幼儿教师职前教育中以获得实践性知识为任务的实践课程与公共基础课程、学科专业课程和教育专业课程中教育理论课程的先后安排顺利与所占比例影响着实践性知识的培养效果。打破传统实践课程与其他课程相互割裂的状态，建立各类课程穿插配合的"螺旋交织"式课程结构有助于把理论学习和实践体验结合起来，相辅相成地培养学前教育专业师范生的实践性知识。具体而言，以实践性知识发展为根本取向，建立"螺旋交织"的课程结构需要学校提高实践课程的地位，增加实践课程的时间，特别是调整先统一学习理论再集中实践的安排方式，合理分配实践课程的密度与强度，按照理论—实践—理论—实践的循环过程，以灵活多样的方式在各个学期分散安排实践课程。学校可以从第一学年开始，与基础课程、学科课程和教育专业课程同步安排适宜的模拟实践、观察实践、见习、实习和研习活动，并随着师范生幼儿理论性知识和教育技能的不断提高，逐渐增加实践的频率和难度，从外围观察实践逐步过渡到亲身实践，改变"知而后行"的传统培养模式。通过确立实践课程与其他课程穿插交织、螺旋推进的课程结构，促使学前教育专业师范生循序渐

进地深入体悟实践性知识，以实践为导向使其他知识和技能能够学以致用，达到反复验证、相辅相成的发展效果。此外，学校还要对实践课程的设计与组织方式进行创新，严格监控实践课程的实施过程，可采用实践现场诊断指导、实践后收集信息、提供咨询、评价反思等方式对整个实践过程进行有效监督，防止实践课程流于形式。最后，学校还应该设计更为开放、丰富的教育应用类选修课，满足学前教育专业师范生个性化建构实践性知识的需要。

3. 以实践问题整合课程内容，注重实践性知识的潜在培养

毋庸赘言，培养学前教育专业师范生的实践性知识需要关注实践。以实践问题为导向整合幼儿教师职前教育课程内容，可以将理论性知识、实践性知识与教学技能的培养结合起来，将学前教育专业师范生过去的实践经历和当前的社会环境联系起来，形成兼具逻辑性和应用性的专题型课程。换言之，学校可以设计模块化、整体化的课程，从实践问题切入导出学习专题，围绕问题解决呈现相应知识并训练必备技能，最后再安排模拟实践或真实情景检验问题解决效果，将学习统整于实践问题中。同时，在课程内容中可加入精心筛选的典型实践案例和操作策略，适当呈现诸如怎样与幼儿沟通、怎样安抚新入园的幼儿、怎样培养幼儿卫生习惯、怎样训练幼儿自理能力等各种可言明的实践性知识。也可综合运用模拟课堂、微格教学、案例教学、诊断式教学与说课评课等方法制造一种"在场"感，让学前教育专业师范生体悟反思实践性知识。特别要重视案例的提供和剖析，正如舒尔曼（1999）所言："对师范教育来讲，案例可以变成教育团体的经验。因为案例介乎于理论与实践之间、观念与经验之间、理想与现实之间。作为教学手段和方法，案例把特定的问题带给学生，要求他们在道德判定和实际行动中把理论和实践的距离接近。学生通过案例可以储存、交换、重组他们的经验。如此，案例就变成了既是个人专业学习的基础，又是专业团体的专题。"

此外，习得实践性知识是一个内隐的学习过程，课外活动、师生日常交往活动和学校文化环境等非正式教育活动也会潜移默化地影响学前教育专业师范生实践性知识的生成。因此，学校要重视对潜在课程的开发，从教育的各个环节、时空和场景入手，全面营造实践性知识发展的良好氛围。一方面，学校应组织形式多样的课外活动（表6-1），设置教育案例张贴专栏，增加学前教育专业师范生的行动决策知识；另一方面，学校要加强校园文化建设，营造良好的学风、教风、校风等软文化环境，增加学前教育专业师范生的理念意向知识，帮助他们形成崇高的教育理想和信念，使他们不仅会教、乐教，还要有志成为对教育实践富有见解和激情的教育家。

表 6-1　"实践浸润式"幼儿教师职前实践课程体系设计实例

时间	实践场所	实践主题	实践目的	实践内容与任务
大学四年	校内实训室	专业课程实践教学	1. 感知各专业课程实践项目所需发展的能力及其重要意义 2. 理解各专业课程实践项目所对应的幼儿园工作开展原则和要求 3. 掌握各专业课程实践项目任务完成的一般操作策略和方法，积累相关工作的适用性经验和实践性知识，能完成预设模拟实践任务并对其进行合理评价	（一）实践内容 　根据各专业课程的预设实践项目及实践教学大纲组织，限于篇幅，仅以"幼儿园环境创设"课程 17 节实践学时（总 34 节学时）的实践内容为例说明 1. 幼儿园环境观摩与研讨（2 学时） 　幼儿园环境图片与视频观摩；幼儿园环境优劣辨析；幼儿园环境创设标准讨论 2. 幼儿园空间环境创设实操（3 学时） 　绘制幼儿园大门；设计幼儿园楼梯、走廊的环境布置方案；设计幼儿园户外环境布置方案 3. 幼儿园墙面设计与制作实操（4 学时） 　门饰、窗饰和吊饰的制作练习；互动墙的合作设计与制作；主题墙的合作设计与制作 4. 幼儿园活动区环境的创设实操（4 学时） 　室内活动区的设计与规划；美工区创设与材料投放；表演区创设与材料投放；益智区创设与材料投放；建构区创设与材料投放；娃娃家创设与材料投放 5. 玩教具的设计与制作实操（4 学时） 　经典玩教具赏析与操作体验；瓶类材料、布艺材料、纸箱类材料、自然材料的制作实践与互评 （二）提交材料 1. 幼儿园环境创设标准 2. 幼儿园大门设计图 3. 幼儿园户外环境设计方案 4. 幼儿园各类墙面设计制作成品 5. 幼儿园活动区设计方案 6. 自制玩教具实物及设计说明
	根据内容灵活确定	专业竞赛实践	1. 通过与专业发展相关的比赛与社会实践等第二课堂，激发实践练习的兴趣，在活动中积累实践性知识，以赛促学 2. 丰富课外学习生活，营造专业学习的良好氛围	（一）实践内容 　根据人才培养任务，组织与幼儿园工作密切相关的各类专业竞赛： 1. 幼儿园五领域活动试讲与说课比赛 2. 亲子游戏活动设计比赛 3. 玩教具制作比赛 4. 区角游戏环境创设比赛 5. 一日活动设计比赛 6. 优秀学习故事征集比赛 7. 儿童情景剧创编比赛 8. 绘本创编比赛 9. 各类专业技能竞赛 10. 寒暑假社会实践活动 （二）提交材料 1. 各参赛作品 2. 社会实践活动总结

时间	实践场所	实践主题	实践目的	实践内容与任务
大学四年	根据内容灵活确定	工作坊实践	1. 深化工作坊成员对学前教育相关领域实践任务的理解，积累解决实践问题的方法与策略，提升专业技能，积累实践经验 2. 养成研究与应用相结合的思维习惯，发展专业特长，形成自己的专业成果	（一）实践内容（详见表6-2） 　形式多样的各工作坊具体实践项目，可包括活动设计与实施、实践调查、课题研究、创新创业项目、实验验证、资料编撰、大型活动策划与组织、家长指导等，可由担任坊主的指导教师年初提交实践项目计划，经由学院教学指导委员会审核同意后执行 （二）提交材料 1. 各工作坊实践教学计划 2. 各工作坊实践任务完成成果 3. 各工作坊简报 4. 各工作坊活动记录手册 5. 各工作坊年终总结
大一下学期为期一周	幼儿园等学前教育机构	保育实习	1. 通过保育实习，加深对幼儿保育的理解，树立正确的教育观和儿童观，逐步增强保育观念，形成保教并重的意识 2. 熟悉幼儿园一日生活的具体工作流程及保育员职责，并能对保育环节有较深入的理解，初步掌握保育技能 3. 结合实习工作，理解、应用并巩固专业课程所学习的理论性知识，丰富保育方面的实践性知识 4. 在见习中观察幼儿的行为表现，并能根据幼儿心理特点实施保育活动。了解家长的养育心理，初步掌握与家长沟通交流的技巧	（一）实践内容 1. 一日生活活动组织 　熟记小朋友的姓名（大名、小名）。重点观摩一日生活各环节中教师和保育员需要完成的保育工作。熟悉来园、离园、盥洗、饮食、睡眠、户外活动、教学活动、游戏活动中保育工作的内容、要求和程序。在指导教师支持下观察记录一日生活活动的组织技巧，如参与幼儿入园的接待工作、晨间谈话、为幼儿穿脱衣服、帮女孩梳头、协助做好班级清洁卫生等工作，仔细体会幼儿园一日生活各环节教师应做的工作，并能虚心向本班指导教师请教与沟通 2. 保育员工作 　了解保育员主要岗位职责及日常保育工作内容。能够尽可能多地对幼儿园的生活活动进行独立的组织，尝试独立承担保育活动任务（如餐点组织、午睡组织等），尝试独立组织餐前游戏活动至少两次。了解教师和保育员的家长工作内容、方法、策略，并进行记录与分析 3. 保育措施与管理制度 　了解实习园关于保教改革、提高保教质量的具体措施以及相关规章制度；了解见习班级的组织管理及幼儿发展等各方面的基本情况 （二）提交材料 1. 观察记录1份（详细记录幼儿一日生活活动的流程，特别记录保育工作应完成的具体内容） 2. 案例分析1份（自由选择1～2名幼儿作为个案重点观察，详细记录幼儿生活活动逸事，并能从幼儿性格特点、兴趣爱好、能力发展等方面进行个案分析） 3. 保育实习总结1份（突出自己的收获与反思）

续表

时间	实践场所	实践主题	实践目的	实践内容与任务
大二下学期为期两周	幼儿园等学前教育机构	教育活动组织实习	1. 通过教育实习，熟练掌握幼儿园教育工作的基本内容和特点。通过接触幼儿、了解幼儿，逐步形成尊重幼儿、热爱幼儿、关心幼儿、理解幼儿的教育观念，进一步激发热爱幼教事业的专业情怀 2. 能将所学的理论知识和技能运用于幼儿园教育实践，能较好地组织幼儿园教育活动 3. 能与家长进行良性沟通	（一）实践内容 1. 集中教育活动 　重点是熟悉幼儿园集中教学活动组织的各个环节，能设计较高质量的集中教学活动。要求每个同学至少独立开展两节不同领域的集中教学活动，鼓励有意愿的学生在征得幼儿园指导老师的同意下设计并组织幼儿园半日活动 2. 个别教育活动 　学会观察幼儿，尝试发现幼儿间的个别差异，向幼儿园指导老师学习观察幼儿的方式、方法，主动与幼儿园指导老师交流观察感受，能分析个别幼儿的发展状况。要求每位同学至少完成 1 份个案观察记录 3. 家园沟通 　了解实习班级常用的家长沟通方式，根据幼儿园指导老师要求尝试向家长汇报幼儿在园情况。认真观察、记录家园联系工作情况 （二）提交材料 1. 格式规范、不同领域的教案 2 份（附试教后的体会与反思） 2. 教育活动个案观察记录或学习故事 1 份 3. 教育实习总结 1 份（突出自己的收获与反思）
大三下学期为期两周	幼儿园等学前教育机构	游戏活动组织实习	1. 通过游戏主题实习，对幼儿园游戏活动有更深入、全面的了解和把握，能进一步掌握区域游戏活动及集体游戏活动的设计与组织要领 2. 能创设较适宜的教育环境支持幼儿游戏与学习活动 3. 能在感性体验下发现幼儿教育实践问题，尝试开展相关研究，能将实践体验转化为理论经验	（一）实践内容 1. 区域活动 　认真记录实习班级的区域活动的设置（如语言区、科学区、益智区、角色游戏区、表演区、自然角）情况，重点了解活动区的材料投放、活动时间、活动常规及与幼儿身心发展的关系。观察原班教师对区域活动或小组活动的指导。理解幼儿区域活动中的表现，带着研究意识探寻幼儿教育中的相关问题 2. 集体游戏活动 　协助原班教师组织体育游戏、音乐游戏、智力游戏等不同集体游戏活动，并根据幼儿游戏兴趣设计 2 次不同游戏活动，尝试独立承担游戏活动组织任务 3. 环境布置 　观察了解实习班的室内环境布置情况，观察了解实习班和方式。能根据幼儿兴趣、身心发展的需要以及幼儿园现阶段的教育目标、教育内容，协助幼儿园指导教师参与活动室的环境布置 （二）提交材料 1. 游戏活动设计方案 2 份（附游戏活动反思心得） 2. 游戏活动个案观察记录或学习故事 1 份 3. 游戏活动实习总结 1 份（突出自己的收获与反思）

时间	实践场所	实践主题	实践目的	实践内容与任务
大四上学期	学校实训室	校内实习准备	1．通过校内实习准备，在指导教师支持下，进一步深化对幼儿园重点工作的理解，规范掌握幼儿园教育工作的基本内容和特点 2．能合理系统设计学期计划、月计划，将幼儿教育总目标分解实现，设计集中教育活动与游戏活动，为顶岗实习创造良好条件 3．能制作突出个人特长的简历，感知面试技巧，查找个人专业发展的不足并及时弥补	（一）实践内容 1．幼儿园学期计划、月计划、周计划的制订 　熟悉幼儿园的各项工作，熟悉《3-6 岁儿童学习与发展指南》和《幼儿园工作规程》要求，能规范合理、保教并重地制订幼儿园工作学期计划、月计划和周计划。能在计划中体现适宜的家园共育手段和恰当的环境创设措施 2．集中教育、游戏活动的设计与说课 　每个学生从语言、健康、社会、艺术、科学五领域中任选 1 个领域设计集教活动方案 1 份，并设计集体游戏活动方案 1 份，进行模拟试讲与说课，通过互评与指导教师点评深化对幼儿园五领域教学活动与游戏活动基本组织策略的领悟 3．模拟面试 　制作个人简历，模拟面试环节，做自我介绍，现场回答实践相关专业问题，掌握应聘技巧 （二）提交材料 1．学期计划、月计划和周计划各 1 份 2．集中教育活动方案 2 份 3．个人简历 1 份
大四下学期为期一学期	幼儿园等学前教育机构	顶岗实习	1．通过顶岗实习全面了解幼儿园各项工作，加深对幼儿教育目标和任务的理解，建立系统工作思维 2．能初步胜任幼儿教育工作，发展从事幼儿教育工作的实际能力，积累实践性知识 3．领会与感悟幼儿教师要成为幼儿学习的支持者、合作者和引导者的真正意义及实现路径	（一）实践内容 　为保障实习效果，根据幼儿园工作需求将专业发展任务进行分解，有序安排到各实习周，在全面参与幼儿园日常工作、稳步推进工作的同时，突出各周实习重点。 1．生活活动 2 周 2．游戏活动 2 周 3．集中教育活动 3 周 4．区域活动 3 周 5．户外与体育活动 2 周 6．亲子活动 1 周 7．文娱活动 1 周 8．娱乐活动 1 周 9．幼儿园课程与教师专业发展 1 周 10．家庭教育 1 周 11．家园共育 1 周 （二）提交材料 1．日常生活活动观察 1 份，五领域教学活动观察 2 份，幼儿区角活动观察记录 2 份，体育活动记录 1 份，家长交流记录 1 份 2．五领域教学活动设计 1 份，游戏活动设计 1 份，体育活动设计 1 份，亲子活动设计 1 份，娱乐活动设计 1 份 3．日常生活活动反思 1 份，教学活动反思 1 份，游戏活动反思 1 份，体育活动反思 1 份，亲子活动反思 1 份，娱乐活动反思 1 份 4．家园共育现状调查报告 1 份，幼儿园玩教育具的种类及功能调查报告 1 份，园本课程开发与实施现状调查报告 1 份，教师专业发展调查报告 1 份 5．公开课记录 1 份 6．家长讲座记录 1 份 7．实践总结 1 份

表 6-2 学前教育专业工作坊实践教学设计实例

专业标准	工作坊名称	工作坊教学发展目标	工作坊教学内容与形式
环境的创设与利用	环境创设工作坊	1. 掌握创设有助于促进幼儿成长、学习、游戏的教育环境创设实践性知识，提高环境创设专业能力 2. 把握幼儿园环境创设的发展趋势，诊断幼儿园环境创设误区	1. 幼儿园环境现状调查与问题诊断 2. 收集国内外优秀环境创设图片与案例，开发幼儿园环境创设资源库 3. 设计系列幼儿园环境创设视频微课 4. 承接幼儿园环境创设外包任务（如幼儿园区角环境创设、幼儿园户外环境创设方案）
	玩教具工作坊	1. 学会合理利用资源，为学前儿童提供和制作适合的玩教具和学习材料，引发和支持学前儿童的主动活动 2. 探索学前儿童使用玩教具的规律，加强对玩教具价值与特点的理解，能为学前儿童家长选择、使用和储藏玩教具提供合理的参考建议	1. 自制适合学前儿童使用、丰富多样、有创意、有价值的玩教具 2. 验证自制玩教具的使用效果，撰写在幼儿园使用的分析报告，改进玩教具 3. 根据0～6岁婴幼儿发展特征，选择适合的玩教具，编制玩教具选择建议手册 4. 针对当前学前儿童家长关于玩教具的困惑进行专业的指导，组织1～2次家长玩教具指导沙龙 5. 筛选经典自制玩教具方案，开发一系列自制玩教具数字化资源，由工作坊成员作示范录制"玩教具创意制作小课堂"视频，共享于网络 6. 编制幼儿园自制玩教具资料
一日生活的组织与保育	幼儿事故处理工作坊	1. 掌握及时处理幼儿常见事故的相关知识、策略与方法 2. 学会预判风险，采取有效措施防范事故或流行病，有效保护幼儿	1. 组织幼儿急救模拟训练 2. 与妇幼保健院合作，录制幼儿急救处理视频，深入社区宣传急救常识与幼儿流行病防治知识 3. 设计幼儿园风险评估量表，考察实践合作幼儿园，对幼儿园各工作环节进行安全风险评估 4. 设计幼儿自我保护的健康教育活动并实施，提高幼儿自我保护能力 5. 编制幼儿急救知识宣传手册
	幼儿膳食与营养工作坊	1. 丰富幼儿营养与膳食的知识，能根据幼儿发展需要为幼儿合理安排膳食 2. 具备科学照料幼儿饮食的能力，掌握培养幼儿健康饮食习惯的实践性知识，预防幼儿肥胖	1. 幼儿家庭膳食情况调查以及幼儿园膳食安排对比 2. 为每个发展阶段幼儿制定营养食谱 3. 设计围绕食物的幼儿园系列活动，开发幼儿食育课程 4. 收集国外幼儿食育相关资料 5. 开展预防幼儿肥胖项目的研究
游戏活动的支持与引导	幼儿园游戏工作坊	1. 领会以游戏为幼儿园基本活动的精神，能有效开发游戏资源，设计幼儿游戏活动方案，提供丰富、适宜的游戏材料，支持、引发和促进幼儿的游戏 2. 学会鼓励幼儿自主选择游戏内容、伙伴和材料，支持幼儿主动地、创造性地开展游戏，充分体验游戏的快乐	1. 幼儿自主游戏支持实践与案例研讨 2. 幼儿园户外游戏化课程开发 3. 幼儿园室内游戏化课程开发 4. 编制幼儿园各类游戏方案集锦 5. 城乡幼儿园游戏现状调查研究
	早期教育亲子游戏工作坊	1. 深化对0～3岁婴幼儿早期教育及亲子游戏的理解与认识，领会0～3岁幼儿早期经历的奠基性意义与发展规律 2. 提高对早期教育亲子游戏活动的设计和实施能力，积累早期教育与指导的实践性知识	1. 早期教育亲子游戏资料收集与整理 2. 早期教育亲子游戏活动设计 3. 在学校模拟亲子园或合作幼儿园每周组织一次真实的早期教育亲子游戏活动 4. 开展亲子游戏活动反思与研讨 5. 组织家长沙龙，围绕亲子游戏展开早期家庭教育指导

续表

专业标准	工作坊名称	工作坊教学发展目标	工作坊教学内容与形式
教育活动的计划与实施	幼儿分领域教育工作坊	1. 理解不同领域教育目标与任务，能根据幼儿的表现和需要，制订阶段性的教育活动计划和具体活动方案，体现趣味性、综合性和生活化，支持和促进幼儿主动学习 2. 掌握幼儿园活动说课与评课技巧，深入研究提问等教育组织策略	1. 组织幼儿园优质集中教育活动视频观看或现场观摩，并评析活动情况 2. 解读《3-6 岁儿童学习与发展指南》中各领域教育目标，进行活动方案设计 3. 组织幼儿园集中教育活动说课与评课 4. 组织学前教育专业师范生技能比赛模拟选拔 5. 组织幼儿园教学活动教师提问与反馈的观察研究
	幼儿园课程开发工作坊	1. 熟知各流派幼儿园课程理念与实施现状，获取我国幼儿园课程革新的启示 2. 懂得幼儿园课程开发基本流程，掌握幼儿园课程开发的方法、技术与实践策略	1. 收集并整理幼儿园课程研究成果及经典课程案例（如瑞吉欧课程、华德福课程、高瞻课程、蒙台梭利课程等） 2. 组织各流派幼儿园课程的专题沙龙，讨论其实践启示 3. 承担横向委托项目，参与园本课程、幼儿园特色课程开发（如陶艺课程开发、幼儿财商课程开发、森林教育课程开发等） 4. 评估所开发课程的实施情况
激励与评价	正面管教工作坊	1. 感知正面管教和善而坚定的核心教育理念，掌握不惩罚、不娇纵、做好情感连接的正面管教策略 2. 学会关注幼儿日常表现，及时发现和赏识每个幼儿的点滴进步，注重激发和保护幼儿的积极性、自信心	1. 正面管教读书分享会 2. 正面管教实例解析与主题问题研讨（如给孩子正面的注意、看见孩子的亮点、洞悉行为背后的目的、确保孩子感受到爱等） 3. 正面管教现场指导活动 4. 选取个案跟踪调查，完成正面管教实践报告，项目组内分享
	学习故事工作坊	1. 掌握撰写学习故事的技巧，学会运用表现性评价和叙事性评价记录幼儿发展 2. 能够通过学习故事解读幼儿行为，配合作品分析等方法客观地、全面地了解和评价幼儿	1. 线上线下同步组织学习故事专题学习与研讨（如学习故事实践中教师策略的探讨） 2. 每周开展一次面对面学习故事解读沙龙，解读幼儿发展特点 3. 参与编写幼儿园学习故事集
沟通与合作	幼儿教师沟通艺术工作坊	1. 学会使用符合幼儿年龄特点的语言进行保教工作 2. 在观摩熟悉家长工作的基础上，通过模拟访谈、现场教学等方式掌握家长工作要领，感知与家长进行有效沟通与合作的技巧，助力家园共育	1. 组织幼儿教师口语专题沙龙（如给予有效的指令） 2. 开展"怎么听孩子才会说，怎么说孩子才会听"互助微课堂 3. 开展师幼互动行动研究，观察记录并分析幼儿教师口语个案 4. 与幼儿园合作，设置定点沟通岗位，每周下园承担家庭教育指导与沟通工作
反思与发展	教育研究工作坊	1. 在研究活动中学习研究，提升发现幼儿园保教工作现实问题的敏感性，能针对保教工作的需要与问题，采取合适的研究方法展开研究，提出科学合理的解决建议 2. 掌握学术报告的基本写作要求，能主动收集分析相关文献资料，形成相对规范的研究论文，为改进保教工作提供启示	1. 以创新创业项目与科研课题研究申请为核心组织专题培训 2. 定期举行研究热点学术论坛，分享近期国内外本领域优秀研究成果 3. 个别指导，孵化大学生科研项目与创新创业项目 4. 征集课堂教学与学生阅读思考所提出的研究问题，以研究小组为单位就某个学前教育问题展开专题研究，了解学前教育热点问题与实践动态，形成研究报告

4. 强调实践与理论的互通，促进理论性知识与实践性知识的转换

实践探究是实践性知识产生的源泉，反思体验是实践性知识生成的基本条件，同时，理论性知识又是实践性知识生成的基础。因此，幼儿教师职前教育既要打好理论基础，又要注重理论与实践的贯穿，将学前教育理论性知识与幼儿教育实践结合起来，促进学前教育专业师范生理论性知识和实践性知识的共同发展。由于在应对实践问题时，"教师更需要回答'我—此时—此地—应该—怎么教'这样的行动性问题"（鲍嵘，2002b），因此幼儿教师教育者应避免照本宣科、空洞乏味地讲授抽象化、概括化和系统化的教育理论，而要引导学前教育专业师范生主动分析教育理论的内涵，掌握理论形成的背景与实践意义，懂得理论的来龙去脉与应用范畴，知其然并知其所以然，将理论性知识融合到实践中。例如，在学前教育专业培养计划中所开设的思想道德修养与法律基础、学前教育学、学前心理学、学前教育研究、儿童哲学、儿童文学等基础课中，幼儿教师教育者要注重对学前教育专业师范生良好理念意向知识的塑造和自我知识的培育，促使其形成自我反思意识，熏陶职业情感，形成较强的职业认同感；而在幼儿园活动设计与指导（或五大领域教育活动设计）、幼儿园游戏、幼儿园环境创设、幼儿观察与评估、学前卫生学等针对实践的教育平台课上，幼儿教师教育者要尽可能地将教育理论性知识讲解与实践性知识习得结合起来，以理论性知识的系统逻辑框架为统领，进行理念意向知识的感染，再结合鲜活案例、问题情境、教育故事或者直接与实践对接的方式将开展幼儿教育资源开发、教学活动设计、教学方法选择、环境创设、卫生保育等日常教育活动所需的行为策略梳理出来，提升学前教育专业师范生对教育情境的敏感性并丰富行动决策知识；在开展学前教育管理、婴幼儿营养与膳食、蒙台梭利教学法、奥尔夫音乐、幼儿教师谈话艺术、早期教育、家庭教育等专业选修课中，幼儿教师教育者更应贴合具体的教育实践，帮助学前教育专业师范生在情境-体验、聆听-体悟的过程中加深对理论性知识的理解，化理论性知识为实践性知识，拓展实践性知识的内容与范畴。此外，艺术技能课程可成为学前教育人才培养课程体系中的有机补充，为学前教育专业师范生有效组织幼儿园活动增光添彩，如通过音乐基础理论、视唱练耳、声乐、钢琴、音乐欣赏、幼儿歌曲弹唱、舞蹈、幼儿舞蹈创编、美术、幼儿体操等课程学习，可提升学前教育专业师范生的艺术技能，便于学前教育专业师范生在艺术技能辅助下更出色地完成幼儿园工作任务，增强学前教育专业师范生组织实践的信心。

5. 采取"双导师"制，倡导平等对话的师生关系

为保障实践性知识发展取向的幼儿教师职前教育课程改革能有效落实，幼儿教师教育者需要承担起知识传递者、能力培训者、思想启蒙者、实践指导者和专业引领者等多重角色。除此之外，幼儿教师教育者不能局限于高校教师，还应包括拥有丰富实践性知识的一线幼儿教师或教研员，在实践中，传统"师徒制"通过言传身教的方式更容易传递内隐的实践性知识。因此，学校采取"双导师"制，聘请一线资深幼儿教师为实践导师，与高校教师相互配合，共同帮助学前教育专业师范生认识、言明、试误和建构实践性知识，成为他们实践性知识发展的引路人。

保罗·弗莱雷（Paul Freire，2001）曾说过："没有了对话，就没有了交流；没有了交流，也就没有真正的教育。"平等对话是实现专业精神共享和实践性知识转化的基础，幼儿教师教育者不仅要注意营造自由平等的对话文化，鼓励学前教育专业师范生积极探究、乐于表达和交流，多渠道激发他们的实践兴趣，还要超越传统意义上以知识传递为主的培养理念，在与学前教育专业师范生的交往互动中，从深层次上唤醒学前教育专业师范生的自主发展意识，产生信念熏陶、价值观迁移、行动感染与内容深化的效果。

（三）"实践浸润式"幼儿教师职前教育实践课程体系建构

职前幼儿教师在校学习期间实践性知识的养成与实践课程息息相关，它是联结抽象理论学习与真实实践体验的桥梁，促进学前教育专业师范生从学校走进幼儿园，融入幼儿园实际工作。实践课程的设置及体系建构一直是幼儿教师职前教育亟待解决的难题之一，也是影响幼儿教师职前阶段实践性知识生成质量的关键。融合上述"实践浸润式"幼儿教师职前教育课程改革旨归，本书以未来幼儿教师培养的主阵地——学前教育专业本科院校为例，根据幼儿教师实践性知识发展特点重构实践课程，建立起集专业课程学习（第一课堂）、专业竞赛与工作坊活动（第二课堂）以及见实习（第三课堂）于一体的全方位实践课程体系，以实践问题解决与实践性知识发展为主线，让学生四年浸润于实践中，体现"在实践中进步、在体验中发展"的实践性知识生成理念。

"实践浸润式"实践课程体系突出"浸润"的特点，强调在潜移默化的实践氛围与形式多样的实践过程中进行实践、感悟实践、反思实践，获得对实践的深度理解，将学前教育理论性知识转变为指导实践问题解决的理念意向知识，获取情境洞察知识并积累行动决策知识，从而能创造性应对各种幼儿园实践问题。换言之，这就要祛除"先理论后实践"、理论与实践割裂的传统痼疾，变"突击式"实践为"持续性"实践，结合学前教育专业人才培养要求以及未来幼儿园教师专业发展要求将实践任务进行合理分解，与理论学习紧密配合，分层推进实践练习，突出各维度的实践重点，并以此安排重点突出的实践活动，环环相扣，共同致力于学生实践性知识与实践能力的培养。其中，第一实践课堂，即专业课程中的实践教学环节，需根据课程教学目标预设具体实践项目，增加实践课时比例，以模拟实践、观摩、演示、研讨等多种形式增进学生对相关理论在幼儿园教育实践应用中的理解，有针对性地提高各种实践能力。第二实践课堂以各类专业比赛、社会实践和工作坊活动为主，可有效拓展学生参与实践的形式，增加各种实践机会。而且以项目任务和比赛形式推进实践，学生参与热情更高，目的更明确，其实践性知识在完成各个任务与参与比赛过程中获得潜移默化的发展，课外学习生活也更为丰富多彩。第三课堂的见实习环节，改变仅在毕业阶段集中实习的传统，确立由浅入深的分段、分主题实习新模式，细致入微，贯穿大学四年，且每年侧重不同实习内容，让实习更具针对性。具体而言，学生从大一开始进入幼儿园真实环境，逐步经过保育实习—教育活动组织实习—游戏活动组织实习—校内实习准备—顶岗实习的系统锻炼，从"看见"到"看懂"，从"青涩"到"成熟"，从"理论"到"实践"，在亲临现场的感悟、体验以及指导教师的示范与点拨下，完成由一名学前教育专业师范生到合格幼儿教师的顺利转变。具体"实践浸润式"幼儿教师职前实践课程体系设计实例详见表6-1。

（四）基于工作坊教学的"实践浸润式"幼儿教师职前教育革新

工作坊（workshop）教学的起源最早可追溯到20世纪初，"著名建筑设计大师沃尔特·格罗皮乌斯（Walter Gropius）在德国魏玛创建了包豪斯学院，学院十分注重对学生综合能力与设计素质的培育，倡导'技术与艺术并重、理论与实践同步'的教育理念，学生的学习过程如'工厂学徒制'，学生的身份是'学徒工'。在组织教学的过程中，担任艺术形式课程的教师称为'形式导师'，负责教授理论课程，并引领专业的发展；而担任技术、手工艺制作课程的教师称'工作室师傅'，负责辅导实践教学。由于学生日常集中参加实际创作训练需要特定的场地——'工作坊'，因此包豪斯学院的这种实践教学模式被视为'工作坊教学'的最初雏形"（郭朝晖，2015）。随后，工作坊教学被逐步推广应用于高等教育领域，对于推动高等教育教学从单纯关注"是什么"和"为什么"的理论性知识传授到探索知道"怎么做"的实践性知识获取的转变发挥了重要价值，成为当前富有影响力的一种新兴教学模式。工作坊形式也被应用于教师培训、家长工作等教育领域，受到社会广泛关注。

1. 工作坊教学的释义与解读

工作坊教学，也可称为专题研习工作坊，是指教师带领学生围绕某个贴近工作实际的主题，在特定的时间和地点，通过讨论、调查、分析、设计、实操或制作等形式，实现知识与经验分享、共同解决实践问题、提高学生实践能力的一种实践教学方法。其主要特色在于以分析和解决实际问题为主线，以合作学习为重点，以发挥学生的主体作用为依托，培养学生直面工作的综合实践素质。同时，"这一教学模式与传统的理论核心模式、教师核心模式有着显著的区别，这是以实践为核心的理论辅助型教学模式，是以学生为核心的教师引导型教学模式。在具体实施过程中，不能简单地套用现有的教学计划、考核标准与方式。应该重新制定以目标引导为基础的教学模式，确定责任教授、辅导教师团队，以及基于教学目标所设定的课程体系和各个层级的子项目标问题，引导学生可以循序渐进地依据阶梯形问题去学习理论，实施实践，并最终解决所学专业方向的终极问题"（刘禹，王来福，2015）。"它主要强调以学生为中心，关注学生的需要、内在动机，并充分发挥学生的自主性，注重培养学习者发现和解决问题以及知识和技能的应用能力；同时强调探究的真实性，即与客观实际相联系，以多元化的方式来分享和呈现探究的成果，是一种既注重过程又重视结果的学习方式"（林书兵，2014）。综合而言，工作坊教学突出实践的核心地位，遵循实践导向，是一种围绕某个真实实践问题的研究性学习，也是一种互助共赢的合作性学习，强调学生作为中心在坊主的引导和支持下主动参与完成真实实践任务或体验模拟实践场景的过程，能有效突破专业课程分科学习的壁垒，统整各科学习内容，并巧妙衔接起学与用、做与研的需求，协同效应显著。因此，工作坊实践教学具有学生参与程度高、合作意识强、贯穿理论与实践、整合知识经验、突出创新等方面的优势。

遵循共同兴趣原则组建的工作坊也是一种师生学习共同体，在相互交流、探索问题、共享知识、共同完成任务的过程中实现共赢成长。"工作坊教学的一般流程是聚焦生产实践中的具体问题，将其分解为若干子专题，根据学习者的兴趣组建相关的小型的学习组织，学生以一个个问题作为学习起点，根据导师拟定的主题，分组设计探究策略与方法，然后进一步搜集资料、分析并做出结论"（肖琼，等，2014）。在工作坊教学中，无论是担任坊主的指导教师，还是工作坊成员都将为解决实践问题贡献力量，发挥各自所长，并可通过讨论碰撞思想，梳理已有认知或产生新观点、新策略，也可通过分工合作相互学习，提高独立工作能力，完成真实工作任务，为工作坊积累更多的工作资源。为保障工作坊教学质量，工作坊教学也可采取确立目标—制订计划—筛选内容与方法—检验评价的思维方式展开教学活动，在其运行过程中兼顾如下原则："①由指导教师全面制订与掌握教学计划与实施方案。②学习计划以实践为主，突出实践。③使用真实项目检验学生的实践与理论学习效果。④多种学习方式并存，并强调自学"（刘禹，王来福，2009）。预先制订教学计划，精心筛选项目内容与任务，可避免工作坊教学陷入低效率的盲目实践与研讨中。

2. 工作坊教学助推职前幼儿教师实践性知识发展的构想

工作坊教学"符合'实践—认识—再实践'的认识规律"（林书兵，2014），以项目任务驱动的方式组织展开，围绕具体实践问题进行探讨、设计、实操或总结，不仅为学生提供了实践、体悟和试误的机会，而且搭建起了基于实践的反思与讨论平台。工作坊教学与幼儿教师实践性知识发展需经历的注意—试误—问题解决—编码—保存认知加工程序具有内在一致性，而且"工作坊教学采取集体合作学习的方式，注重学习者之间的讨论、交流与反思，能够较好地弥补课堂理论教学的缺陷"（陈琦，2015），也更有利于经过集思广益实现创新和超越，改进陈旧的实践策略。因此，在幼儿教师职前教育阶段运用工作坊教学，创建一系列侧重学前教育不同实践性知识发展的工作坊不啻为一种富有革新意义的尝试，以工作坊育人。此外，工作坊教学还有利于丰富学前教育专业实践教学形式，将基础理论学习、实践应用与研究创新任务有机结合，拓展学前教育专业师范生实践学习的内容和场所，促进学前教育专业师范生实践性知识在不断实践验证中生成，发展专业能力，形成具有就业竞争力的专业特长。

（1）学前教育专业工作坊教学的体系架构与内容

依据幼儿教师职前教育实践性知识培养取向要求，将工作坊教学纳入原有人才培养体系中，作为实践教学的重要形式，不仅可改"学完再做"的学习与实践顺序为"边做边学""在做中学"，促进理论与实践的融通，而且能突破注重技能训练、机械模仿的传统实践做法，形成以问题导向、能力导向、创新导向为原则的实践新体系，实现与幼儿园的全方位对接。然而，组建起任务各异、设计合理、富有特色的系列学前教育专业工作坊是运用工作坊教学提升实践质量的首要任务。创设系列工作坊既要统筹安排，打破学科和年级的界限，进行合理布局，探讨确定各工作坊的教学目标、项目内容和场地需求，形成具体可行的工作坊教学基本框架和实施步骤，也要兼顾坊主指导教师的专业优势和研究兴趣，整合学生个体发展兴趣与专业发展需求，以适宜主题的工作坊为纽带形成师生互助的学习共同体。此外，还需深挖各工作坊活动之间的联系，按照由易到难、由近及远的顺序结合常规实践教学活动要求合理安排工作坊教学活动，形成从大一到大四有机整合的递进式工作坊教学体系。表6-2即以《幼儿园教师专业标准（试行）》规定的专业能力内容为基本框架，根据学前教育专业人才培养目标与幼儿园实践任务，初步勾勒的工作坊教学体系概貌。各个学校可以根据自身发展优势以及对不同实践热点的研究旨趣进行个性化设计。

工作坊教学以致用和创新为旨归，强调知识交互与行为互助，为在学前教育某领域具有钻研兴趣的学生深入探究学习提供机会。它既是专业课程教学的有效延伸，拓展了课堂教学内容，深化了学生对本领域学习的理解，整合起各方面学习经验，扩大学习容量，也是对学前教育实践热点问题的关照，紧扣行业需求，搭建起师生共同研究探讨学前教育实践问题的平台，不仅有助于学生养成指向于实践问题解决的实践性知识，而且有利于促进学生创新能力的发展，超越传统，创造性解决实践问题，推动实践教学纵深发展，从而实现"纵向可提升，横向可转移"。此外，工作坊教学作为拓展学前教育专业学生感知实践场景、研讨实践问题、养成实践性知识的新路径，并不局限于上述与幼儿园教师专业标准紧密相关的实践内容，还可因地制宜，根据指导教师与学生兴趣开设内容更丰富、形式更多样的工作坊，诸如蒙台梭利教学工作坊、奥尔夫音乐教育工作坊、感觉统合练习工作坊、绘本创编与手绘讲述工作坊、幼儿创意画工作坊、幼儿舞创编工作坊、幼儿服装与饰品设计工作坊等，紧扣幼儿教育工作需要，最大限度地从各方面支持学生实践性知识的生成，开发其创新潜能，培养学生勤于思考、乐于实践的学习品质，为学生顺利入园工作创造必要条件。

（2）学前教育专业工作坊教学的组织与实施

学前教育专业工作坊教学以项目任务为驱动，以阶段性任务完成或问题探究为演进主线不断深入，其"关键是要将结构化的知识转化成立体、真实的问题和任务"（王峰，王正，2013），指导教师作为坊主通过设定紧扣实践热点、意义突出、学生感兴趣的真实工作任务，将实训教学目标融入以问题为导向的团队自主研习过程中，打破学科间的界限，运用跨领域知识解决实践问题，兼顾理论学习、实践练习、课题研究等多方面需要，丰富实践教学的价值。工作坊可自上而下由学前教育专业教师结合自身专业优势申报组建并展开相关活动，也可自下而上由兴趣爱好相同的学生根据实践问题提出组建构想，学校招标选拔适合教师担任坊主组织活动，无论采取自上而下还是自下而上的方式，工作坊都需基于共同兴趣、主动学习的愿景而组建，为师生个性化发展搭建平台，将课内外学习、校内外实践有机整合起来。工作坊教学通常沿着自主学习—研讨设计—行动试误—验证完善—成果分享与展示的思路开展系列活动，利用课余时间组织，体现教学研一体化、学用结合的实施理念，具体实践项目可包括活动设计与实施、课程开发、实践调查、课题研究、创新创业项目、资料编撰、大型活动策划与组织等，实践活动涉及观摩、研讨、设计、沙龙、讲座、实验、模拟实践、案例分析、活动组织、说课评课、家长指导等多种形式。可由坊主年初提交实践项目计划，经由学院教学指导委员会审核同意后执行。指导教师在工作坊教学中扮演思想引导者、技术支持者与合作伙伴的角色，运用专业视角筛选并明确实践任务、找准问题，引领工作坊成员共同完成，注重每位成员才能的施展。

（3）学前教育专业工作坊教学的管理与评价

工作坊教学不同于传统的理论课教学和一般的实践训练，倘若简单套用现有的教学计划、考核标准与督导方法，必将产生掣肘，阻碍工作坊教学的开展。所以工作坊教学"应建立灵活全面的评价方式，将目标评价、过程评价、教师评价、小组评价和自我评价有机结合起来，才能在实践中更好地发挥工作坊教学的作用"（林书兵，2014）。具体可借鉴已有研究成果中的"过程+结果"的双层次评价方式，这种评价方式"对于考查学生知识体系的掌握情况、能力层次的实现程度及综合素质水平具有重要价值，实现了对认知性与非认知性学习成果的全面考量"（吴绍艳，等，2018）。结合学前教育专业工作坊教学实际，"过程+结果"的双层次评价可分为基于过程的评价以及考察结果评价两部分，过程评价的核心目的是考核学生的参与度、工作态度、合作精神、沟通交流水平，可将考勤、工作日志、活动报告、主动承担任务等作为评价指标，此外，结果评价主要评价具体工作任务的完成情况，以成果验收形式评价。从工作坊教学的特点看，这些成果不仅包含知识积累、能力提升、态度转变等体现学生成长的内隐性成果，也包含解题策略、产品开发与制作、方案设计、调查报告、实用案例、资源包收集等可供他人参考借鉴的外显性成果，教师可根据成果质量、问题解决深度以及各成员贡献度、成长度评分。因此，工作坊教学评价既注重过程又重视结果，寻找多元化分享和呈现教学成果的途径，鼓励将教学成果运用于幼儿园实践之中，以反哺实践，检验成果。

为确保工作坊教学顺利有质量地开展，师范院校也需围绕工作坊组建申报、计划审核、过程实施、成果评价、学分课时转化等内容建立起良好的工作坊教学管理机制，制定合理可行的管理制度。从社会对学前教育专业人才的需求出发，思考运用工作坊教学方法促进学前教育专业学生综合实践素养和实践性知识提升的策略，优化工作坊实践教学体系。可通过检查工作坊实践教学计划、工作坊实践任务完成成果、工作坊简报、工作坊活动记录手册、工作坊年终总结等文本材料以及随机参与工作坊活动的方式进行有效监督，并给予充分支持，保证工作坊教学目的的实现。

二、推行"问题诊断式"幼儿教师职后培训

瑞吉欧教学的代表人马拉古奇曾指出："幼儿教师专业素养的形成与发展，必须在与幼儿一起工作的过程中同时进行，除了在职培训，我们没有其他选择，所有智慧在使用过程中更加坚固，而教师的角色、知识、专业和能力在直接的应用中更强化"（李槐青，2010）。事实证明，与实践应用紧密结合的幼儿教师职后培训是外在引导幼儿教师专业素质提升的常见方式，实践性知识作为幼儿教师专业发展的知识基础，应成为职后培训的重点，而如何通过培训促进幼儿教师实践性知识发展则成为职后培训讨论的重中之重。

（一）"问题诊断式"幼儿教师职后培训的设计依据

1. 幼儿教师职后培训的现状反思

传统的幼儿教师培训以集中式专家讲座和园本培训为主，专注于学前教育公共理论性知识的传播，培训实效不佳，为人诟病。"幼儿教师培训在内容上存在着重知识、轻实践能力、针对性不强等问题"（吕耀坚，赵亚飞，2008），培训形式

也以专家讲座为主，围绕某学前教育理论的原理和应用进行一言堂式的讲解，脱离幼儿教师的日常生活实践，无法根据幼儿教师的既有实践经历引起认知冲突，让理论性知识同化到认知结构中，转化为实践性知识，培训效果往往会大打折扣。"教师主体参与度相对较低的培训方式开展得较多……培训过于理论化，培训内容回到实践中很难加以运用"（张云亮，等，2012），即使有许多幼儿教师能够认同培训所传递的教育理论，但由于缺乏情境洞察知识和可操作性策略的支持，容易一知半解，在遭遇实践问题时显得心有余而力不足。久而久之，幼儿教师对这种专家讲座式的培训深感抽象、空泛、枯燥、乏味甚至是无用，幼儿教师也因此抱怨道："培训时听得热血沸腾，而回来后又无能为力。"部分由教研员担任培训者的专题培训，即便能梳理解决实践问题的行为策略知识，但缺乏围绕主题的持续推进，以15天以内短期培训为主的幼儿教师培训受时空限制，难以促进参训学员完成聆听—领会—实践—反思的实践性知识发展全过程，导致培训就如蜻蜓点水，隔靴搔痒，学习后信息衰减速度极快，甚至无须多时就遗忘殆尽。

加之"授课专家大部分重视从社会与政策等较为宏观的视角进行理论建构，旨在通过理论的引导优化教师的教育教学行为。这种外源性的知识通过专家的调查研究产生，固然具有较强的先进性与指导性，但这样的知识忽视教师已有的经验，对于长期置身于一线工作的幼儿园骨干教师来说具有被迫性与矛盾性。外源性知识无法扎根教师的头脑、走进教师的内心、唤醒教师的灵魂，这就导致受训教师在接受培训后，运用别人的教学方法，传授别人的知识，以达到别人的教育目的，缺乏灵魂的滋养"（吴荔红，曹楠，2017）。为此，也有幼儿教师在访谈中说道："在国培中，我们听到老师讲的一些知识，觉得正是自己工作中的缺陷，正是我们需求的，我们认真做好笔记，下载老师的PPT，等国培后回去，培训的知识遗忘了一部分，热情减少了一部分，实际操作也没有想象中那样顺手，慢慢就淡了，一切照旧。"由此可见，培训如果没有植根于幼儿教师自身的教育实践，就如同无本之木，难以为继，别人的知识没有得到内化，遗忘速度也随之加快。若非自主学习意识非常强烈，幼儿教师在返回本职工作岗位后，通常被日常工作琐事缠身，在得不到有效专业指导的情况下，培训所学只能束之高阁，无法深究与运用，培训预期也难以实现。

除此之外，为便于组织和筹备，无论是主办方还是培训者，都青睐拼盘式的培训组织方式，每位培训者就自己擅长的某个主题按预设内容进行为期半天到一天的专题讲座或实操演示，随后"你方唱罢我登场"，培训主题随之更换，这样的培训管理成本较低，组织与筹备工作也相对简单，即使遇到培训者无法按期参与培训等情况，组织者可以随时调整专题，由其他培训者顶替。因此，综合考虑培训劳务报酬等因素，拼盘式培训中因人设课等现象十分普遍。虽然整个培训安排的各专题之间具有一定内在联系，但缺乏针对实践核心问题的深度学习，如同撒胡椒面，面面俱到，却五味杂陈，不同专题学习反而成为深度思考的干扰，如幼儿教师所言："我们国培时听了老师的课，满腔热血地想把学到的带到实际教学中去，结果第二天又接受下一个老师的培训，然后又满腔热血，然后又接受下个老师的培训，最后变成猴子掰包谷。"培训犹如走马观花，不仅难以致用，转化为幼儿教师的实际行动，还会出现后续所学内容覆盖前期浅尝辄止的学习经验等问题，培训投入消耗与实际产出往往极不相称，培训效果堪忧。

幼儿园推行的园本培训一般会受到幼儿园条件和培训者素质的限制，缺乏规划，零散无序，不利于推动幼儿教师紧扣所面临的实践问题展开成体系的深度学习，陷入经验层面的低水平模仿和重复操作的怪圈。还有许多幼儿园将所谓的依托本园资源开展的培训与幼儿园办公例会、心得分享、教师沙龙等活动混为一谈，经常以诵读幼儿教育经典、学习重要文件、分享外出培训收获和传达通知等形式开展，培训过程散漫随意，培训效果往往不尽如人意。总体而言，在职幼儿教师一般经过系统的职前教育并取得了幼儿教师资格证，他们已具有一定的教育理论基础，也具备相应的教育技能，如果继续推崇以理论和技能为核心的传统培训模式，容易使培训脱离幼儿教师兴趣，流于形式。

2. "问题诊断式"幼儿教师职后培训设计思路

以幼儿教师实践性知识的发展为根本取向，回归幼儿教师的教育实践是当前提高幼儿教师职后培训质量、摆脱理论灌输藩篱的重要途径。这不仅能增强幼儿教师参与培训的积极性，提高学习收获，还能帮助幼儿教师消除对理论知识和专家学者的盲目迷信，使他们更愿意立足于日常的幼儿教育生活去主动探索教育规律，形成较强的职业认同感与专业自主发展意识，同时也能帮助幼儿教师解决实践问题，提升他们处理实践问题的教育艺术。通过培训发展幼儿教师的实践性知识有两种模式可循，其一是采取观念先行—情境铺路—策略跟进—反思实践的演绎发展模式丰富实践性知识，其二是沿着情境设疑—策略模仿—观念解读—理论提升的归纳发展模式改造实践性知识。整体而言，无论采取何种培训模式都要以幼儿教师密切相关的实践问题为核心不断深入，培训内容小而精，培训形式丰富多样。

由于幼儿教师的实践性知识一般潜藏在自身的实践行为之中，很难被意识或察觉到，更难以用语言文字系统表述，这成为发展幼儿教师实践性知识的最大障碍。"教师的实践经验知识只有系统化后才有力量，而没有经过整理的实践经验知识容易流于片段的信息，因此教师要学会建构专业系统化的机制，能将自己丰富的实践经验加以总结和整理，以形成系统的知识体系。可以先让教师选择最专长的科目，然后从教育思潮开始，想一想影响这个学科的教育思潮有哪些，这些思潮真正影响自己的教育信念的又有哪些，这些思潮后来又形成了哪些教育理论，这些理论又形成了哪些教育方法，教师如何将其转化为实际的教学活动，并应用到实际的课堂教学中。应用这一机制来整理专业知识能力，可以协助教师更清楚自己的知识系统，一旦教学活动出现了问题，这个系统就变成了反省机制，就会协助教师探询教学的实际问题，以改进教师的知识"（申继亮，2006b）。有鉴于此，要通过培训优化幼儿教师的实践性知识，提升他们的实践能力，就要解决如何促进幼儿教师实践性知识显性化的问题，建立幼儿教师反思整合实践性知识的机制。为此，我们可以设计"问题诊断式"主题培训模式，从选择有代表性的实践问题着手，引导幼儿教师探索实践问题的解决方案，使幼儿教师在探明、言说和对话的过程中实现隐性知识和显性知识的转换，再通过理论延伸、情境互动和策略丰富实现理论性知识向实践性知识的转化，从而在这些螺旋式循环上升的转换中发展实践性知识。"问题诊断式"培训融入参与式培训理念，用问题贯穿，汇通理论，在幼儿教师已有实践经验的基础上，通过合作学习、反思性学习共同建构实践性知识，使实践性知识得以显性化、系统化和调试化。

（二）"问题诊断式"幼儿教师职后培训的实践优势

首先，"问题诊断式"培训的目标指向性和操作应用性强，贴近幼儿教师的思维特征，其组织形式给予每位幼儿教师言说和操作的机会，鼓励幼儿教师畅所欲言，表达个人的真知灼见，融合了实践性、反思性、合作性、主动性、参与性等特征。因此，这种培训能增强幼儿教师参加培训学习的积极性和主动性，促使幼儿教师从思维、情感和行动各方面充分参与，尊重幼儿教师的专业自主性和已有实践经验；其次，通过诊断实践问题，寻找适宜实践方案的培训可提升幼儿教师分析、反思和讨论幼儿教育实践的能力，提高问题敏感性，帮助幼儿教师调用并加工已有的实践性知识，丰富行为策略知识；再次，在以小组为单位的活动组织中，幼儿教师能实现深度沟通，互动对话，它有利于幼儿教师分享实践性知识，促进相互学习；最后，培训基于常见的实践问题展开，并回归实践操作，可使幼儿教师在接近真实实践情境的环境中反思实践问题，体验实践过程，这大大缩短了教学与实践、教学情境与实际生活的真实情景之间的差距，加快了幼儿教师学以致用的速率。同时，在问题解决中进行理论阐释，还能加深幼儿教师对理论性知识原理、规则和应用策略的理解，调动多种感官学习理论性知识，提高记忆率和保持率。

综上所述，"问题诊断式"幼儿教师职后培训围绕问题情境展开，贴近幼儿教师日常实践。它不仅可以促进幼儿教师讨论、演练和升华实践性知识，也可以促使幼儿教师积极主动地参与。在整个培训过程中，也许将没有旁观者，只有参与者，幼儿教师的学习热情大大提高，其学习的记忆率和保持率也会随之增强。

(三)"问题诊断式"幼儿教师职后培训的实施策略

一个完整的培训项目应包括培训需求的分析、培训课程的开发、培训方式的选择、培训课程的实施、培训效果的评价等几个环节。其中，做好培训需求分析是提高培训针对性和有效性的前提和关键。"问题诊断式"职后培训需在培训前通过问卷调查、访谈、现场观察等定性和定量的方法，调查、分析幼儿教师的培训需求，根据幼儿教师的实践困惑与诉求总结实践问题，再紧扣幼儿教师亟待解决的实践问题筛选课程内容，按照营造问题情境—分析诊断问题—比较破解方案—澄清理论视角—行动延伸的思路展开培训。"问题诊断式"职后培训可以分组活动为主，遵循"组内异质、组间同质"的分组原则，依托案例分析、参与式讨论、辩论、角色扮演、头脑风暴、案例教学、微格教学、理论阐释、操作体验和反思评价等活动层层推进培训，与幼儿教师共同讨论实践中的常见问题，分析问题，找到问题的解决策略和实施依据，从问题到实践，从实践性知识上升到理论视野，鼓励幼儿教师分享和创新自己独特的实践策略，提高幼儿教师的反思探究能力。

1. 营造问题情境

"单纯积累'教学体验'并不是'实践性知识'，从教师的教学体验产生出教学的实践性知识，唯有通过教师在教学实践中解决所探究的问题的体验，才有可能。就是说，教师自身如何明确自身教学中的问题，是实现这种转化的关键"(钟启泉，2006)。"问题诊断式"培训就是要帮助幼儿教师明晰这些问题，以实践问题切入，提高幼儿教师的问题意识，帮助他们准确把握幼儿教育情境中所存在问题的实质，形成分析问题的合理视角，找到解决问题的有效方法。特别是实践性知识中包含大量的缄默知识，而"缄默知识的获得总是与一定特殊的问题或任务'情境'联系在一起，是对这种特殊问题或任务情境的一种直觉综合或把握"(石中英，2001b)。"问题诊断式"培训打破传统培训以理论逻辑为体系的组织原则，以实践问题统领整个培训活动，结合具体的问题情境形成以幼儿教育实践板块为基本单位的专题展开培训。其首要任务就是遴选幼儿教师实践中遇到的各种代表性问题，营造问题情境。具体而言，培训可选取环境创设与材料提供，语言、艺术、社会、健康、科学活动设计与组织，练习游戏、建构游戏、角色游戏、规则游戏的组织与指导，特殊幼儿教养攻略，日常保育等方面的常见性、典型性问题作为主题，采用文字图片案例、视频材料、现场观摩、角色表演、口述介绍等方式抛出一日活动、一堂课、一项游戏活动或一个生活片段中体现的实践问题诱发幼儿教师思考，也可让幼儿教师置身真实的问题情境之中，以问题引起行动，用行动考验实践性知识。

2. 分析诊断问题

一般而言，拟通过培训促进幼儿教师实践性知识发展的路径有两种：其一，是有针对性地培养幼儿教师某方面的实践性知识，通过外在活动激发幼儿教师改变自己的思想观念和行为方式；其二，使幼儿教师意识到自身实践性知识的重要性和特殊性，掌握获取实践性知识的有效方法，能自主发展自己的实践性知识。分析诊断问题环节可调和两种路径，既要使幼儿教师在发现问题、分析问题的过程中感知自己还不具备的实践性知识，也要在洞察问题、诊断问题的过程中反思改进已有的实践性知识。本环节的重点在于引导幼儿教师启动问题解决经验的系统化转换机制，循着实践情境如何—存在的问题有什么—原因是什么—具备何种条件—需要达到什么目的的线索深入思考，再现实践性知识产生的过程。同时，采取组内共同分析讨论实践问题的方式，形成群体认知、思维、情感方面的共振，加深个体对自己没有直接明确达成教育目的实践性知识的问题感知，提高自身情境洞察知识的敏感性，从而在矛盾感、差距感的驱动下深度内省，积极思索，为破解问题奠定基础。

3. 比较破解方案

经过描述和分析实践问题环节后，培训者要引导各组寻找解决问题的适切方法，建构有效的行动理论。"行动理论都有相同的模式：在 S 情境中，如果想得到 C 结果，就必须采取 A 行动"（克里斯·阿吉里斯，唐纳德·A.舍恩，2008）。例如，幼儿教师在冬天午睡之后，如果要避免幼儿患感冒，就必须在睡前督促幼儿脱下适量衣服，并在起床后仔细检查幼儿是否穿好了衣服，穿戴完毕才能离开休息室。然而，由于第一型使用理论往往导致实践者遇到僵局，因此欲提高专业绩效，就必须对使用理论进行反映。另外，防御会抑制实践者对其实践知识从整体上进行反映和转化。因此，要将反映性探究转化为实践性知识，对实践和专业教育两方面做出贡献，就必须创立一个防御行为较少的第二型行为环境。有鉴于此，比较破解方案环节需强调坦言诚谏、集思广益的要求，鼓励幼儿教师积极贡献自己实践性知识的结晶，通过观点碰撞和经验分享，最大限度地为问题解决提供各种方案，寻找妥善处理问题的最佳策略。而且比较选择的依据在于更有效地解决实践问题，讨论不能进行人身攻击，负载个人价值，这样容易引起幼儿教师思维的激荡，降低个人的防御行为。在此过程中，幼儿教师之间会进行激烈争辩，沟通合作，通过不断磨合与理性批判，达成共识，形成组内认同的解决方案。再分组展示或演示破解方案，互相学习借鉴，其他小组幼儿教师则带着自己的观点去观察和探讨，针对别人与自身的优点与不足进行比较，选出最优的实践方案。

4. 澄清理论视角

理论是实践的先导，教育理论性知识能与实践性知识相互转化、相互影响并相互促进。换言之，幼儿教师要深入发展实践性知识就要以学前教育理论性知识为养料，不断吸收理论的营养，推敲实践问题，使之能更完美地应用到实践之中。

本环节可以为培训中通过思维震荡和激辩而探寻到的最佳实践方案提供理论性知识辩护,为实践行动找到科学依据。此时,培训者要注意结合实践问题介绍体系化理论,向幼儿教师解释为什么要这么做,其优点何在,蕴藏着何种教育学、心理学、生理卫生学等理论性知识,这种理论的来源、观点和逻辑体系是什么,这不仅可以加深幼儿教师对实践问题的认识,也能加强幼儿教师对理论性知识的理解和掌握。它开启了幼儿教师理论性知识和实践性知识转化的通道,培训者一方面要引导幼儿教师将自己零散的实践性知识系统化、抽象化为理论性知识,另一方面也要补充相关的理论性知识,用新理念、新理论促进幼儿教师更新固化的实践性知识,使理论性知识内溶为相应的实践性知识。此时,培训者对理论性知识提纲挈领的讲解如同点睛之笔,能发挥醍醐灌顶之效,让幼儿教师言明后的实践性知识更为明晰,凸显框架。此外,他们还可推荐相关阅读书籍,为幼儿教师自主补充理论性知识指点迷津。

5. 行动延伸

虽然"问题诊断式"培训主要围绕某一实践问题而展开,但问题只是引子,培训的落脚点仍在于唤起幼儿教师反思实践性知识的意识,由点及面、推而广之地丰富其实践性知识,提高幼儿教师的实践效能。因此,培训最后环节需搭建应用平台,启发幼儿教师思考与理论性知识结合的实践性知识在自我教育实践过程中的应用方式,拓展使用范围,强化使用理论。在澄清原理,得到幼儿教师的认同后,再配合示范演练、行为模拟训练、现场教学、研讨会等活动,加深幼儿教师对实践性知识的全方位感知,在理论指导下尝试操作,得到具体细致的实践策略,形成知行合一的实践性知识。行动延伸的组织方式多种多样,既可让幼儿教师全程观摩与主题相关的优秀实践片段,从外在模仿到实践性知识内化;也可鼓励幼儿教师进行实验操作,在实践中检验实践方案的效果,在操作中得到其他幼儿教师和培训者的指导建议,完善实践性知识;还可布置行动方案撰写的培训作业,让幼儿教师撰写具有创新拓展性的实践设想,将培训收获的实践性知识设计应用到自己日常的幼儿教育实践活动之中。此外,为了加强幼儿教师之间的交流,培训者还可创建公共邮箱、QQ 群或微信群,引导幼儿教师开展双向、多向互动,在解决问题的行动中互助解疑,分享经验。

"问题诊断式"职后培训中培训者的作用在于培训前尽可能多地收集幼儿教师迫切希望解决的自身实际工作中出现的典型性问题,结合幼儿教师的培训需求选择相关材料和案例,确定培训主题,再穿针引线,组织培训全过程,最后提供理论视角,提出实践建议。这不仅需要培训者具有儿童发展心理学、学前教育学等方面的理论素养,能高屋建瓴,善于倾听、判断和概括幼儿教师的实践性知识,还需要培训者具有丰富的实践经验,能够深入浅出、一针见血地剖析实践问题与实践性知识的匹配度,提出富有操作性的实践策略,引领幼儿教师实践性知识的发展。

　　总之，我们要打造幼儿教师职前和职后教育一体化模式，坚持以发展幼儿教师的实践性知识为目标，培养反思实践家型的幼儿教师。在建立这种幼儿教师终身教育体系后，职前培养单位与幼儿园更能深度配合，携手共进，在互动中实现优势互补、双向共赢。一方面，幼儿园为培养学前教育专业师范生的实践性知识提供锻炼机会和一线指导教师；另一方面，幼儿教师职前培养单位也可以和幼儿园在职教师进行深入交流与合作，研究在职幼儿教师的实践性知识，有针对性地开展培训，提升在职幼儿教师的实践性知识水平。

参 考 文 献

艾弗·F. 古德森，2007. 专业知识与教师职业生涯[M]. 刘丽丽，译. 北京：北京出版社.

保罗·弗莱雷，2001. 被压迫者教育学[M]. 顾建新，赵友华，何曙荣，译. 上海：华东师范大学出版社.

鲍嵘，2002a. 论教师教学实践知识及其养成[J]. 高等师范教育，3：7-10.

鲍嵘，2002b. 教师实践知识初探[J]. 现代大学教育（2）：27-30.

波兰尼，2004. 科学、信仰与社会[M]. 王靖华，译. 南京：南京大学出版社.

波伊曼，2008. 知识论导论：我们能知道什么[M]. 洪汉鼎，译. 北京：中国人民大学出版社.

蔡春，2006. 个人知识：教育实现"转识成智"的关键[J]. 教育研究，1：10-15.

蔡亚平，2005. 论教师实践性知识的失语与建构[J]. 教育理论与实践，11：16-18.

曹正善，2004. 论教师的实践知识[J]. 教育学术月刊，9：3-6.

曹致镠，2004. 小学教师参与课程发展之实践知识研究：以综合活动学习领域为例[D]. 台北：台北教育大学.

陈国泰，2000. 小学初任教师实际知识的发展之研究[D]. 高雄：高雄师范大学.

陈国泰，2003. 初任幼儿教师实际知识的发展之个案研究[J]. 花莲师院学报（教育类），16：299-323.

陈静静，2009. 教师实践性知识及其生成机制研究[D]. 上海：华东师范大学.

陈美玉，1995. 教师专业实践理论及其应用之研究[D]. 台北：台湾师范大学.

陈琦，2015. 基于工作坊的酒店管理专业教学模式改革实践[J]. 中小企业管理与科技旬刊，35：132-133.

陈姝娟，李晖，2013. 农村幼儿教师的培训需求及提升策略[J]. 教育评论，6：54-56.

陈威杰，2010. 小学社会学习领域教师教学实际知识之个案研究[D]. 屏东：台湾屏东大学.

陈向明，2003. 实践性知识：教师专业发展的知识基础[J]. 北京大学教育评论，1（1）：104-112.

陈向明，2009a. 对教师实践性知识构成要素的探讨[J]. 教育研究，10：66-73.

陈向明，2009b. 教师实践性知识研究的知识论基础[J]. 教育学报，5（2）：47-49.

陈兴华，2012a. 反思性实践与幼儿教师实践性知识的生成[J]. 江苏技术师范学院院报（3）：5-10.

陈兴华，2012b. 实践性知识与幼儿教师职前教育改革[J]. 周口师范学院学报，29（2）：154-156.

成丽媛，李佳，李海霞，等，2007. 美国幼儿教师资格及其认证方式简介[J]. 学前教育研究，12：45-49.

程勇，2009. 教师实践性知识前沿理论探讨：定义、概念框架与研究"阈"[J]. 上海教育科研，5：15-18.

辞海编辑委员会，2002. 辞海（1999 年缩印本）[Z]. 上海：上海辞书出版社.

但菲，贺敬雯，张梦涛，2017. 职前幼儿教师实践性知识的发展：现状、影响因素及教育建议[J]. 教育研究与实验（2）：73-79.

邓青青，2010. 幼儿教师个体实践知识形成的叙事研究[D]. 上海：华东师范大学.

邓涛，鲍传友，2005. 教师文化的重新理解与建构：哈格里夫斯的教师文化观述评[J]. 外国教育研究，32（8）：6-10.

邓友超，2007. 教师实践智慧及其养成[M]. 北京：教育科学出版社.

邓友超，李小红，2003. 论教师实践智慧[J]. 教育研究，9：32-36.

刁培萼，吴也显，2005. 智慧型教师素质探析[M]. 北京：教育科学出版社.

杜威，2005a. 确定性的寻求[M]. 傅统先，译. 上海：上海世纪出版集团.

杜威，2005b. 我们怎样思维·经验与教育[M]. 姜文闵，译. 北京：人民教育出版社.

范柯柯，2013. 幼儿园教师实践性知识形成的个案研究[D]. 北京：首都师范大学.

范良火，2003. 教师教学知识发展研究[M]. 上海：华东师范大学出版社.

方红，2006. 缄默知识：幼儿教师专业成长的实践性智慧[J]. 四川教育学院学报，22（12）：29-32.

方明，2004．缄默知识论[M]．合肥：安徽教育出版社．

冯俊，2005．后现代主义哲学讲演录[M]．北京：商务印书馆．

顾泠沅，王洁，2003．以课例为载体引领教师发展[J]．人民教育，6：24-26．

顾明远，1992．教育大辞典（第一卷）[Z]．上海：上海人民出版社．

顾云虎，宋冬生，2009．教师实践性知识缺乏与缺失困境分析[J]．江苏教育研究，1：35-39．

关文信，2009．实践取向小学教师职前培养研究[M]．北京：首都师范大学出版社．

管钰嫦，2017．幼儿教师生活活动实践性知识的叙事研究[D]．长春：东北师范大学．

郭朝晖，2015．工作坊教学：溯源、特征分析与应用[J]．教育导刊，5：82-84．

郭铁成，双立珍，李小球，2014．国内外幼儿教师职业准入标准及其启示[J]．湖南科技大学学报（社会科学版），
　2：175-180．

郭秀艳，2003a．内隐学习[M]．上海：华东师范大学出版社．

郭秀艳，2003b．内隐学习和缄默知识[J]．教育研究，12：31-36．

何晓芳，2005．专业化背景下的教师实践知识研究[D]．长春：东北师范大学．

何晓芳，张贵新，2006．解析教师实践知识：内涵及其特性的考察[J]．教师教育研究，3：38-42．

何雨熹，2013．幼儿英语教师的实践性知识个案研究[D]．成都：电子科技大学．

胡军，2006．知识论[M]．北京：北京大学出版社．

黄荣怀，郑兰琴，2007．隐性知识论[M]．长沙：湖南师范大学出版社．

贾腊生，2008．教师专业发展论[M]．长春：东北师范大学出版社．

姜美玲，2006．教师实践性知识研究[D]．上海：华东师范大学．

姜美玲，2009．论教师实践性知识的发展路径[J]．当代教育科学，13：6-11．

姜勇，2004．论教师的个人知识：教师专业发展的新转向[J]．教育理论与实践，11：56-60．

蒋娟，2017．职前幼儿教师实践性知识培养体育的研究——以大陆、台湾两所高校为例[D]．沈阳：沈阳师范大学．

蒋茵，2005．基于教育行动研究的教师实践性知识[J]．教育探索，2：118-121．

教育部，2007．幼儿园园数、班数[EB/OL]．（2010-02-26）[2017-02-26].http://www.moe.gov.cn/s78/A03/moe_560/
　moe_1651/ moe_1658/201002/t20100226_27771.html．

教育部，2016．幼儿园园长、专任教师学历、职称情况[EB/OL]．（2016-10-11）[2017-01-01].http://www.moe.gov.cn/
　s78/A03/moe_560/jytjsj_2015/2015_gd/201610/t20161011_284381.html．

教育部，2017．幼儿园园数、班数[EB/OL]．（2017-08-23）[2017-08-23].http://www.moe.gov.cn/s78/A03/moe_560/
　jytjsj_2016/ 2016_qg/201708/t20170823_311730.html．

教育部师范教育司，2003．教师专业化的理论和实践（修订版）[M]．北京：人民教育出版社．

金忠明，李慧洁，2009．论教师实践性知识及其来源[J]．全球教育展望，38（2）：67-69．

琚婷婷，2007．一位高中语文教师的实践知识研究[D]．北京：首都师范大学．

鞠玉翠，2003．教师教育与教师个人实践理论的更新[J]．教育探索，3：92-94．

卡尔·波普尔，2005．客观知识[M]．舒炜光，等译．上海：上海译文出版社．

康德，2011．实践理性批判[M]．阿尔伯特，译，北京：世界图书出版公司．

克里斯·阿吉里斯，唐纳德·A.舍恩，2008．实践理论：提高专业效能[M]．邢清清，赵宁宁，译．北京：教育科
　学出版社．

李·S.舒尔曼，1999．理论、实践与教育的专业化[J]．王幼真，刘捷，译．比较教育研究，3：37-41．

李德华，2005．新手教师实践性知识的建构：从教师生活史分析[J]．当代教育科学，12：26-30．

李槐青，2010．当前园本培训存在的问题及对策思考[J]．教育导刊（下半月）（12）：69-71．

李峻，2006．英语教师实践知识的叙事研究[D]．兰州：西北师范大学．

李莉春，孙海兰，2010．教师实践性知识之生成过程：一项案例研究[J]．全球教育展望，39（3）：63-70．

李其龙，陈永明，2002．中国教师教育的国际比较[M]．北京：教育科学出版社．

连丽菁，2001．小学资深教师实务知识与其影响因素之个案研究：以数学科为例[D]．台中：台中师范学院．

廖维晓，2008．优秀历史教师个人实践知识研究[D]．桂林：广西师范大学．

列夫·维果斯基，2018．社会中的心智：高级心理过程的发展[M]．麻彦坤，译．北京：北京师范大学出版社．

林崇德，申继亮，辛涛，1996．教师素质的构成及其培养途径[J]．中国教育学刊，6：16-22．

林书兵，2014．基于工作坊的实践教学模式的应用与探析[J]．现代教育论丛，3：67-71．

林廷华，2008．两位资深幼儿教师实际知识及其发展历程之研究[D]．屏东：屏东教育大学．

刘东敏，田小杭，2008．教师实践性知识获取路径的思考与探究[J]．教师教育研究，20（4）：16-20．

刘海燕，2006．试论教师实践知识的生成机制[J]．教学与管理，15：5-6．

刘汉霞，2004．论教师的实践知识及其生成[D]．武汉：华中师范大学．

刘汉霞，2006．教师的实践知识：教师专业化的知识转向[J]．教育探索，1：116-118．

刘慧霞，2008．捕捉教师的实践性知识[J]．北京大学教育评论．6（1）：106-110．

刘吉林，2009．试析教育智慧的生成特性及生成的内在条件[J]．课程·教材·教法，9：31-35．

刘少杰，2009．当代国外社会学理论[M]．北京：中国人民大学出版社．

刘天娥，海鹰，2016．高校学前教师教育课程设置存在的问题及改革路向[J]．教育评论，10：117-120．

刘蔚华，1989．方法学原理[M]．济南：山东人民出版社．

刘旭东，2008．教师实践性知识的反思与重建[J]．教育科学，10：20-22．

刘禹，王来福，2009．基于工作坊的高等教育实践教学体系的研究[J]．东北财经大学学报，1：93-96．

柳海民，2006．现代教育原理[M]．北京：人民教育出版社．

罗凯，2017．幼儿转岗教师实践性知识生成探略[J]．贵州师范学院学报，33（6）：72-75．

罗明华，1996．国民小学初任教师实务知识的发展及其影响因素之个案研究[D]．台中：台中教育大学．

罗素，1983．人类的知识：其范围及其限度[M]．张金言，译．北京：商务印书馆．

吕耀坚，赵亚飞，2008．建构有效的幼儿教师职后培训策略：基于学习维度论的视角[J]．学前教育研究，2：22-24．

马克斯·范梅南，2001．教学机智：教育智慧的意蕴[M]．李树英，译．北京：教育科学出版社．

马克斯·范梅南，2008．教育敏感性和教师行动中的实践性知识[J]．北京大学教育评论，6（1）：2-20．

迈克尔·欧克肖特，2003．政治中的理性主义[M]．张汝伦，译．上海：上海译文出版社．

莫丽娟，王永崇，2010．教育现象学的提问方式与致思路径[J]．教育学报，6（2）：25-29．

尼克·温鲁普，简·范德尔瑞，鲍琳·梅尔，2008．教师知识和教学知识的基础[J]．北京大学教育评论，6（1）：
21-39．

潘洪建，2004．教学知识论[M]．兰州：甘肃教育出版社．

彭文珊，2004．小学教师户外教学实践知识之个案研究[D]．台北：台北教育大学．

皮埃尔·布迪厄，2003．实践感[M]．蒋梓骅，译．南京：译林出版社．

皮埃尔·布迪厄，华康德，2004．实践与反思：反思社会学导引[M]．李猛，李康，译．北京：中央编译出版社．

皮埃尔·布尔迪厄，2017．实践理论大纲[M]．高振华，李思宇，译．北京：中国人民大学出版社．

皮连生，1997．学与教的心理学[M]．上海：华东师范大学出版社．

皮连生，2009．教学设计[M]．北京：高等教育出版社．

日本筑波大学教育学研究会，1986．现代教育学基础[M]．钟启泉，译．上海：上海教育出版社．

阮凯利，2002．理论与实践的辩证：小学教师实践知识之叙说性研究[D]．台北：台北教育大学．

申继亮，2006a．教师人力资源开发与管理：教师发展之源[M]．北京：北京师范大学出版社．

申继亮，2006b．新世纪教师角色重塑：教师发展之本[M]．北京：北京师范大学出版社．

申燕，2007．小学教师实践知识案例研究[D]．南京：南京师范大学．

申燕，符太胜，2007．教师知识的核心：教师实践知识[J]．教学与管理，15：27-28．

石生莉，2005．教师实践知识研究[J]．教育理论与实践，10：20-22．

石中英，2001a．缄默知识与教学改革[J]．北京师范大学学报（人文社会科学版），3：101-108．

石中英，2001b．知识转型与教育改革[M]．北京：教育科学出版社．

时琳琳，2008．新教师入职教育中实践性知识获得的新途径：课堂教学视频案例的应用研究[D]．南京：南京师范大学．

时伟，2009．实践知识与教师教育教学改革[J]．教师教育研究，21（2）：7-11．

斯滕伯格，1999．成功智力[M]．吴国文，钱文，译．上海：华东师范大学出版社．

宋璞，李祥，2017．学前教育师范生实践性知识的构成要素及生成路径[J]．学前教育研究（1）：34-43．

唐纳德·A. 舍恩，2008．培养反映的实践者：专业领域中关于教与学一项全新设计[M]．赫彩虹，等译．北京：教育科学出版社．

田宝宏，魏宏聚，2005-12-20．浅析教师实践性知识研究中的几个问题[N]．光明日报，6．

田燕，2015．基于实践性知识发展取向的学前师资职前教育课程改革[J]．教育与职业，（26）：94-96．

佟晓川，2017．职前幼儿教师实践性知识的生成研究[D]．沈阳：沈阳师范大学．

万明钢，2005．教师教育课程体系研究：以师范大学教育学院教师教育课程体系建构为例[J]．课程·教材·教法，7：83-87．

万文涛，2006．教师实践性知识论纲[J]．中小学教师培训，6：7-11．

汪娟，2016．迷茫中的蜕变——一位转岗教师实践性知识的叙事研究[D]．兰州：西北师范大学．

汪贤泽，2009．论教师的实践性知识[J]．全球教育展望，38（3）：75-80．

王传金，王琳，2007．论准教师实践性知识的习得[J]．教育理论与实践，19：51-54．

王冬凌，2007．知识观的嬗变与教师实践知识的养成[J]．大连教育学院学报，12：29-32．

王峰，王正，2013．能力导向的翻译教学探究：兼谈"翻译工作坊"教学设计[J]．现代教育技术，23（4）：76-80．

王凤仙，2001．小学教师道德科教学实践知识之个案研究[D]．台北：台湾师范大学．

王红艳，2009．教师实践性知识的人际关系"初级化策略"[J]．教育发展研究，10：79-82．

王鉴，徐立波，2008．教师专业发展的内涵与途径：以实践性知识为核心[J]．华中师范大学学报（人文社会科学版），5：125-129．

王俊，2005．教师知识结构研究[D]．上海：华东师范大学．

王秋绒，2002．学习的吊诡：社会中的个人蜕变[M]．台北：学富文化事业有限公司．

王素萍，2013．品格主题教学中幼儿教师实践性知识的个案研究——以朱朱老师的品格主题教学为例[D]．杭州：浙江师范大学．

王伟虹，申毅，2012-01-13．农村幼师培训岂能不接"地气"[N]．中国教育报，8．

王文静，2005．情境认知与学习[M]．重庆：西南师范大学出版社．

王雪萍，2003．一位资深小学语文科教师教学实际知识之个案研究[D]．屏东：台湾屏东学院．

魏书生，2006．魏书生语文教学[M]．北京：北京大学音像出版社：108-111．

吴国荣，张丽华，2008．学习理论的进展[M]．天津：天津科学技术出版社：138-139．

吴荔红，曹楠，2017．幼儿园骨干教师培训中的问题审视与创新路径[J]．教育评论，8：127-130．

吴泠，2006．教师实践性知识的涵义[J]．现代教育论丛，6：37-42．

吴泠，2007．教师实践性知识研究的现状与展望[J]．现代基础教育研究，4：24-28．

吴泠，2008．教师实践性知识形成机制浅论[J]．教育探索，9：99-100．

吴绍艳，郭园园，邓娇娇，2018．基于OBE的工作坊实践教学研究[J]．中国职业技术教育，2：34-39．

夏惠贤，2000．论教师的专业发展[J]．外国教育资料，5：44-58．

夏晶伊，2009．幼儿教师实践性知识特征的个案研究[D]．长春：东北师范大学．

肖琼，等，2014．学生工作坊促进大班教学的实效性研究[J]．中国大学教学，6：68-70．

谢洁，2009．语文教师实践性知识形成研究[D]．上海：华东师范大学．

辛丽华，2010．幼儿教师实践性知识及其建构机制的研究：基于 SECI 知识管理模型的探索[D]．上海：华东师范大学．

辛涛，林崇德，申继亮，1999．从教师的知识结构看师范教育的改革[J]．高等师范教育研究，6：12-17．

邢春娥，2009．通过反思日记提升幼儿教师实践性知识的策略研究[D]．长春：东北师范大学．

徐碧美，2003．追求卓越[M]．陈静，李忠如，译．北京：人民教育出版社．

徐斌艳，2008．教师专业发展的多元途径[M]．上海：上海教育出版社．

徐辉，辛治洋，2008．现代外国教育思潮研究[M]．北京：人民教育出版社．

徐立波，刘小娟，2008．教师实践性知识研究：回溯、进展与展望[EB/OL]．（2008-09-09）[2018-01-01].http://jcjykc.cersp.com/Post/ShowArticle.asp?ArticleID=15419.

许家碧，2005．小学专家与初任教师实务知识之个案研究[D]．台南：台南大学．

亚里士多德，1959．形而上学[M]．苗力田，译．北京：商务印书馆．

亚里士多德，2004．尼各马可伦理学[M]．廖申白，译．北京：商务印书馆．

严燕华，2010．幼儿园教师实践性知识发展的个案研究[D]．兰州：西北师范大学．

杨琛，2014．行动与反思：职前幼儿教师实践性知识生成的关键[J]．贵阳学院学报（社会科学版）（3）：60-62．

杨文，张传燧，2008．园本课程背景下我国幼儿教师专业发展存在的问题及原因探析[J]．学前教育研究，4：52-54．

杨学锋，王吉华，刘安平，2010．缄默知识理论视野下的实践教学与课堂教学[J]．现代教育科学，1：148-150．

杨治良，叶阁蔚，1993．内隐学习"三高"特征的实验研究[J]．心理科学，3：138-161．

野中郁次郎，竹内弘高，1997．创新求胜：智价企业论[M]．王美音，扬子江，译．台北：远流出版公司．

叶澜，1998．新世纪教师专业素养初探[J]．教育研究与实验，1：41-46．

叶澜，2001．教师角色与教师发展新探[M]．北京：教育科学出版社．

鱼霞，2007．反思型教师的成长机制探新[M]．北京：教育科学出版社．

袁敏，2014．民办幼儿园教师实践性知识发展现状的个案研究[D]．成都：四川师范大学．

袁新新，2010．幼儿园新手教师实践知识的个案研究[D]．郑州：河南大学．

约翰·波洛克，乔·克拉兹，2008．当代知识论[M]．陈真，译．上海：复旦大学出版社．

曾庆彪，2003．新任教师个人实践性知识建构研究[D]．上海：华东师范大学．

张典兵，2008．论教师的实践性知识及其生成途径[J]．继续教育研究，2：67-68．

张洪洁，赵慧君，2013．幼儿教师资格准入制度的困境与出路[J]．长春师范大学学报，11：83-85．

张立新，2008．教师实践性知识形成机制研究：基于教师生活史的视角[D]．上海：上海师大学．

张丽，2007．一位小学语文教师实践性知识的叙事研究[D]．大连：辽宁师范大学．

张梅，2008．教师教学实践知识个案研究[D]．济南：山东师范大学．

张琴秀，2013．论农村幼儿国培计划的意图、理念与模式[J]．教师教育研究，25（4）：32-36．

张声雄，2001．《第五项修炼》导读[M]．上海：三联书店．

张淑琼，2015．幼儿教师实践性知识发展状况研究[J]．教育学术月刊（4）：75-80．

张先锋，2007．论教师实践知识的建构[D]．长沙：湖南师范大学．

张云亮，汪德明，时莉，等，2012．农村幼儿教师培训的现状、评价及其需求[J]．学前教育研究，1：35-40．

赵昌木，2004．创建合作教师文化：师徒教师教育模式的运作与实施[J]．教师教育研究，16（4）：46-49．

赵党玲，2009．基于教学反思的教师实践性知识发展[J]．湖南第一师范学院学报，2：35-36．

赵洪涛，2009．中学教师专业成长中实践性知识生成策略研究[D]．重庆：西南大学．

赵彦俊，2009．"实习支教生"实践性知识生成研究[D]．成都：西南大学．

郑彩国，2006．实践性知识：教师专业发展的逻辑起点[J]．新课程研究（教师教育），1：25-28．

钟启泉，2004．"实践性知识"问答录[J]．全球教育展望，4：3-6．

钟启泉，2005．为了"实践性知识"的创造：日本梶田正已教授访谈[J]．全球教育展望，34（9）：3-4.

钟启泉，2006．对话教育：国际视野与本土行动[M]．上海：华东师范大学出版社.

周国韬，2009．教师叙事研究：发展教师实践性知识的有效途径[J]．民主，3：29-30.

周速，2007．教师职前教育中"实践性知识"的获取[J]．教学与管理，3：30-31.

朱宁波，张丽，2007．国内外教师实践性知识研究述评[J]．辽宁师范大学学报（社会科学版），30（3）：66-68.

祝怀新，2007．封闭与开放教师教育政策研究[M]．杭州：浙江教育出版社.

邹斌，陈向明，2005．教师知识概念的溯源[J]．课程·教材·教法，25（6）：85-87.

佐藤学，2003．课程与教师[M]．钟启泉，译．北京：教育科学出版社.

F. 麦克尔·康内利，D. 琼·柯兰迪宁，1996．专业知识场景中的教师个人实践知识[J]．何敏芳，王建军，译．华东师范大学学报（教育科学版），2：5-16.

J. 莱夫，E. 温格，2004．情境学习：合法的边缘性参与[M]．王文静，译．上海：华东师范大学出版社.

Robert S M, Pruitt E Z, 2004. 学习型学校的专业发展：合作活动和策略[M]. 赵丽，等译. 北京：中国轻工业出版社.

ALEXANDER P A, SCHALLERT D L, HARE V C, 1991. Coming to terms: How researchers in learning and literacy talk about knowledge[J]. Review of education research, 61: 315-343.

ARGYRIS C, SCHON D, 1974. Theory in practice: Increasing professional effectiveness. A joint publication in the Jossey-Bass Higher and Adult Education Series and the Jossey-Bass Management Series [M]. San Francisco: Jossey-Bass Inc. Publishers.

BOISOT M, 1998. Knowledge assets: Securing competitive advantage in the information economy[M]. Oxford: Oxford University Press:32.

BOURDIEU P, 1990. In other words: Essays towards a reflexive sociology[M]. Stanford: Stanford University Press.

CALDERHEAD J, 1988. Teacher's professional learning[M]. London: Falmer Press.

CARR-SAUNDERS A M, 1928. Professions: Their organization and place in society [M]. Oxford: Clarendon Press.

CARR-SAUNDERS A M, 1993.The profession[M]. Oxford: Clarendon Press.

CLANDININ D J, 1985. Personal practical knowledge: A study of teachers' classroom images[J]. Curriculum inquiry, 15(4):361-385.

CLANDININ D J, CONNELLY F M, 1986. Rhythms in teaching: The narrative study of teachers' personal practical knowledge of classrooms[J]. Teaching & Teacher Education, 2(4):377-387.

CLANDININ D J, CONNELLY F M, 1987. Teachers' personal knowledge: What counts as 'personal' in studies of the personal[J]. Curriculum studies, 19(6):487-500.

CLANDININ D J, CONNELLY F M, 1988. Studying teachers' knowledge of classrooms: Collaborative research, ethics, and the negotiation of Narrative[J]. Journal of educational thought, 22(2A):269-282.

CLANDININ D J, CONNELLY F M, 1996. Teachers' professional knowledge landscapes: Teacher stories—stories of teachers—school stories—stories of schools[J]. Educational researcher, 25(3):24-30.

CONNELLY F M, CLANDININ D J, 1984. The role of teachers' personal practical knowledge in effecting board policy. Volume I: Problem, method and guiding conception[R]. Ontario: Toronto board of education: 1-118.

CONNELLY F M, CLANDININ D J, 1984. The role of teachers' personal practical knowledge in effecting board policy. Volume II: Development and implementation of a race relations policy by Toronto board of education[R]. Ontario: Toronto board of education: 1-121.

CONNELLY F M, CLANDININ D J, 1984. The role of teachers' personal practical knowledge in effecting board policy. Volume III: Teachers' Personal practical knowledge[R]. Ontario: Toronto board of education: 1-82.

CONNELLY F M, CLANDININ D J, 1984. The role of teachers' personal practical knowledge in effecting board policy. Volume IV: Teachers' Personal Practical Knowledge and race relations[R]. Ontario: Toronto board of education: 1-62.

CONNELLY F M, CLANDININ D J, 1987. On narrative method, biography and narrative unities in the study of teaching[J]. Journal of educational thought, 21(3):130-139.

CONNELLY F M, CLANDININ D J, 1997. Teachers' personal practical knowledge on the professional knowledge landscape[J]. Teaching & teacher education, 13(7):665-674.

CONNELLY F M, CLANDININ D J, 1999. Shaping a professional identity: Stories of educational practice[J]. Mcgill Journal of Education, 2(Spring):49-51.

CONNELLY F M, CLANDININ D J, 2010. On narrative method, personal philosophy, and narrative unities in the story of teaching[J]. Journal of research in science teaching, 23(4):293-310.

DUFFEE L, AIKENHEAD G, 1992. Curriculum change, student evaluation, and teacher practical knowledge[J]. Science education, 5: 493-506.

ELBAZ F, 1981. The teacher's practical knowledge: Report of a case study[J]. Curriculum inquiry, 11(1):43-71.

ELBAZ F, 1983.Teacher thinking: A study of practical knowledge[M].London:Croom Helm.

ERAUT M, 2011. Non-formal learning and tacit knowledge in professional work[J]. British journal of educational psychology, 70(1): 113-136.

FENSTERMACHER G D, 1994. The knower and the known:the nature of knowledge in research on teaching[J]. Review of research in education, 20(1): 3-56.

FRANCIS D, 1995. The reflective journal: A window to preservice teachers' practical knowledge[J]. Teaching & teacher Education, 11(3):229-241.

GROSSMAN P L, 1991. The making of a teacher: Teacher knowledge and teacher education[M]. New York: Teachers College Press.

HARGREAVES D H, 2015. The knowledge-creating school[J]. British Journal of education studies, 47(2):122-144.

JARVIS P, 2010. Learning practical knowledge[J]. New directions for adult & continuing Education, 1992(55):89-95.

JOHANNESSEN J, Olaisen B, 1999. Aspects of information theory based on knowledge management[J]. International journal of information management, 19(2): 121-139.

JOHNSON M, 1987. The body in the mind: The bodily basis of meaning, imagination, and reason[M]. Chicago: University of Chicago Press.

LABOSKEY V K, 1994. Development of reflective practice[M]. New York: Teachers College Press.

LACEY C, 1997. The socialization of teachers[M]. York: Methuen.

LYOTARD J F, 1992. Postmodern condition[M].Manchester: Manchester University Press.

MEIJER P C, VERLOOP N, BEIJAARD D, 2001. Similarities and difference in teachers'practical knowledge about teaching reading comprehension[J]. The Journal of educational research, 94(3):171-184.

MEIJER P C, VERLOOP N, BEIJAARD D, PAULIEN C M, NICO V, DOUWE B, 1999. Exploring language teachers' practical knowledge about teaching reading comprehension[J]. Teaching and teacher Education, 15:59-84.

NONAKA I, KONON N, 1998. The concept of "Ba": Building a foundation for knowledge creation[J]. California management review, 3:40-55.

PAULIEN C M, NICO V, DOUWE B, 1999. Exploring language teachers' practical knowledge about teaching reading comprehension[J].Teaching and teacher education, 15(1):59-84.

POLANYI M, 1958. The Study of Man[M].London: Routledge &Kegan Paul.

POLANYI M, 1961. Knowing and being mind[J]. Mind, 70(280): 458-570.

POSNER G J, 1989. Field experience: Methods of reflective thinking[M]. 2nd ed. New York: Longman.

REBER A S, 1993. Implicit learning and tacit knowledge: An essay on the cognitive unconscious[M]. New York: Oxford University Press.

ROULET G, et al., 1995. Teachers' professional knowledge landscapes[J]. Canadian journal of education, 23(2):224.

SCHON D A, 1983. The reflective practitioners: How professionals think in action[M]. New York: Basic Books.

SCHON D A, 1987. Educating the reflective practitioner: Toward a new design for teaching and learning in the professions[M]. San Francisco: Jossey-Bass.

SCHWAB J J, 1969. The practical: A language for curriculum[J].School Review, 78(1): 1-23.

SHULMAN L S, 1987. Knowledge and teaching: Foundations of the new reform[J]. Harvard Educational Research, 57(1): 355-356.

SPAFFORD C, 1987. A case study of a beginning teacher's development of practical knowledge[J]. Beginning teachers, 2:104.

STERNBERG R J, 1985. Beyond IQ: A triarchichic theory of human intelligence[M]. New York: Cambridge University Press.

WAGNER P K, 1987. Tacit know ledge in everyday intelligent behavior[J]. Journal of personality and social psychology, 52(6): 1236-1247.

WHELAN K K, HUBER J, ROSe C, 2001. Telling and retelling our stories on the professional knowledge landscape[J]. Teachers & teaching, 7(2):143-156.

附录一　幼儿教师实践性知识发展调查问卷

尊敬的老师：

　　您好！为了解您对幼儿教育教学工作的看法和自身专业发展的情况，我们设计了这份问卷。本问卷采用不记名式，所有信息仅作教育研究所用，答案也无所谓对错，请不要有所顾虑，如实填写。**请在您认为最合适的选项序号上打"√"，或在横线上填写。**谢谢您的合作！

年龄_____　　　　　入职年限（幼教工作）_____　　　　　职称_____

入职前的学历与专业_____　　　　最后学历_____

1. 您所在幼儿园属于以下哪种类型？

①城市公立　②城市私立　③乡镇公立　④乡镇私立　⑤农村公立　⑥农村私立

2. 您从入职后第____年开始觉得自己完全能胜任现在的工作了？

3. 您的课堂教学活动是按照教案开展的吗？

①完全按照教案进行，包括所说的每一句话

②大部分按照教案进行，一些小地方会临场发挥

③较少按照教案进行，会根据幼儿反应做较大调整

④不按照教案进行，教学完全不依赖教案

4. 您的教案是怎么完成的？

①根据本班幼儿情况，完全由自己创编，原创

②在他人教案基础上改编

③综合各种已有教案而成，汇编

④从网上或从教案书上直接抄录，照搬

5. 对于以下工作，您知道该如何去做吗？

（请在每栏对应项打"√"，**优**表示您知道的策略非常多，并能灵活应用；**良**表示您知道的策略较多，能较好应对大多数情况；**中**表示您知道一些策略，但遇到特殊情况还不知如何应对；**较差**表示您对此知道较少，有待加强；**极差**表示您完全不知道该如何去做，亟待学习和提高）

知多知少	优	良	中	较差	极差
知道如何用幼儿喜欢并易于理解的语言向幼儿传递知识	1	2	3	4	5

续表

知多知少	优	良	中	较差	极差
知道如何收集材料，设计符合幼儿实际的教学活动 方案	1	2	3	4	5
知道如何创设有助于幼儿发展的学习环境	1	2	3	4	5
知道如何培养幼儿学习习惯，帮助他们乐学并好学	1	2	3	4	5
知道如何选择和设计有教育意义的游戏活动	1	2	3	4	5
知道如何组织幼儿展开游戏，避免意外事故	1	2	3	4	5
知道如何处理幼儿园偶发事件	1	2	3	4	5
知道如何合理奖励或批评幼儿，达到预期目的	1	2	3	4	5
知道如何与幼儿沟通，了解幼儿的真实想法	1	2	3	4	5
知道如何组织幼儿吃喝拉撒睡的生活活动	1	2	3	4	5
知道如何培养幼儿良好有序的生活习惯	1	2	3	4	5
知道如何向同事请教或与同事交流、探讨幼儿教育问题	1	2	3	4	5
知道如何与家长沟通，协调幼儿教养相关事务，获取建议	1	2	3	4	5
知道如何设计环境主题，美化布置幼儿园环境	1	2	3	4	5
知道如何结合日常实践，找准问题，展开幼儿教育研究	1	2	3	4	5
知道如何进行自我反思，改进自身行为	1	2	3	4	5

6. 您觉得以下活动对您改进教学，知道怎么去教的帮助和影响怎样？
（请在每栏对应项打"√"，无此经历的可不用填写）

影响结果 \ 活动内容	影响非常大	影响比较大	影响一般	影响很小	没有任何影响
在师范院校接受的教育	1	2	3	4	5
实习的经历	1	2	3	4	5
师徒制，老教师的指导	1	2	3	4	5
同事间日常交流，请教	1	2	3	4	5

续表

影响结果 活动内容	影响非常大	影响比较大	影响一般	影响很小	没有任何影响
听课、评课或上公开课	1	2	3	4	5
观摩优秀教学活动	1	2	3	4	5
教师沙龙，园本研修	1	2	3	4	5
自我反思，写反思日记	1	2	3	4	5
自我探索性试验	1	2	3	4	5
阅读专业书籍和杂志	1	2	3	4	5
教师培训	1	2	3	4	5
参与教育研究	1	2	3	4	5
接受在职学历教育	1	2	3	4	5

7. 初入职 1～2 年，您对幼儿园的哪些工作不知该如何去做？（可多选）

①教学活动设计 ②课堂管理 ③游戏活动组织 ④日常生活保育 ⑤与幼儿沟通交往 ⑥与家长、同事沟通 ⑦幼儿教育研究 ⑧教学反思活动

8. 如今，您觉得还需要增加和改进哪些方面的经验？（可多选）

①教学活动设计 ②课堂管理 ③游戏活动组织 ④日常生活保育 ⑤与幼儿沟通交往 ⑥与家长、同事沟通 ⑦幼儿教育研究 ⑧教学反思活动 ⑨都不需要

9. 您觉得影响自己学习有效教学经验，改进幼儿教育的原因有哪些？（可多选）

①日常事务太多，没有时间学习

②工资待遇太低，没有奔头，缺乏学习动力

③管理太严，害怕出错，不愿去改进

④没有专家引导，不知道如何去学和学些什么

⑤只要带好孩子，保障安全，不需要学什么

⑥其他_____

10. 您对未来做过职业规划吗？以后想做什么？

①没有做过职业规划，走一步看一步

②做过比较模糊的职业规划，争取以后有机会就转行

③希望能成为一名优秀的幼儿教师

④能按部就班一直过下去就好

11. 您觉得怎样才能不断提高自己，成为一名优秀的幼儿教师？

_____

_____

_____

请您确认以上题目都回答完毕，再次感谢您的热忱参与！

附录二 幼儿教师实践性知识发展访谈提纲

1. 你认为幼儿像什么（有些什么特质），幼儿教师像什么？你对幼儿和幼儿教师的理解改变过吗？为什么会改变？

2. 你希望培养出什么样的幼儿？幼儿教师在幼儿发展中能起到什么作用，需要做些什么？

3. 什么样的幼儿教师是好教师？怎样才能做好一名幼儿教师？

4. 你觉得幼儿园活动应该以集中活动为主还是以自由活动为主？为什么？你平时是怎么做的？效果如何？

5. 你自己在幼儿教育实践中悟出来的有效经验有哪些（如怎么进行课堂管理、怎么开展幼儿园活动、怎么预防事故发生、怎么与幼儿沟通、怎么透过幼儿的行为理解他们的心理、怎么与幼儿家长沟通等）？请举例说明。

6. 请回忆你从入职到现在的成长经历，你是怎样从"不会教"到"会教"，以及"教得更好"的？这个整体过程经历了哪些阶段？各阶段有何特征？

7. 你觉得哪些事件对你成长影响较大？哪些事件改变了你对幼儿教育的看法和做法？请举例说明。（如求学阶段经历、家长意见、同事示范、自己经历的重大事故、培训进修、教学反思等活动）

8. 你觉得当前从事幼儿教育工作面临的最大挑战是什么？你遇到了哪些发展困难？

9. 你认为自身还有哪些方面需要提高？有哪些途径可以帮助你提高？